U0058080

諮商專業倫理

臨床應用與案例分析

（第二版）

林家興　著

作者簡介

林家興

學歷：美國肯塔基大學諮商心理學哲學博士

經歷：美國洛杉磯太平洋診所亞太家庭服務中心心理師兼助理主任

台灣輔導與諮商學會理事長

台北市諮商心理師公會創會理事長

臺灣師範大學學生輔導中心主任

台灣諮商心理學會創會理事長

臺灣師範大學教育心理與輔導學系教授兼系主任

執照：美國加州心理師考試及格

臺灣專技高考諮商心理師考試及格

現任：臺灣師範大學教育心理與輔導學系兼任教授

二版序

臺灣開設諮商心理相關系所的大學有 30 所，開設臨床心理相關系所的大學有 15 所，把諮商和臨床心理相關的研究生和大學生加起來，人數相當可觀。本書從 2014 年初版至今已經八年，感謝許多大學教授採用本書作為諮商專業倫理課程的教科書，這同時也讓我和出版社感到責任重大，有必要隨著時代的變遷和知識的更新進行本書之修訂。

本書出版八年以來，臺灣在諮商相關倫理守則、心理衛生法規，以及網路諮商等方面有許多的修訂和更新，使得本書有修訂的需要。第二版和第一版的章節架構和臨床案例基本上沒有改變，內容修訂主要有下列四個方面：第一，有關學會／公會倫理守則修訂的更新；第二，有關心理師相關法律規章修訂的更新；第三，有關網路諮商相關資料的更新；第四，部分參考文獻的更新等。

首先，本書經常引用五個學會／公會的倫理守則，其中有三個學會／公會進行了修訂，包括：台灣輔導與諮商學會於 2022 年 10 月修訂公布「輔導與諮商專業倫理守則」，將適用對象諮商師修改為輔諮人員；臺灣諮商心理學會於 2021 年 11 月修訂公布「諮商心理專業倫理守則」，大幅度增加內容，從 19 條增加到 51 條；臨床心理師公會全國聯合會於 2017 年 6 月修訂公布「臨床心理師倫理規範」，明顯減少條文和內容。我觀察到一個有趣的現象，學會的倫理守則愈修訂條文愈多，公會的倫理守則愈修訂條文愈少。

其次，過去八年跟心理師相關的部分法規也做了修訂，包括：《精神衛生法》於 2020 年 1 月修訂，《兒童及少年福利與權益保障法》於 2021 年 1 月修訂，《醫事人員執業登記及繼續教育辦法》於 2022 年 8 月修訂等。另外，衛生福利部於 2019 年 11 月在缺乏法律授權的情況下制定《心理師執行通訊心理諮商業務核准作業參考原則》（後又於 2020 年 7 月修訂）。

第三，有關網路諮商和網路社交在過去八年來也有許多發展，本書在這方面也做了部分的資料更新。由於政府不當限制心理師執行網路諮商，導致民眾在疫情期間的實體心理諮商難以轉成線上提供。最近，理科太太販售諮商筆記線上課程的爭議引起了廣大討論，這些都是網路科技發展帶給諮商專業倫理和法規新的挑戰，值得大家思考和學習。

第四，本書在修訂的過程中，部分參考文獻也跟著即時更新。心理出版社的編輯也很仔細地核對參考文獻，包括線上參考文獻網址的正確性。讀者在閱讀本書之後，如果有需要，可以從書本後面的參考文獻展開延伸閱讀。

本次修訂的幅度雖然不大，主要是配合倫理守則和法規的修訂而更新，但是作者和讀者總是希望擁有最新的版本，因此才有第二版的誕生。如果讀者喜歡本書，歡迎推薦本書給同學、同事，以及關心諮商專業倫理的人。

林家興

2022 年 12 月 18 日

於新竹鳳山溪畔

初版序

我在臺灣師大心輔系講授「諮商專業倫理」已經很多年了，由於缺少適合的中文教科書，只好採用英文教科書，學生只能透過美國的倫理守則和案例，去學習諮商專業倫理，總有臨床應用不貼切和文化脈絡有隔閡的感覺。為了深化臨床教學和督導的效果，以及利益學生的倫理訓練，多年前我便有撰寫本書的念頭，平常即會留意蒐集相關文獻和臺灣的案例，直到2013年的下半年，利用教授休假研究的機會，開始靜下心來執筆撰寫，我希望本書可以總結我多年從事諮商倫理教學研究和臨床工作的經驗，並與有需要的學生和讀者分享。

本書的架構相當清楚完整，內容分為三部分：第一部分是緒論和總結，第二部分是五個倫理議題，第三部分是倫理議題在五種場合的應用。緒論和總結的部分包括前三章和後兩章：緒論、自我覺察與身心保健、專業能力的訓練與督導、執業疏失與倫理申訴，以及諮商專業倫理本土實踐的困境。第二部分的倫理議題是本書的主題，包括第四至第八章，共五章：價值觀與多元文化、個案權益與知後同意、專業保密與隱私維護、多重關係與專業界線，以及個案紀錄與檔案管理。第三部分是倫理守則在五種場合的應用，從第九至第十三章，共五章，包括：團體諮商、心理衡鑑、學校諮商、社區諮商，以及網路諮商等議題。

本書第一個特色是以中文撰寫，比一般翻譯書籍更容易閱讀和理解；所有的重要概念和專有名詞都是經過我充分理解和活用之後，再使用淺顯易懂的文字論述，內容深入淺出，容易理解和閱讀。第二個特色是採用臺灣的倫理守則和法規，在論述專業倫理的內容時，主要依據臺灣地區心理師相關的倫理守則和法規，非常貼近臺灣心理師和個案的生活脈絡。第三個特色是採用臺灣本土案例，不僅詳細說明各項倫理議題的相關概念和研究文獻，並且大量使用生動的本土案例，以增加讀者的倫理敏感度和臨床應用能力。第四個特色是內容包括網路社交的倫理議題，這是一個非常新的領域，國內卻很少學者在探討，本書以專章的方式，提醒讀者從事網路諮商和網路社交時應注意的倫理議題。

為反映本書的副標題，本書內容包括將近一百個實際案例，來源包括修課同學的實際經驗或聽聞，以及我自己從臨床經驗、參考文獻，以及網路上蒐集而來的案例。為維護案例當事人的隱私，故事的情節都經過修改，案例當事人的姓名也都不是真的，如果案例中當事人的姓名和情節讓讀者聯想起真實的人事物，應該是純屬巧合。每個案例之後都會列有幾個值得討論的問題，放在章節內的案例，我會加以回答，和讀者分享我對於每個問題的看法和觀點，而放在章節之後的案例討論，是要給讀者思考和回答的問題。很多案例其實是沒有標準答案的，讀者除了參考我的回答，也可以有自己的觀點和答案。

本書非常適合作為大學部和研究所諮商專業倫理課程的教科書，讓學生可以很容易了解和吸收專業倫理的重要議題和概念，以培養專業倫理敏感度和臨床應用倫理守則的基本能力，最終有助於心理師專業能力的發展。本書也非常適合從事諮商實務工作的實習心理師和執業心理師，閱讀本書有助於釐清許多複雜的倫理問題，縮短倫理守則和實務工作間的落差，增加處理灰色地帶的倫理敏感度和臨床能力。

仔細閱讀本書的讀者可能會同意，本書的內容涵蓋心理師的專業與倫理議題，不僅適合作為心理師的專業倫理應用指南，從事諮商與心理治療的輔導老師、社工人員，以及心理衛生專業人員等，也都可以從本書獲得許多啟發和借鏡，可以實際有效的提升助人專業能力、倫理與法律意識，以及倫理實踐力。要有效從事諮商與心理治療，心理師必須同時兼顧臨床、倫理和法律三個面向，閱讀本書希望有助於讀者在這三個面向的整合，成為一位具有專業效能、臨床複雜度、倫理敏感度，以及法律素養的心理專業人員。

本書得以出版，我要感謝臺灣師大讓我有教授休假研究的機會撰寫本書，感謝本系同仁在我休假研究時協助分擔課程教學，感謝本校圖書館提供館藏諮商專業倫理相關的中英文圖書和電子資料庫，感謝本系研究生黃芸瑩同學協助案例資料的文書處理，感謝本書試用版的同學提供許多寶貴的修正建議，感謝心理出版社協助本書的編輯和出版，感謝提供本書真實案例的諮商專業倫理課程的同學。本書在撰寫、編輯和校對上，雖然做了很多的努力，但是難免有疏漏之處，還請讀者惠予指正。最後，我要感謝讀者閱讀本書，並誠摯希望能從中獲益。

林家興

2014 年 4 月 21 日

於國立臺灣師範大學

目次

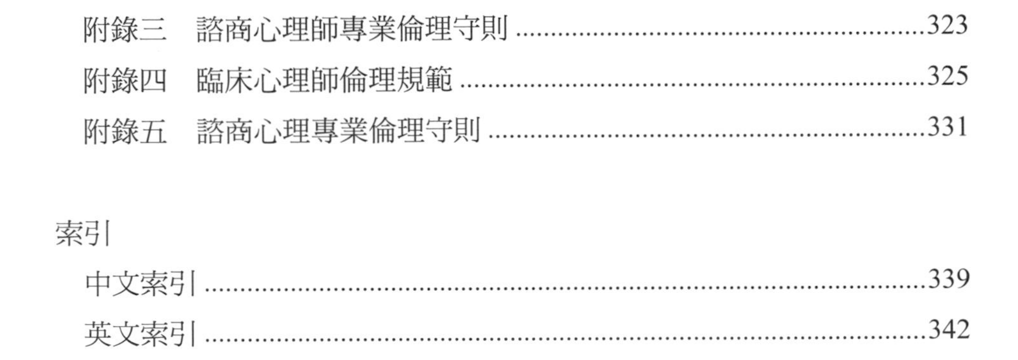

第一章

緒論

專業倫理是一種心理師執行業務所遵循的指引和規範，也是一門日益受到重視的學科。在研究所中，幾乎是每位諮商心理學研究生都要修讀的科目，在實務上，則是每位心理師都要遵循的倫理規範。本章首先說明專業倫理的意義和分類，其次澄清倫理與法律的差異，然後概述倫理守則的基礎原則和內容，最後探討倫理守則的功能和限制。

名詞界定

本書使用「心理師」一詞，通稱服務於各種場域的諮商心理師和臨床心理師，以及從事諮商與心理治療的其他心理衛生專業人員。本書預設的讀者是從事諮商與心理治療、測驗與心理衡鑑的心理師，至於輔導教師、社工師和其他心理衛生專業人員，也可以從本書獲得很多的啟發和借鏡。為了行文方便，本書將會交互使用心理師、諮商師、輔導老師，以及治療師，來指稱提供心理專業服務的人。同樣的，為了行文方便，本書會交互使用當事人、個案、案主，以及病人，來指稱接受諮商與心理治療、測驗與心理衡鑑的人。

專業倫理的意義

專業倫理可以說是一個難以清楚描述和定義的概念，牛格正與王智弘（2008）參考 Van Hoose 與 Kottler（1977）的看法，定義助人專業倫理為：「助人專業人員在專業助人工作中，根據個人的哲學理念與價值觀、助人專業倫理守則、服務機構的規定、當事人的福祉，以及社會的規範，以作出合理公正道德的抉擇之系統方式。」

專業倫理包括對專業人員個人和組織行為標準的期望，具有專業知識的專業人員，如何使用這些知識去服務民眾的倫理道德，稱之為專業倫理。本書定義專業倫理如下：「專業倫理係指心理師在執行業務時，能夠節制自己的專業特權和個人慾望，遵循倫理守則和執業標準，提供個案最好的專業服務，以增進個案的福祉。」

專業倫理的概念同時涵蓋倫理意識、倫理敏感度、倫理思考、倫理抉擇，以及倫理實踐。專業倫理的概念通常涉及倫理守則（code of ethics）、執業標準（standards of practice），以及法律規章。因此，清楚的釐清這些名詞和概念，有助於把握專業倫理的意義。倫理守則是指專業學會或公會所訂定公布的倫理守則，例如：諮商心理師公會全國聯合會所公布的「諮商心理師專業倫理守則」，以及臨床心理師公會全國聯合會所公布的「臨床心理師倫理規範」。

執業標準通常是由專業學會或公會所訂定和公布，作為會員執業的準則，以維持高品質的專業服務。國外的專業學會（如美國心理學會），會不定期的制定執業指引（practice guideline），例如：多元文化執業指引、兒童監護權衡鑑指引、同性戀個案治療指引等，提供給會員作為在職訓練和執業的建議。像是諮商心理師公會全國聯合會就曾訂定「諮商心理師執行業務紀錄撰寫準則」及「通訊心理諮商／心理治療專業指引」，提供會員參考。至於法律規章係指立法院通過的法律和各級政府公告的行政命令，例如：《心理師法》、《醫療法》、「處理違反心理師法統一裁罰基準表」等。

專業倫理的分類

根據學者（Corey et al., 2011; Fisher, 2012）的分類，倫理守則可以分為兩大類：一類是強制性倫理（mandatory ethics），這是每個專業學會或職業公會要求其會員要遵守的最低標準，是會員應該遵守的行為準則；另一類是理想性倫理（aspirational ethics），這是每個專業學會或職業公會為了鼓勵其會員追求更高的行為標準，而激勵會員盡量去做，例如：現在做到 70 分，雖然可以接受，不過希望以後可以做到 80 或 90 分。

在實務上，像是無故揭露個案的隱私、和個案發生性關係等，這些都是心理師無論如何皆不被允許的行為，是違反屬於強制性的倫理。至於像是學校輔導教師提供個案學生心理諮商服務，這種情形屬於輕度的違反雙重關係之倫理守則，因為多數輔導教師需要上課，而且這種雙重關係是屬於比較可以被接受的關係；但是，輔導教師應該盡量做到不要去諮商自己班上的學生。輔導教師為迴避雙重關係，應努力爭取可以做到不去諮商班上的學生，這便是倫理守則的指引功能。心理師在其工作的時段中，若能挪一部分時間從事公益活動，則是屬於理想性的倫理，例如：為那些有需要但是沒有能力付費的當事人提供免費服務，即是心理師實踐理想性倫理的一個例子（Corey et al., 2011）。

Sperry（2007）指出，倫理可以分為個人倫理（personal ethics）和專業倫理（professional ethics）兩種。專業倫理係指專業人員在面臨倫理困境或問題時，用以協助他們決定該怎麼做的一套應用倫理準則，這套準則是由他們的專業組織所制定的倫理守則和行為標準；個人倫理則是指個人在日常生活中，指引行為是否合乎道德的信念和價值觀。影響專業人員的行為，除了個人倫理，還有專業倫理。一個人在私領域的生活和行為，通常會受到個人倫理的指引和影響。但是一旦以專業人員的角色（如心理師）和當事人互動時，則主要會受到專業倫理的指引和規範。

倫理守則和法律的差異

倫理守則是專業組織用來規範其會員執業行為的自律準則，法律與行政命令則是政府機關制定用來規範其人民的行為標準。倫理守則是規範專業會員行為的高標準，法律是規範人民行為的低標準。倫理是引導專業人員行為的標準，法律是管理各級政府和人民事務的規則。倫理具有激勵專業人員思考如何提供當事人更好的服務，法律則定義出社會可以容忍的人民行為之最低標準。

專業人員若違反倫理守則，則需由專業組織的倫理委員會進行調查、審議和裁處，屬於專業同儕監督，這是因為每個專業都涉及複雜而高深的知識技術，不是一般人、主管機關或法院可以輕易了解和判斷的。人民若違反法律，則需由法院或主管機關審理和裁處，這是因為一般民眾行為的了解和判斷比較不涉及專業知識和技術，而且是屬於他律或政府監督的範圍。倫理和法律是兩個非常不同的概念，讀者必須要加以釐清。

心理師不僅要遵守法律，而且也要遵守倫理守則，一般人民可以做的事情，例如：和顧客談戀愛等，心理師就不可以做，這是因為心理師擁有心理學的知識和技術，不能夠利用個案對他們的信任，而去和個案談戀愛，這就是心理師和一般民眾不同的地方。

心理師對於自己的專業作為，一定要能區分出什麼是涉及法律議題、倫理議題，或臨床議題。我發現臺灣諮商學界和實務界有混淆倫理和法律兩個概念的情形，令人憂心，例如：朗亞琴與張明松（Fisher, 2003/2006）將 the ethics code 翻譯為倫理法，這樣翻譯是不妥的，應該翻譯為倫理守則或準則。如果將倫理守則視同刑法（penal code）、民法（civil code）一樣的法律，將會嚴重混淆倫理和法律兩種截然不同的概念。因為法律是由立法機關制定的，屬於他律的規範，是由法院來判斷某人的行為是否違法。但是，倫理守則是由專業學會或職業公會制定的，是屬於專業會員的一種自律公約，會員的行為是否違反倫理守則，是由專業同儕來判斷的。

又如：臺灣諮商專業倫理的知名學者（牛格正，1991；牛格正、王智弘，2008）並未在其著作裡澄清倫理與法律的差異，而是經常相提並論這兩個概念，這容易使諮商專業人員覺得要像遵守法律一樣的遵守倫理守則，以致於在面對倫理困境，要作倫理思考與判斷時感覺十分為難。事實上，有些倫理守則是屬於激勵性的倫理守則，如學校輔導教師提供個案學生心理諮商這個倫理困境，在目前難以改變的現實情況下，輔導教師輕微的違反雙重關係之倫理守則，可以說是情非得已。但是有些輔導教師卻感受到嚴重的壓力，認為自己違反倫理守則而耿耿於懷，其實這些輔導教師只要努力去改善現實條件，以便將來可以做到不違反雙重關係的倫理守則即可，無須感受像違法一樣的心理壓力。

再如：臺灣曾經發生過一件倫理申訴案件：A 心理師向地方公會檢舉 B 心理師違反專業倫理守則當中的廣告不實之事件。經過倫理委員會的調查和審議之後，認定 B 心理師違反倫理守則有關廣告不實的部分，並決議將審議結果公告在地方公會會員才看得到的網頁公布欄三個月。倫理委員會為求周延，並給 B 心理師一次申覆的機會，結果 B 心理師認為他被倫理委員會「判決」違反倫理守則，心裡非常不能接受這個審議結果，於是他去請了一位律師協助申覆，律師以其法律專業素養，根據證據法則，針對倫理委員會的審議程序和審議結果一一駁斥。我認為，B 心理師和律師有嚴重混淆倫理守則與法律兩個概念的問題，以致於認為倫理委員會的審議結果，就像法官的判決書一樣，會嚴重影響他的名譽和前途。

Corey 等人（2011）在他們的專書裡，也特別針對倫理與法律不同的思維進行探討。他們提到部分諮商專業人員為了減低涉及法律訴訟的不安，會逐漸限縮個人的執業範圍和服務對象，這樣做的結果會導致無法提供個案充分的服務；特別是那些所謂高風險的個案或弱勢族群，可能會因為諮商專業人員的顧忌而無法獲得所需要的服務。故限縮執業範圍以遵守法令和倫理守則，並非適切的作法。在專業訓練的初期，養成追求高品質服務的倫理意識是很重要的事情，因為倫理規範的基本目的在於促進當事人的福祉，以及教育專業人員提供更好的服務，而非要去懲戒專業人員。

倫理和法律是不同的概念，可以從兩者可能的衝突加以說明，當倫理守則和法律對心理師有不同的要求時，我們應該怎麼辦呢？美國心理學會執業標準委員會（APA Committee on Professional Practice and Standards, 2003）建議，心理師若是遵守專業倫理守則卻違反了法律，一定要尋求法律諮詢。另外，有學者（Knapp et al., 2007）建議，如果法律和倫理守則之間確實存在衝突而且無法避免，心理師應該遵守法律規定，設法將對倫理價值的傷害降至最低；或是堅持倫理價值，設法將違反法律的程度降至最低。

有經驗的心理師若能預見問題的存在，採取預防措施，在法律與倫理之間的明顯衝突通常可以避免，例如：心理師與未成年當事人進行諮商時，一方面向未成年當事人承諾會替他保密，但是另一方面，父母或監護人可能會運用法定權利來詢問會談的內容；心理師時常掙扎於要依據對當事人的倫理責任來行動，還是依據對父母及監護人的法律責任來行動。根據多年和未成年個案工作的經驗，我通常會在初診時，向父母及監護人說明專業保密對於諮商成效的重要性，並且徵求父母和監護人的同意，不要在諮商期間詢問個案在晤談中的內容。我會告訴家長，如果我在和其子女晤談後，轉述個案的晤談內容，久了之後，個案會逐漸不信任我，那麼心理諮商也就不會有效果。經過這樣的說明之後，多數家長都會同意不向我詢問個案的晤談內容。不過，我還是會告訴家長，如果個案遭遇嚴重的事件時，我一定會儘速讓他們知道。採取事先的預防措施，的確可以預防或降低倫理與法律衝突的問題。

專業倫理守則究竟是規則還是原則

曾任英國諮商與心理治療學會主席的Bond（2010）在比較英國和美國的專業倫理時，發現英國諮商專業人員採取原則（principles）的取向，而制定「諮商與心理治療良好執業的指引」（Guidance on good practice in counseling and psychotherapy），而美國諮商學會和美國心理學會則採取規則（rules）的取向制定諮商師或心理師的倫理守則（code of ethics）。採用原則取向的專業倫理，會使用比較籠統而簡潔的文字來陳述，而這些原則性的倫理陳述，能提供會員較大的空間去自行解釋，同時可以讓會員在不同的執業脈絡和情境下彈性使用。

相對的，美國的諮商師和心理師倫理守則會使用比較冗長但是具體的文字來陳述，為因應美國訴訟風氣的文化背景，倫理守則為了方便會員遵守和倫理委員會的審議，會採用具體行為描述的方式撰寫條文。Bond（2010）認為，採用規則取向制定倫理守則的結果，會弱化專業人員的獨立思考和倫理判斷，專業人員會認為只要符合倫理守則的最低標準，即可避免法律訴訟或違反倫理，長久以往，對整個諮商專業的發展是不利的，會逐漸失去理想性，和追求最佳服務品質的使命感。

我比較認同Bond（2010）的觀點，從原則性的角度來看待專業倫理守則，而非從規則性的角度，更不是用法條式的角度來看待倫理守則。只有從原則性的角度來看待倫理守則時，心理師才容易發展倫理敏感度、培養倫理意識，以及專業的自尊和自信，而不會僵化的遵守規則，反而會期許自己從促進個案福祉的角度，提供個案最好品質的專業服務。

訂定倫理守則的基礎

根據 Meara 等人（1996）的論述，作為倫理守則的基礎有六個道德原則，分別是：

1. **自主**（autonomy）：專業人員應促進當事人的自主自決，避免當事人依賴他人。專業人員應該竭盡所能尊重當事人的自主性，並且在服務期間，促進當事人的獨立判斷和自主自決之能力。
2. **免受傷害**（nonmaleficence）：專業人員在執業時應避免傷害當事人，也就是說專業人員在選擇各種治療技術和方法時，即使治療無效，也不會傷害到當事人。
3. **受益**（beneficence）：專業人員的責任在於促進當事人的福祉，專業人員有責任提供對當事人最有幫助的諮商與心理治療。
4. **公平待遇**（justice）：專業人員執業時應公平的對待當事人，不因人口背景的不同而有差別待遇，亦即不會因為當事人的性別、年齡、族裔背景、社經水準、語言或宗教信仰而有差別待遇。
5. **忠誠**（fidelity）：專業人員應對當事人忠誠，有責任遵守承諾，並維持信任關係。專業人員應對個案忠誠，所作所為應考慮到個案的最佳利益。
6. **誠實信賴**（veracity）：專業人員應以誠信對待當事人。

有些學者（牛格正，1991；牛格正、王智弘，2008）將這六個道德原則解釋為當事人的天賦人權或法律上的權利，並且將這六個道德原則翻譯為：自主權、免受傷害權、受益權、公平待遇權、忠誠權，以及信賴權，我認為不妥。這是因為倫理守則的制定是建立在這六個道德原則上，以維護當事人的權益和福祉。當事人在法律上並沒有這些權利，而且倫理守則的訂定並不是基於法律上權利義務的概念，而是基於倫理道德的概念。

倫理守則的內容

臺灣《人民團體法》的主管機關向來有「業必歸會」的政策，就是每一個專業或職業從業人員，都必須加入自己的職業團體，並且這個「業必歸會」的政策同時也會落實在專業人員法裡面，例如：《心理師法》第 12 條，即規定心理師執業必須加入地方公會，公會不得拒絕。

每個專業組織都會制定自己的專業倫理守則，藉以規範其會員的執業行為。臺灣地區心理師相關的學會和公會及其倫理守則名稱，詳如表 1-1，守則內容詳如附錄一至附錄五。

表 1-1　臺灣地區心理師相關專業組織及其倫理守則名稱

組織名稱	守則名稱	公布日期	修訂日期
台灣輔導與諮商學會	「輔導與諮商專業倫理守則」	1989	2022/10/23
台灣心理學會	「心理學專業人員倫理準則」	2011/10/16	2013/9/16
臺灣諮商心理學會	「諮商心理專業倫理守則」	2013/6/15	2021/11/13
中華民國諮商心理師公會全國聯合會	「諮商心理師專業倫理守則」	2012/1/7	
中華民國臨床心理師公會全國聯合會	「臨床心理師倫理規範」	2011/7/16	2017/6/17

Koocher 與 Keith-Spiegel（2008）指出，不同專業組織所制定的倫理守則內容大同小異，共同的主題包括：

1. 促進當事人的福祉。
2. 在自己的能力範圍內執行業務。
3. 不會傷害當事人。
4. 保護當事人的隱私。
5. 以負責而符合倫理的方式執業。
6. 避免剝削他人。
7. 提高執業品質，以維護專業的信譽。

美國心理學會（American Psychological Association [APA], 2010; Fisher, 2012）所制定的倫理守則，其內容包括下列幾項：

1. 有關能力的守則。
2. 人際關係的守則。
3. 保護隱私與保密的守則。
4. 有關廣告和公開聲明的守則。
5. 有關紀錄保存與費用的守則。
6. 有關教育和訓練的守則。
7. 有關研究和出版的守則。
8. 有關測驗與衡鑑的守則。
9. 有關心理治療的守則。

心理師的專業倫理雖然包括研究和出版，但是本書的撰寫主要是以執業心理師為讀者，因此本書選擇和執業心理師關係最為密切的主題為內容，包括：自我覺察與身心保健、專業能力的訓練與督導、價值觀與多元文化、個案權益與知後同意、專業保密與隱私維護、多重關係與專業界線、個案紀錄與檔案管理、團體諮商、心理衡鑑、學校執業、社區執業、網路諮商與網路社交，以及執業疏失與倫理申訴等為主要內容，不包括研究與出版的倫理守則。

倫理守則的功能與目的

Mappes 等人（1985）歸納出專業倫理守則的六項功能是：

1. 保護案主。
2. 提供專業人員的引導。
3. 保證專業人員的自主性。
4. 增加此一專業的威信。
5. 增加當事人對此專業的信任。
6. 詳細說明專業人員的適切行為。

美國心理學會制定倫理守則的四個目的是（Fisher, 2012）：

1. 倫理守則可以幫助建立與維護心理師專業的可行規範，藉以保護那些接受心理師服務的個人與團體。
2. 倫理守則有助於專業人員的專業社會化，能指導心理師應該如何合理的期望他們自己與他人。
3. 倫理守則有助於展現心理師乃是擁有高標準、責任心，與有學養的專業人員，以獲得大眾的信任。
4. 倫理守則清楚的陳述何種形式的行為被視為違反倫理，以便指導心理師避免有此行為，協助消費者提出倫理申訴，並確保這些申訴者能從專業組織獲得一個清楚而公平的審議。

倫理守則的限制

雖然倫理守則具有上述的功能和目的，但是倫理守則也有其限制，Corey 等人（2011）綜合學者的看法，認為倫理守則只能提供倫理困境的參考，而無法提供倫理問題的解答。倫理守則的限制如下：

1. 有些臨床問題不能只依賴倫理守則來處理。
2. 有些倫理守則不夠具體明確，應用上有其限制。
3. 符合倫理的執業，不能只靠倫理守則和執業指引的學習。
4. 倫理守則之間有時會出現衝突，不同專業組織所制定的倫理守則之間，有時會互相抵觸。
5. 心理師的個人價值觀可能會和部分倫理守則衝突。
6. 部分的倫理守則可能會和心理師任職機構的規範相衝突。
7. 倫理守則不一定會和當地的法律和文化一致。
8. 專業組織所制定的倫理守則，不見得全體會員都會認同。

在實務上，我們看待個案的視框並不是只有倫理的角度，光是倫理的角度是不夠的，還需要同時使用臨床和法律的角度，以下將做進一步的說明。

三種思考向度的自我檢視

心理師需要培養專業的敏感度，包括：臨床敏感度、倫理敏感度，以及法律敏感度，每次在接案的時候，不妨習慣性的從臨床的、倫理的，以及法律的角度自我檢視，因為這三種角度會有不同的考量和判斷。我彙整心理師可以自我檢視的問題範例，如表 1-2 所示，提供給讀者參考。同一個問題可以從不同的角度去思考，如此自我檢視可以提升專業的複雜度和周延性，最終可以增加自己的專業敏感度，並提供個案最適切的協助。

表 1-2　心理師三種思考向度的自我檢視

臨床的向度	倫理的向度	法律的向度
我的諮商作為是否有效？	我的諮商作為是否能增進個案的福祉？	我的諮商作為是否違法？
我對受虐個案的治療方法是否經過研究證實有效？	我向 113 專線通報，是否會不當的揭露個案的隱私？	我需要向 113 專線通報個案疑似被虐待的事情嗎？
我是否採用最好的兒童諮商技術？	向兒童個案家長摘述晤談內容，我是否要先徵求個案的同意？	兒童個案的家長要我摘述兒童晤談的內容，依法我可以拒絕嗎？
個案的心理問題是否需要照會家庭醫師？	照會家庭醫師是否符合個案的最佳利益？	個案的心理治療是否需要取得醫囑才能執行？
在進行初談時，我要怎麼做才容易建立良好關係，同時蒐集診斷資料？	我在初診時會向個案進行知後同意嗎？	我可雇用實習生或助理執行初談工作嗎？
我的個案是否罹患精神疾病？	和同事討論個案的精神問題時，我是否會注意到專業保密？	哪些精神疾病的個案需要取得醫囑才能執行心理治療？
我的個案是否需要心理衡鑑的協助？	進行心理衡鑑時，我是否做好充分的知後同意？	我使用的心理測驗是否具有合法的版權？

倫理決策的步驟

專業人員在面臨倫理困境或衝突的時候，常需要針對困境和問題進行思考和判斷。Corey 等人（2011）建議的倫理決策之步驟如下：

1. **確認問題或困境**：專業人員要具備足夠的倫理敏感度，才會覺察自己是否面臨一個倫理的困境。一旦覺察自己面臨一個倫理困境，這個時候首先要弄清楚問題的細節；能夠確認問題、了解問題，才不至於慌亂和焦慮。專業人員如果在第一時間，即能辨識出自己和個案的問題涉及哪些倫理議題，就會比較有方向。
2. **釐清相關的潛在議題**：即使表面很單純的個案，有時候會伴隨著複雜的臨床和法律問題，有時候則會伴隨著複雜的多元文化和社會政治問題；因此，專業人員要先釐清自己和個案的倫理困境，是否同時涉及其他臨床的、法律的、多元文化的議題。能夠釐清個案問題的性質，才比較知道要從哪一個角度去處理才是適切的途徑。
3. **檢閱相關倫理守則**：專業人員要檢視自己專業組織的倫理守則，如果自己的專業沒有制定倫理守則，可以延用最相近的專業倫理守則。倫理守則通常會提供一些原則性的處理指引，雖然倫理守則無法給我們一個正確的答案，但是多少有助於我們的倫理思考和判斷。
4. **了解相關的法律規章**：如果個案的問題或倫理困境涉及法律議題，我們需要進一步了解相關法律規章對於個案問題和倫理困境的規範，畢竟我們不希望在協助個案的時候，不小心發生違法的後果。
5. **尋求專業諮詢**：心理師即使在查閱相關倫理守則和法律規章之後，難免會有適用上的疑慮，也就是沒有把握自己對於守則和條文的解讀是正確的，或者沒有把握這些守則和條文是否適用在自己和個案的情況。我們可以諮詢督導、資深同事、法律專家，請他們幫忙確認我們的倫理思考和判斷是否合情、合理又合法。
6. **形成幾個可能採取的方案**：經過上述步驟，心理師通常可以發展出幾個可能的處理方案，從最符合倫理到最不符合倫理，從最可行到最不可行，從最理想到最現實的方案。

7. **列舉每個方案的可能後果**：上述的幾個方案各有利弊得失，我們可以分別檢視每個方案的優點和缺點，以及可行性如何。
8. **選擇最適當的方案**：最終，心理師要根據自己的價值觀、任職機構的政策，以及個案的最佳福祉，選擇最適當的方案去做。通常經過這樣縝密的倫理思考歷程，心理師最後所做出的倫理判斷和抉擇，應該也是最適切的處理方式。

倫理困境的抉擇

心理師在面臨任何涉及倫理衝突或困境的時候，基本上會有三種選擇：第一種選擇是經過充分了解和評估之後，選擇最符合個案權益的作法，這是最佳的選擇；第二種選擇是在充分了解和評估，並權衡輕重、利弊得失之後，選擇一種可以妥協的作法；第三種選擇是在充分了解和評估之後，如果去做就會違反倫理守則，因此，心理師選擇不會去做。

案例 1-1　心理師與個案結案後可以交朋友嗎？

鄧小姐與傅心理師進行心理諮商約有二十幾次，晤談過程很順利，對心理師很有好感。在結案前兩次，鄧小姐問心理師，在諮商結案後可否當「朋友」？傅心理師第一次遇到這種要求，想了一會兒後，怕傷到鄧小姐的感受，便答應此要求。

事後心理師愈想愈不自在，記得諮商倫理教科書上建議至少要在結束諮商兩年後才能與案主做私人的交往，撇開教科書的觀點，心理師問自己：「真的想要和鄧小姐做朋友嗎？」經過內省後，心理師決定坦誠來面對案主。

下次諮商開始時，心理師主動提出此議題，詢問鄧小姐所謂的「當朋友」是指怎樣的朋友？鄧小姐說就跟一般朋友一樣，會交換MSN，且偶爾會一同出遊。心理師向鄧小姐坦承自己的兩難，雖然心理師也喜歡鄧小姐（當然是朋友的那種），但是也擔心，若變成朋友後該如何與她相處？因為朋友關係和諮商關係不一樣，不會再以她為焦點，也不可能單方面的滿足她的期待，這會不會讓鄧小姐失望呢？而且，若之後鄧小姐還需要諮商時，就不能再找傅心理師了。

鄧小姐表示自己以後還需要接受諮商的機會不大，但回家後也覺得自己的提議不妥，也了解心理師的兩難，這或許是自己避免失落的方法吧！

問題：在結束諮商關係後，若心理師與個案開始私下交往（純友誼）是否恰當？

回應：根據前述倫理困境的三種選擇，最佳選擇是像傅心理師一樣，坦誠面對當事人想要交朋友的提議，委婉告訴當事人諮商結束後變成朋友的不妥，並且同理當事人想要交朋友的願望，以及不適合和心理師交朋友的失望。畢竟心理師的職責是幫忙當事人去和其他人交朋友，而不是和心理師交朋友。

如果傅心理師被鄧小姐的美麗所吸引，選擇在結束諮商後兩年，才開始追求鄧小姐，並發展出浪漫關係，這樣的選擇可以說是妥協的作法，嚴格講還是有專業倫理的疑慮，因為心理師和前任個案發展社交關係，仍然存在著多重關係，只是這種多重關係比較不嚴重，兩人的權力位階比諮商關係要平等，心理師運用專業特權去占當事人便宜的可能性比較低。

如果傅心理師選擇在諮商結束後立即和當事人做朋友或發展親密關係，這就比較有違反倫理的問題，即使是當事人主動提議，心理師也不應該接受。如果心理師和當事人交朋友，很容易會被認為是心理師在占當事人的便宜，是不符合當事人的最佳利益，因此一般有倫理概念的心理師通常不會採取這樣的選擇。

第二章

自我覺察與身心保健

如同其他專業助人工作者，心理師需要對於自己的身心狀態保持覺察，並維持在最好的身心狀態，才能夠提供個案當事人最好品質的服務。由於諮商與心理治療是一項很容易耗竭身心健康的工作，我們需要養成自我覺察的習慣，並且及早學習身心健康的自我照顧。心理師本身就是助人的主要工具，如果自己的身心狀況不好，要如何能夠協助他人、照顧他人呢？如果因為自己的身心狀況不好，以致於影響對個案的照顧和服務，這樣就會有違反專業倫理的疑慮。本章主要討論的內容，包括：自我覺察的內涵、成為心理師的動機、個人問題的覺察與治療、心理師的反移情、個案依賴，以及執業壓力與自我照顧等。

自我覺察的內涵

張春興（1989）指出，自我覺察的定義是指「個人對自己個性、能力、慾望等各方面的了解」。這個定義或許可以滿足一般人，但是對於心理師可能就會顯得很不清楚。自我覺察是什麼呢？根據陳金燕（1996）的實證研究，自我覺察被諮商實務工作者界定為：「自己『知道、了解、反省、思考』自己在『情緒、行為、想法、人我關係及個人特質』等方面的『狀況、變化、影響及發生的原因』」。陳金燕的定義比較清楚和具體的點出我們要自我覺察的對象是什麼，這會是很有幫助的提醒。

心理師首先要面對的是自己，了解自己是助人工作的第一步，也是一輩子的功課，藉由對於自我的探索與了解，可以增加自己的敏銳度，更加體會人類的經驗，甚至進一步知道自己的限制與挑戰，這些都有助於心理師的自我了解與實務工作。由於專業發展和個人成長是諮商專業人員訓練的重點之一，不少諮商輔導系所均會開設「輔導員的自我覺察」或類似名稱的課程，在這門課程裡，教師會鼓勵學生去作個人治療、參加成長團體、記錄自己的覺察、與同儕分享自我覺察，以及閱讀相關文獻等（邱珍婉，2010）。

綜合上述，我們要自我覺察什麼呢？實際上，我們可以覺察的標的或對象很多，可以分為當下的自我覺察、成長經歷的覺察，以及人我互動的覺察。當下的自我覺察，主要在養成隨時隨地覺知自己的身體、感受、念頭和行為的狀態和變化。成長經歷的覺察，主要在回溯影響自己人格和價值觀的各種因素和事件，包括：自己的原生家庭經驗、自己與父母親的關係、自己的成長史，以及自己的求學和工作經驗等。人我互動的覺察，主要在於覺知自己的人際關係、自己對人和對環境的態度，以及自己在家庭和職場的狀態。養成自我覺察的習慣不僅可以維護自己的身心健康，更可以促進助人工作的效能，這是心理師的基本功，也是我們身為心理師最重要的功課之一。

成為心理師的動機

你為什麼想要擔任心理師？或者說，你為什麼想要成為一位專業的助人工作者？對於自己想要成為心理師的動機，進行自我探索和覺察是很重要的事情。為什麼呢？學心理學的人都知道動機的重要性，人類一切行為的發生都源自於動機，適當而強烈的動機會協助我們追求並完成一件工作或事情；不適當或缺乏動機則會妨礙或削弱我們對於工作和事情的完成。

想要成為專業的助人工作者，常見的動機包括：（1）助人的成就感和滿足感；（2）助人工作帶來的收入；（3）想要受人尊重、被人接納和肯定；（4）想要從助人工作中感受到自己很重要，以及（5）想要照顧他人、指導他人正確的過生活。不論你成為心理師的動機是哪一種，或包含一種以上的動機，最重要的是你是否有所覺察？並且留意自己的動機是否有不適當的影響助人工作？

心理師要覺察自己是否想要透過個案來滿足自己的需要，心理師要隨時覺察自己的諮商作為是為了自己，還是為了個案？經常給個案建議，或者告訴個案該怎麼過生活的心理師，要覺察是否高估自己的影響力，而低估個案的能力，因為如此做，有時候反而不利於個案的諮商與心理治療。

根據我的多年觀察，想要成為心理師的人，最常見的動機或理由有兩個：一是為了自己，二是為了他人。有的人是因為自己曾經出現過心理問題，遭遇過人生的困頓，希望學習如何可以幫助自己，在成長的過程中接觸心理學和助人專業，因此選擇從事專業助人的工作。有的人則是因為生活周遭的親友罹患心理疾病，遭遇人生的創傷和痛苦，希望學習一些方法可以幫助他們，於是走上專業助人工作之路。

檢視自己成為心理師的動機，可以避免因為不當的動機而入錯行，避免不自覺的作出違反專業倫理的事情而傷害當事人。選擇心理師這個專門職業不宜因為這個工作待遇比較好，而是因為我們喜歡這個工作、喜歡幫助人，並且覺得這是一份有意義的工作。心理師專業其實也是一份高壓力、高風險的工作，如果對這份工作沒有很高的認同和意義感，往往無法在這份工作上維持很久。

個人問題的覺察與治療

心理師的自我覺察，除了要覺察成為專業助人工作者的動機，而且也要覺察自己的人格特質、個人的身心健康狀態、個人未竟事務、個人的人際關係與感情生活，以及自己能力的限制等。當心理師對自己有愈多的覺察和自我了解，不僅有助於個人的身心保健，而且可以提升諮商與心理治療服務的品質和成效。

心理師增進自我覺察的方式有很多種，常見的方式包括：（1）個別諮商或心理治療；（2）團體諮商；（3）諮詢資深同事；（4）接受督導；（5）繼續教育課程；（6）撰寫反思日記，以及（7）閱讀等。心理師在養成教育的過程中，多少使用過這些方式，因此對於這些增進自我覺察的方式並不陌生。心理師的訓練課程是否應該包括個人治療（personal therapy）是一個值得討論的問題，將個人治療列為心理師培育階段的強制性課程，你認為是否適當呢？

Coster 與 Schwebel（1997）的研究指出，除非為了專業上的必須，受訪的心理師贊成把個人治療列為推薦的，而非強制的活動。Schwebel 與 Coster（1998）以系所主管為調查對象，詢問他們對於個人治療的看法，研究結果發現，絕大多數的系所主管贊成將個人治療列為專業心理學研究生必要的體驗活動。

Holzman 等人（1996）探討臨床心理學研究生接受個人治療的經驗，結果發現，將近 75%的受訪者表示，在就讀研究所之前或期間曾經接受過個人治療，99%表示目前正在接受個人治療或將來會再接受個人治療；受訪者普遍肯定個人治療的價值，這種體驗學習和研究所的課程訓練，以及督導具有互補的價值。Newhouse-Session（2004）在探討個人諮商對專業諮商師的影響之博士論文中指出，十位接受質性訪談的諮商師均表示，個人諮商是有幫助的，不僅在個人層面，在其專業服務上也是有幫助的。在十位受訪者中，有八位認為個人諮商應列為諮商專業訓練的必修課程。

綜合上述學者的研究，我認為個人治療是心理師增進自我覺察與處理個人問題的良好方式，值得推薦。但是，對於將個人治療列為心理與諮商系所學生的必修課程或活動，則有進一步斟酌的必要。心理與諮商系所或課程教師若規定學生在學期間一定要接受個人治療的話，可能會有專業倫理的疑義。根據專業倫理守則，諮商與心理治療一定要尊重個案的意願，不可以強制當事人接受諮商。如果心理與諮商系所或課程教師有強制個人治療的規定時，除了在招生簡章上要明確地做此聲明，並且在執行這個規定時，要提供學生多種選擇的機會，包括提供學生幾個不同心理師和機構的名單，讓學生能自由選擇和自己沒有雙重關係的心理師，以及免費或低收費的心理師。

心理師的反移情

反移情是指心理師對個案的移情，亦即心理師對個案的情緒與行為反應，受到早年經驗的影響而扭曲。心理師對個案如果有不適當的反移情而不覺察或不處理，勢必會干擾對個案的諮商與心理治療。心理師除了透過自我覺察，也可以透過督導、諮詢或個人治療，來處理不適當的反移情，以減少其對個案負面的影響。

對心理師來說，反移情可能是諮商關係的阻力或助力，心理師可以透過反移情來理解個案的心理動力，也可以因為不覺察或不處理而干擾對個案的幫助。心理師與情緒有困擾或精神有疾病的個案工作，難免在相處的時候會產生各種負面情緒，這些負面情緒便是反移情。無論如何，不覺察或不處理的反移情，畢竟都是心理師的問題，我們不能怪罪到個案。

反移情的表現有很多種，根據學者（Corey et al., 2011; Watkins, 1985）的彙整，心理師不適當的反移情有下列八種：

1. **過度保護個案**：心理師認為個案很脆弱，晤談時盡量避免去碰觸個案的傷痛，應該面質個案的時候，也不去面質。
2. **害怕個案生氣**：心理師採取客氣和表面的方式與個案互動，晤談時會小心翼翼，避免個案因為不高興而發脾氣。
3. **擔心個案會依賴**：心理師覺得個案很黏人，事事依賴他人，在晤談的時候，就會以拒絕或疏離的態度來面對個案。
4. **渴望得到個案的肯定**：心理師非常希望得到個案的肯定和讚美，以致於不會去面質或挑戰個案。
5. **在個案身上看到自己**：心理師因為過度認同個案，在個案身上看到自己，對個案的遭遇過度感同身受，而失去客觀的立場。
6. **對個案產生性愛的感覺**：心理師和情投意合的個案工作時，心中產生性愛或戀愛的感覺。
7. **經常給個案建議**：心理師認為自己學識淵博，人生閱歷豐富，經常給個案建議，或喜歡和個案分享自己的人生經驗。
8. **和個案發展社交關係**：心理師喜歡在個案晤談之外，或結案之後，與個案做朋友。

心理師在從事助人工作時，要養成自我覺察的習慣，覺察自己在和個案晤談時，是否會經常出現上述的反移情現象。上述這些現象反映出心理師可能出現反移情的狀況，值得自我覺察與處理。心理師對個案產生反移情是很常見的事情，而且也不代表一定就是有違反專業倫理的問題。但是這些反移情現象如果不覺察，就會逐漸變成問題，出現問題之後，如果不處理，就會逐漸變成臨床或倫理問題。

個案依賴

在尋求諮商與心理治療的個案當中，有的人比較獨立，有的人比較依賴，幫助個案覺察自己的性格是心理師的工作。諮商過程的初期，個案表現出依賴心理師或心理諮商，這是正常的現象。隨著諮商歷程的演進，個案將逐漸培養出獨立的能力，並且具有獨立判斷和決定的能力。

只有在諮商歷程的後期，心理師如果繼續鼓勵個案依賴，或者延長個案不需要的心理諮商時，才會有心理師違反倫理的問題。當個案該結案而不結案，讓個案繼續沒有幫助的心理諮商，即是不符合倫理的作為。不論基於情感或財務的理由，心理師都不宜拖延、不結案，以維護個案的權益。

許多免費的諮商機構基於不同考量（例如：減輕工作量、降低成本、維持公平、避免個案依賴等），規定心理諮商的次數最多六次或十次，這種限制諮商次數的作法，如果實施不當，很容易產生遺棄個案的倫理問題。我們可以說，個案需要多少時數的心理諮商是一個臨床判斷的問題，在可能的情況下，我們應該盡量提供給個案所需要的諮商次數。同時，對於接受長期諮商的個案，我們也要經常檢視是否有提供他們不需要的諮商，甚至檢視我們是否為了財務或績效的原因，繼續把他們留下來當個案。

在實務上，我們可以把個案簡單化的分為兩大類：一類是心理疾病患者，特別是那些慢性精神疾病患者和特殊教育的個案；另一類是一般的非心理疾病的患者、非特殊教育的個案。對於第一類的當事人，他們可能需要長期的心理衛生服務，比較不存在個案依賴的問題，諮商與心理治療的提供可以積極的預防問題的惡化或疾病的慢性化。至於第二類的當事人，由於他們沒有心理疾病或特殊教育的問題，提供他們長期的心理諮商時，我們便要評估是否屬於治療上的必需，以避免產生個案依賴的問題。

工作壓力與專業耗竭

專業耗竭（professional burnout）是指，個人因為過度去嘗試不切實際的目標，而消耗自身的身心資源，以致於無法有效因應工作上的壓力而產生身心症狀的狀態。李如玉與丁原郁（2009）綜合學者的見解，歸納出專業耗竭是一種身心俱疲的狀態，在此狀態中易使人產生無力感和疲乏，工作動機降低，影響遍及身體、情緒及生活和工作各方面，並且會妨礙專業功能的發揮。

在學校工作的心理師，與開設心理諮商所或心理治療所的心理師相比之下，前者面臨耗竭的風險較高，主要原因在於校方對心理師有多重要求，且常被期待去滿足學生與老師的需求；而且，多數學校心理師缺乏足夠的督導，也很少與同儕進行討論，因此，伴隨壓力與耗竭而來的身心症狀，很容易成為學校心理師的職業傷害（Corey et al., 2011）。此外，心理師如果認為個案是否改變是自己的責任時，將會經歷很大的工作壓力。當個案在治療中遲遲沒有進展時，負有高度責任感的心理師就會覺得很有壓力。

心理師的職業壓力，有許多是來自於困難的個案，根據Deutsch（1984）以及Farber（1983）的調查，受調查的治療師一致認為，個案談論自殺的行為是最大的壓力源，其他的壓力源包括：（1）沒有辦法讓憂鬱、痛苦的個案感覺好一點；（2）同時看太多的個案；（3）和不喜歡的個案工作；（4）對治療的價值產生自我懷疑；（5）個案對自己很憤怒；（6）個案沒有動機，以及（7）個案提前終止諮商。有接案經驗的讀者多少都會同意上述的調查結果，也因此我們要經常檢視自己的接案狀態，避免在同一個時間接太多的個案，或者在同一個時間接數個超過自己可以承受的困難個案。

心理師使用自己作為助人的工具，唯有注重個人身心健康，以及學習自我照顧時，才能預防工作耗竭等職業風險。經常接觸創傷的個案或自殺的個案，一定會給心理師的身心健康帶來巨大的影響，久而久之，就會造成身心耗竭。心理師需要覺察自己是否有身心耗竭或過勞的症狀，這些症狀包括：容易發脾氣、情緒耗竭、覺得孤單、酗酒、做什麼都不順、猶豫不決、強迫性工作，以及親友或同事經常的提醒。過度的壓力將導致身心耗竭，不僅會傷害到自己的健康，也會傷害到個案。因此，心理師的自我照顧便是一種符合專業倫理的作為。根據「輔導與諮商專業倫理守則」（3.1.7）的建議：「輔諮人員應對個人的身心狀況隨時保持警覺，若發現自己身心狀況欠佳，則不宜提供專業服務，以免對當事人造成傷害，必要時，應暫停專業服務。」

在處理危機事件時，例如：自殺個案、家庭暴力個案，以及精神疾病發作的個案等，心理師所面臨的工作壓力和替代性創傷（vicarious trauma）都是很高的。心理師如果經常面對困難的個案，加上超時超量工作，又沒有足夠的社會支持，若缺乏自我覺察，而且又不知道自我照顧，可能就會出現問題。Pope 與 Vasquez（2011）提到，心理師疏於照顧自己會有下列幾項後果：（1）不尊重個案；（2）不尊重工作；（3）做事會常犯錯；（4）缺乏能量；（5）感覺焦慮和害怕；（6）用工作來逃避痛苦，以及（7）對工作失去興趣與熱情。根據 Corey 等人（2011）多年的觀察，治療師衰敗（therapist decay）的現象如下：

1. 與個案的互動缺少界線。
2. 汲汲營營於賺錢和成功。
3. 接收超出自己專業能力的個案。
4. 有不健康的飲食和運動習慣。
5. 沒有志同道合的朋友和同事。
6. 在私人和專業上過著孤立的生活。
7. 不去覺察自己對個案困境的影響。
8. 即使個人經驗到很大的苦惱也不願意接受個人治療。

案例 2-1 身心狀況不佳的丁心理師

我們中心有一位罹患憂鬱症的丁心理師，他有明顯的情緒與記憶問題，很多工作都無法如期完成，而且跟同事的關係也因為情緒的不穩定而日趨緊張。不久之後，個管老師發現這位心理師所接的個案皆在一次晤談後便不再接受諮商，且間接透露與該心理師談話的不自在。個管老師後來向主管報告，主管猶豫後決定暫停丁心理師執行諮商業務，並告知等其狀態穩定後再行接案。丁心理師雖口頭應允，但事後又向同事表示自己仍可接案，並打電話向心理師公會詢問自己有心理師證照，為何不可以接案，使得辦公室氣氛相當尷尬，同事間也苦惱不知道該如何是好？

問題：如果你是案例中的中心主管，你會怎麼處理丁心理師的問題？

回應：心理師也是人，有時候遭遇創傷事件或罹患心理疾病，導致身心狀況不佳，難以提供有品質的心理諮商服務時，便要考慮暫停執行心理諮商業務，以維護當事人的權益。如果丁心理師缺乏自我覺察，我會提醒他，並且提供必要的協助，包括：給予病假休息、協助就醫、減輕工作量，以及安排心理治療等。本案丁心理師的主管要求他暫停接案，是正確的決定，但是丁心理師似乎缺少自我覺察與身心保健的觀念，我會安排丁心理師接受這方面的倫理講習。丁心理師認為自己擁有心理師執照，就可以接案，並且想要透過公會爭取自己的權益，但是在心理師的權益與個案的權益衝突時，我認為應優先照顧個案的權益，才是符合專業倫理的選擇。

自我照顧與身心保健

心理諮商是一項消耗心力的工作，不論是實習心理師、新手心理師，或是資深心理師都要懂得自我照顧，及早學習一些有益身心的保健方法。我在臺灣師大心輔系擔任碩三全職實習課程教師期間，每年都會做兩件事情：第一件是請研究生分享自我保健的方法；全職實習可以說是他們求學期間最辛苦的一年，在臨床經驗有限的情形下，要去扮演一位全職的心理師，處理各式各樣的個案，還要承受來自個案、督導、機構，以及實習課程教師的壓力，因此我會鼓勵他們及早學習如何照顧自己的身心健康。表 2-1 即是其中一個班級的同學，彙整大家的經驗，然後發給同學做為提醒的一個例子。

第二件是每年我會邀請碩三全職實習的同學，共同規劃一個「心理健康日」的活動，通常是利用同學返校座談的時間，地點則請同學票選。心理健康日曾經舉辦過的活動，包括：指南宮親山步道健行、圓山保齡球館運動、富陽自然生態

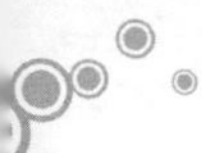

公園導覽，以及軍艦岩健行等。透過團體出遊和健行的活動，可以紓解實習的壓力，並且可以增進同學的情誼和社會支持，同學對於心理健康日的活動之反應都非常好，認為值得推廣。

表 2-1 全職實習期間身心保健良方

1. 充足的睡眠及營養。
2. 補充維他命 B、C。
3. 練瑜珈、運動、到戶外舒展身心。
4. 與實習機構其他伙伴適當的分工。
5. 調整工作的安排；調整心理的期待（例如：工作永遠是做不完的，盡力即可……）。
6. 接案數量：狀況穩定的個案可考慮結案、拉長為二週談一次，或調整晤談時間長度（例如：每次三十分鐘）。
7. 同儕支持，彼此傾吐實習甘苦。

事實上，心理健康日的概念是來自於我早年在美國加州工作的經驗，每年我服務的社區心理衛生中心，都會辦理心理健康日活動，機構會找一個上班日，規劃一個全體員工可以一起出遊的活動，不但可以紓解工作壓力，也可增進員工情誼。回臺灣後，在我擔任主管的機構或單位，都會辦理員工心理健康日活動。我認為心理健康日的活動可以推廣到每個家庭、學校、公司和機關團體，特別是那些屬於專業助人的機構，更有需要經常辦理心理健康日，以紓解員工壓力，提高工作士氣，促進員工的社會支持。

針對心理師的自我照顧，Pope 與 Vasquez（2011）建議，心理師可以針對自己的問題，發展以下幾項自我照顧的策略：

1. 針對孤獨的執業生活，心理師可以安排和親友、同事保持聯繫的方式。
2. 針對單調的諮商工作，心理師可以增加不同的工作，例如：兼課、開設一個督導團體、參與學會公會的事務等。
3. 針對疲勞，心理師可以根據自己的狀況，調整個案量和分配工作時間。
4. 針對坐辦公室的生活，心理師可以安排一些需要走動或運動的活動。
5. 針對無精打采的生活，心理師可以安排一些可以滋潤精神生活的活動，例如：靜坐禪修、宗教靈修、閱讀或寫作、散步或健行、聽音樂等。

6. 針對缺乏社會支持的生活，心理師可以發展自己的社會與專業支持系統，包括：接受督導、參加繼續教育課程、建立社會資源、發展個人的人際關係等。
7. 針對壓力沉重的生活，心理師需要經常檢視自己的工作和生活，並做適當的調整，學習自我照顧，必要時可以尋求督導或個人治療的協助。

葉建君（2010）以四位資深諮商心理師為研究對象，探討他們的自我照顧經驗。研究結果發現：資深諮商心理師的自我照顧是從覺察自我照顧的重要性開始，他們從事自我照顧的策略，包括：實踐專業所學、照顧身體健康、尋求合適的情緒出口、安排休閒娛樂、靈性力量的支持、滋養的人際關係網絡、維持思考的活躍、創造支持性的工作場所，以及持續的自我覺察。

Brems（2000）針對預防身心耗竭和功能損壞，建議治療師在專業自我照顧方面可以採取的策略是：

1. **繼續教育**：參加繼續教育課程，透過提升專業知識、技術和經驗，有助於增進執業信心和能力。
2. **諮詢與督導**：在處理困難或有壓力的個案時，尋求專家的諮詢或督導，會有很大的幫助。
3. **支持網絡**：與同學、同事、師長或督導保持聯繫，可以得到專業支持和資訊。
4. **壓力管理**：在個案量和難度上給自己設定一個限制，避免超時超量工作，可以預防過度耗竭自己的心力和健康。

在個人自我照顧方面，Brems（2000）建議治療師可以採取的策略是：

1. **維持健康的生活習慣**：培養並維持健康的飲食、運動和睡眠習慣是很必須的事情。
2. **照顧親密關係**：與家人和重要他人保持良好的親密關係，有助於獲得情感的支持和專業關係的滋養。
3. **休閒活動**：工作之餘從事有興趣的嗜好或活動，可以調劑工作壓力。
4. **放鬆和平衡自在**：從事靜坐或有助於身心平衡的活動，有助於維持一個平衡自在，並與人相繫的生活。

5. 自我探索與自我覺察：覺察自己的弱點和限制，在遭遇工作或個人困難時，懂得尋求他人的協助和支持。

案例 2-2 當個案的問題超過心理師的能力時

莊小姐在朋友的介紹下第一次接受諮商，在初談時，陳心理師評估其為壓力調適與情緒困擾的問題，因此雙方先約定八次的晤談。經過三次晤談之後，陳心理師發現莊小姐的問題比之前評估的複雜許多，他開始擔心自己處理不來，又因為事先約好八次而不好意思說出瓶頸，再加上莊小姐相當的信任且讚美有加，讓陳心理師承受很大的壓力。在第五次晤談時，陳心理師終於坦承能力有限，希望可以把她轉介給別的心理師，然而莊小姐覺得無法接受……。

問題 1：心理師在初談評估時，約定的晤談次數是否不能改變？誰可以提出改變？

回　應：在實務上，心理師會根據初談的評估，建議個案若干次的諮商，並且徵得個案的同意，因此諮商次數可以說是雙方共同約定，既然是雙方約定的，如果有需要，雙方也可以經過討論後加以調整。調整諮商次數有時候是由個案提出，想要縮短或延長，也可以是由心理師提出，建議縮短或延長。

問題 2：當心理師評估自己的能力不足以幫助個案時，要如何轉介個案才符合專業倫理？如果個案拒絕，那該怎麼辦？

回　應：案例中的陳心理師認為自己能力有限，無法幫助個案，這種情形難免會發生，最適當的處理方式，便是陳心理師先跟自己的督導討論，選擇在督導的協助下，繼續提供心理諮商給個案。如果經過與督導討論，陳心理師仍無法在督導下繼續提供心理諮商，便要坦誠向個案說明，並獲得個案的諒解之後，轉介給更適合的心理師。如果個案拒絕，例如：案例中的莊小姐相當信任陳心理師，希望繼續接受他的專業協助，我認為陳心理師一邊透過督導的協助，以及參加繼續教育來提升自己的專業能力，另一邊繼續提供個案所需要的心理諮商，這才是最符合個案權益的作法。

案例討論

案例 2-3　失戀的實習心理師

小陳是一位實習心理師，在督導時段中，小陳向她的督導透露自己最近剛結束一段五年的戀情，為此感到非常痛苦。她約略地描述事情的經過，以及自己陷入低潮的情緒。小陳坦承她對案主的諮商能力出現了問題，特別是對有兩性感情議題的案主，更是感到困難……。

問題 1：你認為小陳是否應該暫停或終止實習，先把自己照顧好之後，再回來諮商個案？

問題 2：小陳向督導尋求幫助時，如果你是小陳的督導，你會給小陳哪些建議？

問題 3：小陳是否可以據實告訴個案，因為失戀而要暫停諮商？你認為小陳要向個案怎麼說明自己的狀況？

問題 4：如果小陳的督導願意在督導時段中，撥出部分時間提供心理諮商給小陳，你認為是否適當？

案例 2-4　督導提供個人諮商給受督者

謝心理師是實習心理師芳芳的督導，芳芳在醫院實習期間得知母親罹患癌症，她發現自己陷入個人危機中，因為她覺得自己很難和醫院的病人工作。她流著淚告訴督導，認為自己無法繼續完成實習工作。督導很欣賞芳芳的實習表現，認為此時芳芳若停止實習實在很可惜。督導評估兩人的督導關係很好，彼此信任，所以他可以很快速地處理芳芳個人的危機。在接下來的三次督導期間，他都把焦點放在芳芳個人的問題上。最後由於督導的幫助，芳芳恢復穩定並可以繼續和醫院的病人工作，而且並沒有造成對督導關係或實習工作的重大負面影響。

問題 1：你對於謝心理師在督導芳芳期間，提供三次的個人諮商有何看法？你是否認為謝心理師違反雙重關係的倫理守則？為什麼？

問題2：除了自己提供個人諮商給受督者，你認為謝心理師還有哪些可以幫助受督者的作法？

第三章

專業能力的訓練與督導

專業能力之所以成為倫理所關心的議題，是因為心理師的能力影響個案的權益至為深遠；缺乏專業能力的心理師，自然無法提供有品質的諮商服務，來照顧個案的心理健康。心理師要具備什麼樣的能力，才能勝任諮商與心理治療的工作，保證專業服務的品質？這些能力要如何訓練？如何維持？督導如何把關心理師的訓練和服務品質？這些都是本章要討論的內容。

執業範圍

美國諮商學會（American Counseling Association, ACA）和美國心理學會（APA）有關能力的倫理守則，都強調諮商師和心理師要發展和維持專業能力的重要性，要在自己的專業知識技能範圍內執業，必須要經過進一步的訓練和督導之後，才可以擴充自己的執業範圍，以及透過繼續教育維持專業能力的必要性等。業務範圍或執業範圍（scope of practice）既是一個專業倫理用詞，也是一個法律名詞，用來界定某一個專業的人依法可以執行的業務範圍。根據《心理師法》第14條：

「諮商心理師之業務範圍如下：

一、一般心理狀態與功能之心理衡鑑。

二、心理發展偏差與障礙之心理諮商與心理治療。

三、認知、情緒或行為偏差與障礙之心理諮商與心理治療。

四、社會適應偏差與障礙之心理諮商與心理治療。

五、精神官能症之心理諮商與心理治療。

六、其他經中央主管機關認可之諮商心理業務。

前項第五款之業務，應依醫師開具之診斷及照會或醫囑為之。」

心理師的業務範圍，包括：心理衡鑑、心理偏差的心理諮商，以及心理障礙的心理治療。由於《心理師法》對於心理師業務範圍的訂定是依據個案罹患何種疾病，來區分臨床心理師、諮商心理師和醫師的業務範圍，然而疾病的判斷屬於專業判斷，很難用法律來規範，因此這種用法律取代專業判斷的條文，不僅無法釐清三個專業的業務範圍，反而徒增彼此的紛爭，故《心理師法》第 13 條和第 14 條有修訂的必要。

心理師專業倫理守則提醒心理師，執業不應超出其專業能力、教育訓練和臨床經驗的範圍，當法律條文和倫理守則衝突時，心理師應以個案的最佳利益為判斷的依據。臺灣有關心理師能力與督導的倫理守則，詳見表 3-1 所示。

表 3-1　有關心理師能力與督導的倫理守則

- 心理師（含臨床心理師與諮商心理師）所提供的專業服務與教學研究，必須在自己能力所及的範圍內。此能力範圍需根據心理師所受的教育、訓練、諮詢、及專業實務經驗來界定。（「心理學專業人員倫理準則」柒之一）
- 諮商心理師應體認自身學養及能力之限制，宜於專業知能所及的範圍內提供服務，並主動增進與專業有關之新知。（「諮商心理師專業倫理守則」第 3 條）
- 臨床心理師所提供的專業服務、教學和所進行的研究，必須在自己能力範圍所及的領域與群體之內。（「臨床心理師倫理規範」第一條）
- 諮商心理師從事教育、訓練或督導時，應遵守督導專業倫理，並提醒受督導者應負的專業倫理責任。從事督導時，應確實了解並評估受督導者的專業知能，是否能勝任諮商專業工作。（「諮商心理師專業倫理守則」第 19 條）
- 臨床實習心理師需在督導下始得進行心理治療，且需告知當事人（或其監護人）自身之角色，並與其督導一起提供心理治療之服務。（「心理學專業人員倫理準則」柒之五）

心理師專業倫理守則還提到，心理師從事諮商工作若遇到超出自己能力範圍的個案時，要做適當的轉介。問題是我們怎麼知道個案的問題是不是超出自己的能力範圍？實務上，心理師透過和個案一、兩次的初談，通常會有一些明確的資訊和評估，以做為接案或轉介的依據。有時候，心理師在接案晤談一段時間之後，才發現個案的問題超出其能力範圍，或者對於是否轉介難以判斷的時候，此時可以請教督導或資深同儕。

專業能力的發展階段

專業能力（professional competence）並不是有無的概念，它是一個從少到多的連續概念。一個人不是拿到碩士學位、通過國家考試，就具備心理師的所有能力；正確地說，拿到碩士學位、通過國家考試，只是具備進入心理師這個專業的門檻或基本能力。

既然專業能力是一個連續性的概念，Sperry（2007）綜合學者的臨床觀察和研究，認為專業能力可以分為以下五個發展階段。

1. **初階實習生**（Beginning trainee）：這個階段的初階實習生專注於規則的遵守，對於他人的主觀需求和事情的脈絡無暇顧及，例如：只專注於某一理論取向或諮商技術的應用，卻沒有考慮到個案的需求、個別情況和期望，大四至碩二的實習生可以說是屬於這個發展階段。由於初階實習生在諮商知識、技術和經驗都還很生疏，因此還不具有專業能力。
2. **進階實習生**（Advanced trainee）：這個階段的進階實習生在應用理論取向和諮商技術時，開始有限的注意到個案的主觀需求和環境脈絡，他們在某個程度上可以因個案的需求、個別情況和期待，做到理論與實務的部分整合。碩三實習心理師可以說是屬於這個發展階段，這個階段也還不具備獨立執業的專業能力。
3. **資淺專業人員**（Entry-level professional）：這個階段可以說是心理師具備獨立執業的起碼能力，他們具備整合理論與實務的能力，並且在執業的時候會兼顧到個案的需求、個別情況和環境脈絡。然而，他們在從事臨床判斷時，會比較緩慢、慎重和費心，通過國家考試後五年內的心理師便是屬於這個階段。

4. **資深專業人員**（Proficient professional）：這個發展階段的心理師通常在從事臨床判斷時，會比較快速而不費力，他們的臨床技能會很熟練並成為習慣，臨床工作會融合自己的直覺和臨床敏感度，很容易看出個案的問題模式，並運用適當的處遇來協助個案。這個階段的心理師通常具有五年以上的年資，並且具有高度的工作和生活滿意度。
5. **專家級專業人員**（Expert professional）：這個發展階段的特徵是，臨床經驗很豐富，臨床技能很熟練，從事臨床判斷和處遇駕輕就熟。他們會反思自己多年的臨床經驗，並累積自己的臨床智慧。基本上，他們不再依賴教科書，而是根據自己多年的反思和直覺來從事臨床工作。

Sperry（2007）認為，所有專業人員，包括心理師，對於工作的態度和價值觀，可以分為三種：

1. **把專業當作一個工作**（job）：從事專業工作是為了得到好的薪資待遇，以便可以享受工作以外的生活，他們是在專業工作以外找到意義和樂趣。
2. **把專業當作一個生涯**（career）：這樣的專業人員會看重自己在專業職場的工作、角色和升遷，會積極參與專業組織的活動，並從任職機構和專業組織獲得加薪、地位和成就，這些都可以帶給他們很大的滿足。
3. **把專業當作內心或神聖的召喚**（calling）：抱持這種工作取向的專業人員，並不是為了追求好的薪資待遇或專業地位，而是希望透過專業工作來實現人生理想和增進他人的生活品質。

每位心理師的工作取向都不同，但是從專業倫理的角度來說，倫理守則期許每位心理師是從依循內心或神聖的召喚來獻身諮商專業工作，以促進人們的心理健康。事實上，許多偉大的心理治療師便是依循內心或神聖的召喚來從事助人工作。

專業能力的訓練

獲得專業能力的主要方式是透過研究所的課程訓練、臨床實習，以及執照考試。因此，研究所的教授、實習機構的督導，以及執照考試的考試委員，對於合格心理師的培育和把關都有倫理上的責任。以下將分別從研究生的甄選、研究所的訓練，以及執照考試等三方面加以討論。

1. 研究生的甄選

心理師培育系所有責任甄選具有潛力成為有效能而熱情的研究生成為心理師。適合從事諮商與心理治療的人格特質，包括：高度自我覺察、對人性感到好奇、忍耐模糊的狀況、有自尊心、有能力探索自己的偏見、價值、盲點和個人議題（Sperry, 2007）。許多大學教授和機構督導觀察到，較不聰明但是具有上述特質的研究生，比很聰明但缺少上述特質的研究生，更可以成為有效能而熱情的心理師。但是要如何有效的評量其人格特質，仍然有其難度。

心理相關研究所在招考新生時，有倫理的責任去制定公平合理的考試規則，並招收適合從事諮商與心理治療的學生。臺灣的心理相關研究所新生入學考試常見的方式，包括：筆試、面試、諮商演練、資料審查等。根據 Leverett-Main（2004）的研究，GRE 和推薦信不是最有效的方式，個別面談則是比較有效的一種；Corey 等人（2011）也認為，採用個別或團體面試的方式比較適合做為甄選學生的方式，並且認為團體面試又比個別面試好，因為在團體面試中可以觀察學生如何與人互動，以及如何針對討論議題表達自己的意見。具備標準化的諮商演練也是不錯的甄選方式。在所有的甄選方式中，實習表現則被認為是對學生未來成就最具有預測力的方式。

2. 研究所的訓練

研究所的訓練目標在於培養具有起碼執業能力（minimal level of competence）的心理師。訓練的內容和方式，包括：課程訓練、體驗活動、在督導下的臨床實習，以及學術和生涯指導等。課程訓練可以提供個案概念化所需要的理論架構和基礎知能，以碩士班諮商心理學組為例，諮商心理師的課程訓練，包括下列的核心課程：諮商與心理治療理論、諮商與心理治療技術、諮商倫理與法規、心理健康與變態心理學、個案評估與心理衡鑑、團體諮商與心理治療，以及諮商兼職（課程）實習。

除了課程訓練，碩士班研究生還要修習碩二兼職實習和碩三全職實習的課程。臨床實習可以說是發展專業技術的主要方式，用 Sperry（2007）專業發展五階段的概念來說，研究所的訓練即是將研究生從階段一訓練到階段三，以便具備從事心理師獨立執業的起碼能力，在這些階段的轉變過程中，督導下的臨床實習無疑是最重要的關鍵。

心理師培育系所具有考核學生的責任，也就是培育系所有責任對學生進行考核，包括學生的學習和專業表現。除了大學教授對學生有考核的責任，機構的臨床督導在倫理上也有考核受督者的責任，因此，督導要很清楚、坦誠和立即的讓受督者知道他們的優缺點、臨床表現和專業發展的情況。有少數時候，受督者明顯不能勝任臨床工作時，督導也必須做決定給予不及格的考核成績。

在這種情形下，督導必須告知受督者成績不及格的原因，並且有責任持續的考核實習心理師的實習狀況，如果實習心理師表現嚴重的困難，以致於無法有效的從事臨床工作，督導要盡早給予協助和輔導，告知其他可能的生涯選擇，必要的時候，需終止實習並給予不及格的實習成績。督導應避免讓不適任的學生成為心理師，這是對未來的個案負責，避免未來的個案遭受不適任心理師的傷害。在此同時，督導也要很謹慎的處理退訓的實習心理師，避免增加他們不必要的痛苦和未來可能的申訴。

3. 執照考試

心理學研究生經過紮實的課程訓練和臨床實習之後，需要通過國家考試，才能正式取得心理師的執業資格。心理師取得執照代表具備從事心理師執業的起碼能力，可以依法執行專門業務。專業能力的把關或認證可以依照證照取得的難易和權限分為三個等級：執照（license）、證書（certification）和註冊（registration）。執照是最嚴謹的資格把關方式，是透過國家法律來規範，通過執照考試的人可以依法執業，如心理師執照。證書是由政府機關或民間學術團體用來證明具備某種專業能力的資格證明，如輔導教師。至於註冊則是最不嚴謹、最少規範的專業能力證明，符合一定專業資格的人只要在主管機關辦理登記即可。

案例 3-1　想專攻特定諮商學派的實習心理師

玉山是諮商研究所碩三研究生，正在社區諮商中心進行全職實習，機構主管有分派給他一位機構內督導。實習三個月後，玉山愈來愈覺得，雖然每週一次的督導有所收穫，但是畢竟督導的諮商理論取向與自己的不同，經常覺得搔不到癢處，幫助不大，於是玉山向機構主管要求更換督導，主管同意由玉山自行付費接受機構外的督導，並持續到實習結束。

問題 1：對於碩三全職實習心理師而言，如果堅持學習某一諮商理論取向，督導應如何協助他？

回　應：我比較不認同玉山在碩士班學習的階段就選擇特定的諮商學派，這是因為碩士班階段是屬於全科心理師訓練的時候，實習生應該廣泛學習各種學派。玉山如果想要專攻特定的諮商學派，應該在考上心理師執照之後，再接受專科心理師或特定學派的訓練。因此，我會鼓勵玉山學習督導所專長的諮商學派，而不是更換督導。

問題 2：諮商機構為尊重實習心理師學習某一特定諮商學派，同意其在機構外自費找督導，你認為是否有違專業倫理？

回　應：我認為實習心理師在機構接案，就應該接受機構督導的協助和監督，不應該放棄機構的督導而在機構外自費找督導。一般而言，機構內督導比較了解個案，也有相對的權限和資源提供實習心理師和個案所需要的協助。因此，使用機構內督導要比機構外督導更能夠維護個案的權益。除非，實習機構沒有提供合格的督導，或者因為某些特殊原因，機構主管和實習心理師共同認為接受機構外督導更能夠維護個案的權益，此時更換督導才會是比較好的選擇。

專業能力的維持

心理專業人員一旦完成研究所訓練，取得執照之後，確保專業能力的責任，將從大學教授和臨床督導轉移到專業人員本身。因為獨立執業的專業人員被期待自我監督以維持有效的專業能力，並在能力範圍內執業。根據 Sperry（2007）的專業發展五階段，心理師從階段三到階段五的專業發展，可以透過博士班訓練或繼續教育來達成。繼續教育的方式，包括：專業課程、工作坊、網路課程，以及接受督導等。

由於心理測驗與衡鑑、心理疾病診斷，以及諮商理論與技術會隨著時間而更新和發展，因此，心理師有必要透過繼續教育來維持其專業能力。根據《醫事人員執業登記及繼續教育辦法》第 13 條：「醫事人員執業，應接受下列課程之繼續教育：（1）專業課程；（2）專業品質；（3）專業倫理；（4）專業相關法規。……」心理師每六年應完成上述繼續教育課程之積分數達一二〇點。上述第 2 項至第 4 項課程之積分數，合計至少十二點，其中應包括感染管制及性別議題之課程。

根據上述的繼續教育辦法，心理師執業每六年要更新執照，更新執照的時候，必須提出完成一二〇點（小時）的繼續教育證明；透過這個機制，心理師可以維持其專業能力。美國有些州政府會規定心理師要額外進修兒童虐待通報等相關課程若干小時，臺灣衛生主管機關則規定心理師的繼續教育要包括感染管制及性別議題兩門課程。

案例 3-2　繼續教育課程一定要參加嗎？

莊博士是一位具有豐富臨床經驗的心理師，同時也有多年擔任督導工作的經驗。他覺得自己已有完整且豐富的學歷和臨床經驗，參加繼續教育課程不只是浪費個人時間，而且需繳昂貴的學費參加工作坊，這些工作坊感覺好像是政府變相圖利主辦單位，成為另一種斂財的工具。礙於繼續教育與執照更新的規定，每六年要累積足夠的繼續教育時數才能更新執照，因此莊博士勉為其難地選擇一個關於家族治療的工作坊參加。上課期間他選擇離門最近的角落位置，學習態度不甚積極，很少參與討論，上課常遲到，中途常藉故離開，彷彿一切只是為了拿研習時數證明而已。

問題1：心理師沒有積極參與繼續教育訓練，是否違背專業倫理？

回　應：心理師維持專業能力本來是屬於專業倫理的自我要求，如果莊博士認為自己有維持專業能力並提供有品質的心理服務，自然可以不需要參加繼續教育，但是由於繼續教育的倫理守則變成衛生福利部的一項行政命令，規定心理師每六年執照更新時，要繳交一二〇點的繼續教育證明，導致莊博士以消極的態度參加繼續教育。案例中的莊博士也許沒有違反專業倫理，但是花錢、花時間參加繼續教育，卻沒有達到專業學習的目的，確實是十分可惜的事。

問題2：心理師若是參與繼續教育訓練，但學習態度及狀況欠佳，卻依然可以拿到研習時數證明，繼續教育訓練是否變成流於形式？如何評估繼續教育訓練對於臨床工作的實質效益？

回　應：衛生福利部所頒布的《醫事人員執業登記及繼續教育辦法》雖然規定心理師每六年要接受一二〇點的繼續教育，但是在專業課程部分並沒有規定心理師繼續教育的主題，因此心理師仍然有很大的空間選擇自己喜歡的主題和課程。大多數的心理師都是認真參加繼續教育課程的，在眾多心理師當中，難免有些人會像莊博士一樣，參加繼續教育只是為了拿研習時數證明，而不是認真在學習。

心理師的核心能力

對心理師而言，修完研究所課程不必然具備心理師的能力。心理相關研究所傳統上採用課程本位的思維來安排訓練內容，課程本位的訓練模式比較容易配合大學教師的專長安排，但是能力本位的訓練模式卻可以將學生的訓練緊扣著學習成果與執業能力。在課程本位的訓練模式下，研究生比較關心要修多少學分，或選修一些有興趣的科目，但這些課程和學分不必然和心理師執業時所必須的能力有密切關係。研究生在實習階段往往較關心實習時數多少，而較易忽略執業能力的培養。

什麼是專業能力（professional competence）？專業能力包括知識、技術和態度，三者統整起來成為專門執業人員所必需。Kaslow（2004）綜合許多學者的意見，認為能力是可觀察、可測量、可訓練、實務的，由專家導出及有彈性的。專業能力與專業表現具有相關，並可根據既有的標準進行考核評估，專業能力被視為能透過訓練而提升（Parry, 1996）。美國專業心理學院與課程全國聯合會（National Council of Schools and Programs of Professional Psychology, NCSPP）從跨場域的觀點，明訂訓練專業心理師的核心能力共有六項（Peterson et al., 1997）：（1）關係能力；（2）衡鑑能力；（3）介入能力；（4）研究和評鑑能力；（5）諮詢和教育能力，以及（6）管理和督導能力。

根據心理師能力的立方模型（Rodolfa et al., 2005），心理師的能力包括兩個向度：基礎能力向度和功能能力向度。基礎能力向度是指所有心理師共同具備的能力，也是界定誰是心理師的重要根據；功能能力向度是指心理師做什麼，這些能力是心理師執業所需要的核心能力。功能能力向度包括六項能力：衡鑑診斷與概念化能力、介入能力、諮詢能力、研究與評鑑能力、督導與教學能力，以及行政與管理能力。

由於美國的專業心理師是屬於博士層級，因此被期望的核心能力包括上述六項，而臺灣的心理師是屬於碩士層級，林家興與黃佩娟（2013）根據研究結果，建議將衡鑑診斷與概念化能力、介入能力，以及諮詢能力等三大項，列為國內心理師執業必備的專業能力，並將研究與評鑑能力、督導能力，以及行政管理能力等三大項列為心理師的進階能力，這些能力可以視心理師的工作場域、職務角色，以及專業發展階段的需要而加以要求。心理師的專業能力根據林家興與黃佩娟的研究，包括：六大向度、十三個次向度，以及六十個能力指標，臺灣諮商心理師的能力指標向度，詳如圖 3-1 所示。

圖 3-1　臺灣諮商心理師的能力指標樹狀圖

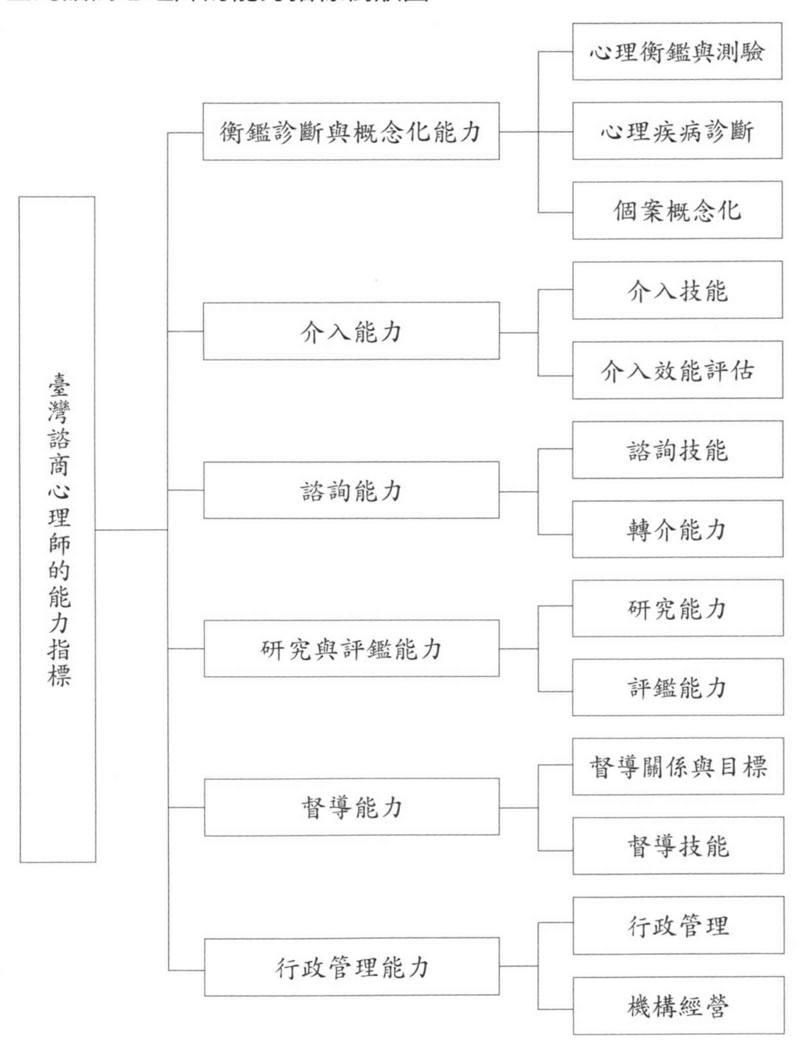

註：引自林家興與黃佩娟（2013）。

專業能力的督導

為確保臨床訓練和專業服務的品質，在每個專業發展階段的心理師都需要接受督導，特別是那些處於階段一到階段三的實習心理師和新手心理師，更需要每

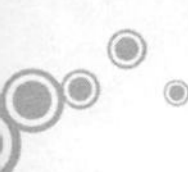

週定期接受督導，以發展他們的專業能力，確保專業服務品質，並維護個案的權益和福祉。

擔任督導的心理師有倫理上的責任去釐清自己的工作、角色和責任，例如：避免成為受督者的治療師，避免和受督者發展多重關係，兼顧受督者的專業發展和個案的福祉。如果受督者的專業發展和個案的福祉發生衝突時，督導要以個案的福祉為優先考慮。

由於實習心理師在機構接案有時間的限制，長者一年，短者數個月，因此，督導要指導實習心理師充分告知個案，有關自己在機構實習的身分和實習時間的長度，避免因短期停留，諮商次數不足就要結案或轉介，造成個案的困擾。實習心理師在臨床機構的所作所為，督導要負最後的責任，包括：接案的品質、個案紀錄的撰寫，以及可能的執業疏失之訴訟等，督導都要概括承受。因此，在督導期間，督導和受督者在治療取向和技術上，如果發生衝突的時候，應該要盡早提出來討論和解決。督導和受督者之間的任何衝突，如果沒有好好處理，勢必會干擾受督者的訓練效果和接案品質。有問題的督導關係若不處理，也會波及受督者和個案的治療關係，而影響個案的權益和福祉。

督導應該避免和受督者發展多重關係，如果發展多重關係是不可避免的時候，督導應根據下列幾個問題進行評估：（1）發展多重關係的理由為何？（2）兩個人的權力位階是否過度懸殊？（3）所參與的社交活動之性質為何？（4）多重關係對受督者的影響為何？督導不可以和受督者發生親密或性關係，由於懸殊的權力不對等，如和受督者發生性關係，明顯的會被認為是督導在占受督者的便宜，也是明顯違反專業倫理的事情。

Thomas（2007）建議督導在進行督導知後同意時，可以包括下列幾個項目：

1. 督導的專業背景。
2. 督導的方式與方法。
3. 督導的責任。
4. 受督者的責任。
5. 專業保密的範圍和限制。
6. 督導紀錄。

7. 督導的利弊和風險。
8. 受督者的考核。
9. 申訴的程序。
10. 專業發展目標。
11. 督導的起訖日期。

督導有倫理上的責任告知受督者與督導有關的事宜，特別是他們將被如何考核、考核的方式和標準，以及他們在督導中揭露的個人隱私和個案資料會被如何保密和保密的限制等。督導也要監督受督者是否有告知個案，受督者是在督導下提供專業服務的實習心理師，並且會和督導討論個案的臨床問題等。當實習心理師沒有據實告知個案他們是不具碩士學位或沒有心理師執照的實習心理師時，督導應予以糾正，並要求實習心理師必須誠實的告訴個案他們是正在實習的研究生或受訓人員，以符合專業倫理。

督導有責任定期撥出固定的時間，提供督導給受督者，並且在受督者處理緊急個案時，被告知如何可以聯絡到督導，以及當督導請假或不在時，是否有安排代理人等。督導也要很清楚的和受督者溝通督導的時間、頻率，以及起訖日期等。這些都可以在進行知後同意時，跟受督者做清楚的說明。雙方在相處上如果有問題，也應該盡早提出討論，並設法解決；壓抑或迴避有問題的督導關係，將不利於受督者的專業學習和專業服務。

案例 3-3　督導兼具協助與考核的雙重角色

大春是某諮商機構的全職實習心理師，機構安排蘇心理師擔任大春的專業督導，每週個別督導一次。大春雖然肯定督導有助於其諮商心理專業的學習，但也覺得被督導時很有壓力。

蘇心理師督導時會要求聽大春的接案錄音檔，因此大春在接案時會告訴案主有錄音，但是案主往往會覺得很沒有安全感或擔心，而要求大春不要錄音，造成他在繳交錄音檔給督導時的困難。從此以後，大春常常選擇不主動告知案主的情況下錄音。

大春很在乎督導對他的看法和評價，考慮到督導的考核身分，大春常常會選擇諮商過程較為順利的案例，以作為與督導討論的題材，而隱藏覺得較為困難和挫折的案例。只有私底下和幾位較談得來的同儕做討論與分享時，在情緒上似乎可以得到一些支持，但也會看到自己在諮商中的某些困境，而無法獲得突破和改善。

問題1：案例中的督導可以如何協助實習心理師處理諮商中錄音的問題，以減少案主的不安與防衛，並符合專業倫理？

回　應：督導首先可以教導大春取得個案同意錄音的技巧。我通常會建議實習心理師在第一次和個案見面的時候，就可以詢問個案是否可以同意錄音，錄音是要給督導聽的，而且督導主要是聽實習心理師怎麼說話，以幫助實習心理師更能夠有效地幫忙他。經過這樣的說明，通常有一半的個案會同意。如果個案面有難色，可以告訴他，我們可以只錄他願意被錄的部分，如果遇到他不想錄的談話，可以暫停錄音，等到可以錄的部分時再繼續錄，經過這樣的說明，多半的個案會同意錄音。如果個案暫時不同意也沒關係，我們可以告訴他，也許因為我們彼此不熟，等我們先諮商幾次，彼此比較熟一點之後，我們再徵詢他的同意。只要在個案的同意之下錄音，都是合乎專業倫理的。

問題2：督導通常兼具專業協助與考核的雙重角色，案例中的大春在被督導時有很大的壓力，且有困難分享接案的問題，要如何改善督導關係？

回　應：案例中的大春過度在乎督導的考核角色，以致於無法充分利用督導時間來討論有困難的個案，我覺得這是十分可惜的事情，損失最大的不僅是大春，且個案也無法獲得最好品質的服務。我會建議大春和督導雙方可以針對督導關係進行澄清和討論，大春可以把自己的擔心，包括被考核的焦慮，提出來和督導討論。如果雙方有錯誤的期待或認知，也可以透過充分溝通而改善。大春愈早改善督導關係，就愈能夠信任督導，此時才能夠坦然地和督導討論自己的困難，並從督導中獲得最大的專業學習，最終個案也將可以獲得最佳的照顧和服務。

案例 3-4　多重督導的問題

小黃是某諮商機構的碩三實習心理師，機構分派嚴心理師擔任他的督導，小黃總覺得嚴心理師的風格比較嚴格，時常擔心自己在處理個案過程中會受到督導的質疑與批判。於是，在督導過程中小黃通常只提一小部分的問題，以免被督導批評。小黃接案時，曾發生有些個案會對小黃的諮商過程提出質疑，小黃初期也會跟個案提到有督導制度，但後來個案卻因此更質疑小黃的專業，於是小黃後來決定不再跟個案說明自己有接受機構內督導，另外有些個案會要求小黃不要和督導討論，小黃也會答應。

小黃對於自己很少從嚴心理師的督導中獲得專業成長感到很挫折，經同事的建議，他私下付費請易心理師督導，因為易心理師的督導風格比較溫暖和支持，小黃在受督過程中，比較敢提出自己的問題和困難，也覺得自己在專業上開始有明顯的進步。

問題 1：當實習心理師與督導相處不來的時候，又無法更換督導時，實習心理師可以怎麼辦？

回　應：多數督導都是熱心想要幫助實習心理師的，因此我會建議實習心理師要鼓起勇氣，去和督導討論彼此的督導關係，以及自己很容易產生被質疑與批判的焦慮；我想多數督導也都希望可以和實習心理師維持良好的督導關係，在了解實習心理師的焦慮之後，也會調整督導的方式。放任督導關係惡化，或因為擔心被督導批評就想要更換督導，我覺得不是最好的作法。

問題 2：對於實習心理師除了機構督導，私下另外付費請督導的作法，你認為是否適當？理由為何？

回　應：我認為這是最後不得已的作法，如果可以透過雙方溝通而改善原來的督導關係，這是上策；如果雙方實在無法繼續督導關係，其次可以考慮更換機構內的其他督導，因為機構內的督導總是比機構外的督導更了解個案，也更容易協助受督者，這是中策；如果實習機構沒有其他督導人選可以更換，私下另外付費請督導，總是比沒有督導之下接案還符合專業倫理，這是中下策；實習心理師在沒有督導的情況下接案，則是下策，也是不符合專業倫理的作法。

問題 3：當個案不希望實習心理師和督導討論，但是實習心理師又很需要督導時，此時可以如何處理？

回　應：我建議實習心理師在和個案進行知後同意的時候，就要讓個案知道並同意實習心理師是在督導之下提供諮商服務，如果個案不同意的話，實習心理師最好不要接這樣的個案，可以讓有執照的心理師去接這些個案。對於個案不同意實習心理師和督導討論他們的狀況，我覺得實習心理師有必要向個案說明，督導制度的用意在於提供高品質的服務，以及維護個案的權益，督導即使知道個案的狀況，也會和實習心理師一樣保密個案的隱私，請個案放心。

督導的專業能力

如同治療師需要具備合格的專業能力，督導也應該如此。督導一樣要經過課程訓練、臨床實習，以及接受督導，以便發展合格督導所應具備的專業能力。沒有受過訓練的督導或督導超過自己的能力範圍，都是不符合專業倫理。督導可以說是一項獨特的專業活動，需要額外的進階訓練，其功能和角色在於協助受督者發展專業能力，作為受督者進入專門職業的把關者，以及維護個案的權益和福祉。

雖然督導在心理師的專業發展上扮演關鍵性的角色，但是多數的督導並沒有得到充分的訓練。在臺灣擔任督導的心理師，多數是碩士層級的心理師，他們在碩士班受訓期間，並沒有機會選修諮商督導課程。根據《心理師法施行細則》，心理師執業兩年之後便具備督導碩三實習心理師的資格，可以從事督導他人的工作。雖然取得執照後兩年執業經驗的心理師依法可以督導他人，但是卻不一定符合專業倫理的要求。我建議從事督導工作的心理師，應該透過博士班進修或繼續教育，去提升自己的督導能力，以便可以有效能而符合倫理的從事督導工作。

根據臺灣諮商心理學會（2020）所修訂的「心理諮商督導認證辦法」，完整的諮商督導訓練應包括諮商督導理論、實務課程及實習訓練。受過博士班訓練的心理師可以根據諮商督導的修課證明申請督導認證，但是督導課程至少要三學分，並於課程中／外接受八小時（含）以上個別督導，以及督導下的督導實習時數至少要三十二小時（含）。碩士層級的心理師可以參加臺灣諮商心理學會或相關機構所辦理的專業督導訓練班，只要完成諮商督導課程至少六十小時，以及在八小時（含）以上個別督導下完成至少三十二小時的督導實習訓練，也可以申請督導認證。

督導除了要受過相關的訓練，具備督導的專業能力，而且也要透過繼續教育的方式去更新和維持督導的專業能力。面對不同諮商學派和理論取向的受督者在處理不同年齡、不同問題的個案時，督導需要對各種學派、各種年齡和問題的個案診斷和治療具有基本的知能，因此，督導更要積極參與繼續教育，以提升自己的督導和臨床能力。

案例 3-5　心理師可以診斷個案的心理問題嗎？

江心理師剛取得執照，在一家諮商所任職。廖先生因為個人的心理困擾，約在一個月前主動前來求助。在第三次晤談的尾聲，廖先生問江心理師：「您覺得我有什麼問題？您是否可以告訴我得了什麼心理疾病？您覺得我有憂鬱症嗎？」

問題 1：《心理師法》並沒有明文說心理師可以或不可以做診斷，如果你是案例中的心理師，你會告訴當事人你的診斷結果嗎？

回　應：根據心理師專業能力的倫理守則，如果心理師有接受過變態心理學和心理診斷方面的訓練和臨床經驗，並評估告訴當事人是符合當事人最佳利益時，就應告訴當事人得了什麼心理疾病，並且協助其獲得最好的治療和幫助。

問題 2：當案主希望得到診斷時，心理師是否有責任為個案做診斷？如果心理師以諮商為其專長時，心理師應如何幫助個案才是最恰當的？

回　應：以心理診斷為專長的心理師自然有倫理的責任幫個案做診斷，如果心理師以諮商為其專長，且有困難診斷個案的心理疾病時，便要諮詢督導或照會精神科醫師或是其他心理師。

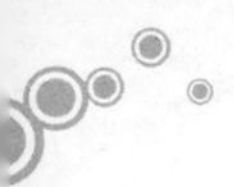

案例討論

案例 3-6 另類療法的倫理議題

許心理師是心理師公會的理事，有一天收到一位民眾林小姐的來信陳情。林小姐說，對於有執照和沒執照的心理師在使用另類療法從事心理諮商，並使用超心理學的技術來傷害和欺騙案主的情形已經看不下去，內心覺得非常哀傷和痛心，希望公會本於專業勇氣，發揮公會的力量來制止這些另類療法對民眾的傷害。林小姐所謂的另類療法，包括：前世回溯技術、奧修（Osho）、賽斯（Seth）、歐林（Orin）、家庭星座排列……等。

問題 1：你對於另類療法的看法為何？你認為心理師執業使用另類療法是否有倫理上的疑義？

問題 2：如果你的同事執業時使用另類療法，你會怎麼看待他？

問題 3：你認為心理師公會或衛生主管機關應該怎樣處理另類療法比較適當？

問題 4：你會如何回應陳情的林小姐？

案例 3-7 心理師適合推薦芳香療法給當事人嗎？

范心理師任職於社區諮商中心，該中心為推廣社區諮商服務，引進多元化的治療方法。最近該中心引進了芳香療法，並舉辦收費的芳香療法工作坊。范心理師在其個案晤談中，發現個案常因工作壓力過大，造成情緒僵化無法放鬆，便推薦該工作坊，強調芳香療法已有七十年的歷史，並具有壓力舒緩及情緒治療的功能，鼓勵個案可以一試。於是個案主動報名參加，在工作坊結束後，被鼓勵購買了一套具有各種療效但價格昂貴的香精，可在壓力大時自行進行放鬆冥想時使用。後來，個案在自行實施芳香療法時，發生頭暈、嘔吐，並出現精神恍惚的現象。個案的家人認為心理師有疏忽，要求個案停止晤談，並向市政府消費者服務中心提出申訴，要求該諮商中心賠償精神及醫療損害。

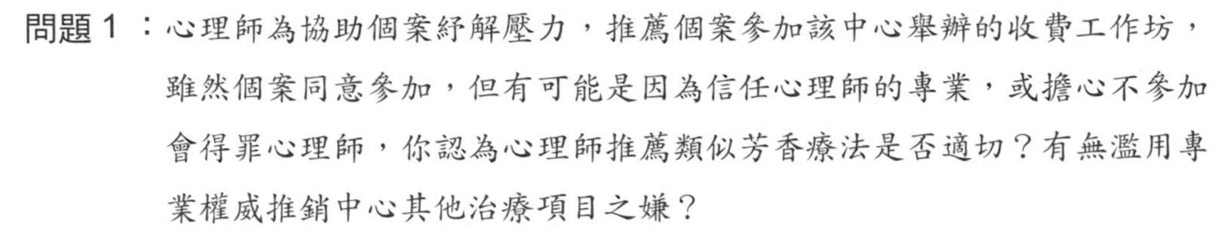

問題 1：心理師為協助個案紓解壓力，推薦個案參加該中心舉辦的收費工作坊，雖然個案同意參加，但有可能是因為信任心理師的專業，或擔心不參加會得罪心理師，你認為心理師推薦類似芳香療法是否適切？有無濫用專業權威推銷中心其他治療項目之嫌？

問題 2：如果你是案例中的心理師，你會怎樣做，才可以兼顧維護個案權益和機構權益？

案例 3-8　如何兼顧實習心理師的訓練與當事人的權益

小村是心輔所的研究生，在個案實習的過程中，心裡既緊張又興奮，很希望能利用所學的諮商技巧來幫助個案。這一回，他遇到了一個被自我壓抑所困擾的個案，決定用上課學到的「空椅法」，讓個案試著和被壓抑的自己對話，沒想到，個案居然拒絕了。

問題 1：若小村不理會當事人已表明未準備好的情況下，又嘗試各種方式，把所有學過的技術都用在當事人身上，努力要讓當事人去看自己壓抑的部分，小村這樣做是否符合專業倫理？

問題 2：對於諮商技術的使用，實習心理師要有怎樣的訓練或體驗才足夠，光是上課討論或演練就夠了嗎？

問題 3：心理師可以用執照做為依據來證明自己的專業能力嗎？實習心理師沒有執照，要如何證明自己的專業能力呢？

問題 4：心理師必須選擇一個學派或諮商理論取向做為心理諮商的依據嗎？

案例 3-9　教授可以不同意研究生全職實習嗎？

大關是某大學碩士班諮商組的研究生，由於平日需要校外兼差打工，因此在校課業表現普普通通，所修的課程多數是低分過關。這學期他修了王老師的碩二兼職實習，王老師認為大關並未具備足夠的知識技能接案，但卻找不出理由不讓他實習，期末大關勉強的完成碩二實習，成績拿到 70 分。

系上諮商組老師有鑑於研究生的素質不齊，擬設置審查制度來把關實習生的品質，經過系務會議通過審查辦法：凡審查未通過者不得從事碩三全職實習。

大關把自己的個案報告和晤談錄音檔交給系上審查之後，被通知不能去全職實習。大關覺得自己的兼職實習成績及格，為何還不能去全職實習，認為系上老師故意刁難他，於是向校方提出申訴。

問題 1：學校教授是否有權力以不適任為由，不同意研究生進行全職實習，以致於影響研究生將來報考心理師考試的權益？

問題 2：學校在訓練心理師的過程中，要如何把關研究生的訓練品質，以兼顧個案和研究生雙方的權益？

案例 3-10　擴大招收實習心理師

某大學諮商中心主任有鑑於中心的個案量和工作量很大，但是中心人力嚴重不足，於是擴大招收實習心理師，在招募啟事中，列舉了相當豐富的實習內容，以吸引優秀的研究生來應徵。

該中心的專任心理師有二位，碩三實習心理師收了六位，由於專任心理師認為帶領實習心理師是一件吃力不討好的份外工作，因此不願意擔任實習心理師的督導。在不得已的情況下，中心主任自己下來擔任督導，他的督導方式是以團體督導的方式進行，每週一次，每次二小時，每次輪流由實習心理師提報個案。

實習心理師進來後不久，發現中心所提供的實習內容和原先招募啟事不一樣，例如：招募啟事說會提供實習心理師個別督導，以及帶團體和做心理衡鑑的機會，可是過了一學期，中心都沒有安排給他們，讓他們有種被欺騙的感覺。現在實習都過了一半，想要更換實習機構也來不及了。

問題 1：案例中的諮商中心，在面臨專任心理師不願意帶領實習心理師的情況下，你認為是否有違反督導和訓練實習心理師的專業倫理？

問題 2：督導碩三實習心理師可以只採用團體方式進行嗎？

問題 3：實習心理師遭遇諮商中心未能提供所承諾的實習內容，你認為有哪些方式可以改善此一問題？

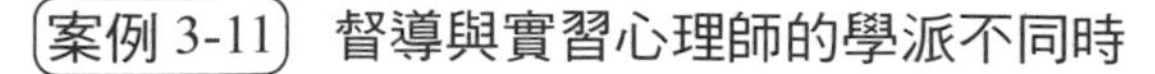

案例 3-11　督導與實習心理師的學派不同時

真真是心輔所碩三的研究生，目前在一家醫院全職實習，她對於後現代取向有濃厚的興趣，因此在接案的時候，會以後現代取向作為理論基礎和個案進行諮商與心理治療。然而，真真的督導心理師為精神分析取向，因此當真真提出逐字稿和督導討論時，受到督導嚴厲的批評與指責，認為真真在醫院實習時應該採用精神分析學派的取向，並要求真真與個案晤談時，介入的方式與用詞要符合精神分析學派的作法。真真覺得和自己原來的風格有很大的衝突，因此感到很混亂且不舒服，並深受困擾。

問題 1：當督導和實習心理師在諮商與心理治療的理論取向明顯不同時，督導若堅持實習心理師採用督導的理論取向，是否符合專業倫理的精神？

問題 2：如果你是案例中的實習心理師，你會選擇配合督導的要求開始學習精神分析取向來和個案工作，還是你會堅持自己的後現代取向而選擇更換督導或實習機構？

問題 3：你認為案例中的督導要實習心理師在醫院接案時採用精神分析取向，有其專業的必要性，還是認為督導有強迫受督者接受其理論取向之嫌？

第四章

價值觀與多元文化

心理師是透過自己本身去幫助個案，我們自己和個案的言行舉止無不受到價值觀和文化的影響，因此，心理師需要了解自己的價值觀和文化經驗會如何的影響個案；不僅是消極的要避免在有意或無意的情形下，因為價值衝突或文化隔閡而不當的影響個案，而且是積極的，更要學習透過價值澄清和培養多元文化能力，來增進諮商效果，並維護個案的權益。本章主要探討的主題，包括：價值觀與助人關係、價值觀衝突的處理、多元文化與助人關係、檢視諮商常見的假設、微型攻擊，以及多元文化能力的培養等。

價值觀與助人關係

價值觀（values）是指，引導個人生活方向的信念和態度，它是無所不在的，不論我們是否覺察到它的存在，它總是隨時在影響我們的日常生活和專業工作。實務上，心理師在從事助人工作時，不可避免的會從言行舉止中透露個人的價值觀，以及個人對生活中的人事物之好惡和需求，因此，要保持治療性的中立（therapeutic neutrality）是很困難的。專業倫理並不期待心理師要提供價值中立的諮商和心理治療，但是，心理師要能夠覺察自己的價值觀，以及自己的價值觀是如何的影響個案和助人工作。

有關價值觀在諮商中的角色，從價值中立到價值教導的連續線上，不同的心理師各有不同的立場，你的立場是主張價值中立，還是價值教導？認同價值中立的心理師在心理諮商時，會盡量不表現自己的價值觀，盡量不讓自己的價值觀影響個案；相對的，認同價值教導的心理師在心理諮商時，會認為自己的價值觀比較正確、比較好，因此會盡量告訴個案什麼才是好的價值觀，希望用自己的價值觀去影響個案。

事實上，要做到價值中立是很困難的，但是要教導個案價值觀也是有倫理上的疑義，因為適合我們的價值觀，不一定適合個案。再說，諮商不是教導個案如何做人處事，也不只是教導個案學習適當的行為；我並不認為心理師比個案有智慧，有本事教導個案快樂生活的能力。教導是諮商的一部分，但是並不等於諮商（Corey et al., 2011）。

心理諮商中涉及價值觀倫理議題的例子很多，例如：個案做了一件我們不認同的選擇，如輟學、離婚、墮胎、換工作等，這個時候，認同價值教導的心理師，可能會規勸和說服個案不要去做這些決定；認同價值中立的心理師，可能會尊重個案的決定。事實上，這兩種立場都有問題，因為心理師沒有協助個案去澄清自己的價值觀，沒有協助個案探討其他可能的選項。個案若能透過心理諮商釐清自己的價值觀，並且學習根據自己的價值觀做人生重大事情的選擇，而不會只知道聽從心理師或他人的建議，卻沒有自己的想法，如此才能夠發展出獨立判斷和自我負責的能力。

因為我們的價值觀很容易影響個案的人生重大決定，因此，我們一定要覺察自己的價值觀，包括自己的核心信念、人生價值觀，以及生活方式。澄清自己的價值觀有助於在諮商中，節制想要強加自己的價值觀在個案身上的衝動和意圖。灌輸價值觀（value imposition）是指，心理師企圖影響個案去採用心理師的價值觀、人生信念和生活方式。專業倫理守則提醒我們：「諮商人員要覺察自己的價值、態度、信念和行為，並且避免強加與諮商目標不一致的價值觀在個案身上。諮商人員應尊重個案的多元文化背景」（ACA, 2005）。臺灣有關價值觀與多元文化的倫理守則，詳見表 4-1 所示。

表 4-1　有關價值觀與多元文化的倫理守則

- 諮商心理師實施諮商服務時，應尊重當事人的文化背景與個別差異，不得因年齡、性別、種族、國籍、出生地、宗教信仰、政治立場、性取向、身心障礙、語言、社經地位等因素而予以歧視。（「諮商心理師專業倫理守則」第 7 條）
- 價值影響：輔諮人員應覺察自己的價值觀，並尊重當事人的價值觀，不強為當事人做任何的決定，或強制其接受輔諮人員的價值觀。（「輔導與諮商專業倫理守則」2.1.6）
- 公平待遇權：當事人有要求公平待遇的權利，輔諮人員實施專業服務時，應尊重當事人的文化背景與個別差異，不得因年齡、性別、種族、國籍、出生地、宗教信仰、政治立場、性傾向、婚姻／伴侶狀態、語言、文化、身心障礙或社經地位等因素而予以歧視。（「輔導與諮商專業倫理守則」2.2.2）
- 覺知個人的價值觀：輔諮人員應覺知自己的價值觀、信念、態度和行為，不得強制當事人接受輔諮人員的價值觀。（「輔導與諮商專業倫理守則」2.2.4.C）

價值觀衝突的處理

由於心理師的言行舉止會反映個人的價值觀，因此，諮商不可能是價值中立，而且心理師多多少少會在諮商中提出他們的價值觀。如果個案的價值觀和我們的不一樣，甚至是衝突的時候，我們該怎麼辦？到底是要繼續和個案工作，還是要轉介給他人？由於心理師和個案的價值觀不同，彼此價值衝突也是不可避免的，心理師的挑戰便是要學習去辨識什麼情況下可以接受個案，什麼情況下必須要轉介給他人。

心理師和個案發生價值觀衝突，這是心理師要處理的問題，不是個案的問題。心理師的角色不在於贊同或不贊同個案的價值觀，而是在協助他們探索和澄清價值觀，並且運用他們的價值觀來解決問題。心理師的工作在於協助個案澄清自己的價值觀，過一個有自覺的生活；心理師和個案的價值觀不需要一樣，而是要互相尊重。我認為心理師應該盡量去幫助那些好不容易鼓起勇氣來諮商的個案，只要價值觀的衝突還可以包容，便不要輕易地把個案轉介給他人。

根據 Wilson 等人（2010）的「生活價值量表」，人們的價值觀可以分為十項：（1）家庭；（2）婚姻與其他親密關係；（3）友誼；（4）工作；（5）教育與個人發展；（6）娛樂與休閒；（7）靈性；（8）社區參與；（9）環境與自然，以及（10）健康與身體。究竟個案最重視哪些生活價值，這是個案需要澄清的，有了清楚的價值觀，個案在面臨抉擇時就比較會有清楚的方向。心理師若強加自己的價值觀給個案，不見得就是個案想要的，協助個案進行價值澄清才能真正的幫助個案。

當心理師和個案在某些重要的價值觀有明顯的衝突時，心理師過早或太快轉介，不僅會有收不到個案的後續效應，對於好不容易求助的個案，甚至會有被認為遺棄的疑慮。我認為，在價值觀衝突不至於過度干擾心理諮商的前提下，心理師最好還是提供諮商服務，給兩人一個嘗試的機會。如果再經過嘗試之後，心理師的反移情很強烈，明顯干擾到對個案的服務，這個時候便可以考慮轉介。另外一種作法是，詢問個案是否很介意兩人不一致的價值觀，是否會擔心心理師不了解他、不幫助他。如果個案不介意，便可以繼續諮商，如果個案介意，便可以考慮轉介。

在轉介價值衝突的個案之前，心理師可以先諮詢督導或同事，只有在感覺到自己的價值觀和個案產生嚴重衝突，導致強烈反移情，以致於無法有效的幫助個案時，基於專業倫理，才要轉介給他人。在轉介個案給他人時，心理師要向個案說明，這是心理師的問題，不是個案的問題，轉介是希望找到更適合幫助個案的人。如果沒有很好的說明，個案不免會認為自己的問題很嚴重或很特別，連心理師都不能或不願意幫助他。若轉介不當時，個案往往會有被遺棄的感覺。

在從事心理諮商工作時，一定會遇到各式各樣的個案，Corey等人（2011）列出下列一張可能引起價值衝突的個案清單，請心理師自我檢視，看看自己是否可以和這份清單上的個案工作？

1. 一位非常虔誠的教徒。
2. 一個自私自利、對人不關心，只會利用他人的人。
3. 一位想要處理親密關係的同性戀個案。
4. 一位想要離開妻子和小孩，去追求別的女人，享受自己性快樂的男個案。
5. 一位想要離開丈夫和小孩，去追求自己獨立生活的女個案。
6. 一位嚴肅思考要去墮胎的女個案。
7. 一位不作安全措施，去和異性發生性關係的青少年。

8. 一位使用毒品的高中生被迫來接受心理諮商。
9. 一位非常認知取向的個案，認為感覺是私人的，也是不重要的。
10. 一位主張「棒下出孝子」、「不打不成器」的男個案。
11. 一對異國情侶來接受婚前諮商。
12. 一對同性戀伴侶前來諮商想要探討領養小孩的問題。
13. 一位想要用作假的資料申請政府社會福利補助的個案。
14. 一位一邊和配偶來接受夫妻諮商，一邊卻還持續婚外情的個案。

心理師在與其價值觀衝突的個案工作時，心裡難免會感覺很不舒服，這個時候，我們應該盡量以坦誠開放的態度去理解個案的價值觀、他們的價值觀是如何形成，以及這些價值觀對個案的意義。當心理師願意開放自己，去認識和了解這些不同價值觀的個案時，不僅有助於擴充我們的價值觀，也會以更符合倫理、更有效的態度去協助個案。輕易轉介價值觀與我們衝突的個案，不是最佳的選擇，特別是從事私人開業或社區諮商的心理師，應該培養更大的包容力，去幫助各式各樣有困難的個案。遇到價值衝突的個案，就輕易的轉介給他人，最終能夠服務到的個案人數就會愈來愈少。

我認為心理師一定要培養一種能夠和個案無所不談的能力，一般人所忌諱或不方便談論的話題，往往就是個案要處理的問題，例如：性愛、金錢以及慾望等。心理師能夠自在而坦然地談論這些話題，將可以幫助個案放鬆心裡的擔心、防衛和社會禁忌，進行有助於領悟的內心探討和自我覺察。有關如何處理價值衝突的個案，以下將用三個議題做進一步的討論，這三個常見的價值衝突之議題是：性態度和行為、墮胎，以及宗教信仰，分述如下。

與性態度和行為有關的價值衝突

心理師和個案很可能在性態度和行為上有很大的不同。Ford 與 Hendrick（2003）調查治療師和個案對於婚前性行為、一夜情、婚外情、開放婚姻、性取向、青少年性行為與老人性行為的看法，研究結果發現，有四成的治療師會因為性價值衝突，而把個案轉介給他人，因為這四成的治療師對性的看法是：性是愛與承諾的表達、婚姻關係是忠誠的一夫一妻，以及承諾作為終生伴侶。因此，他們認為很難跟那些性價值觀差異很大的個案工作。

根據上述 Ford 與 Hendrick（2003）的調查，在遇到與性有關的價值衝突時，有 40%的治療師會把個案轉介給他人；有 25%會和個案討論他們的價值衝突；有 18%會諮詢他們的同事或督導。當你遇到和你有性價值衝突的個案時，你會怎麼處理？很輕易的把個案轉介給他人，對自己和個案都不是最好的選擇。心理師如果能夠克服自己的不舒服，節制自己的反移情，並且透過進修、督導和諮詢他人，而能夠繼續與個案工作，並且幫助個案，這些才是最適當的態度和作法。

人們對於性愛的態度和行為，由於個人價值觀和文化的影響，因此呈現相當大的多樣性，心理師難免會遇到與自己性價值觀不同的個案，此時通常可以透過選修人類性行為和性諮商等課程，來提升自己的接案能力，以及與不同性價值觀個案工作的效能。美國有很多州規定，心理師和其他心理衛生專業人員在取得執照之前，必須完成十小時的人類性行為之課程，紮實的專業訓練和包容多元價值觀的態度，有助於我們從事多元文化族群個案的諮商工作。

案例 4-1 同志、性愛、搖頭丸

大同是一名男同性戀，大學生，因為感情困擾而求助心理師，主訴是過去男友對他的傷害，以及成長過程中未曾體驗到「愛」與「被愛」的感動。在前四次的晤談中，心理師協助他去探索與前男友的關係，引導他宣洩痛苦，增進自我覺察。之後，大同對心理師愈來愈信任，在第五次晤談時，他分享上週第一次參加「同志轟趴」的高峰經驗。在轟趴中因為使用搖頭丸而獲得極大的快樂，並縮短了人際之間的距離，使他在轟趴中可與其他同志擁吻、親暱，甚至發生性行為，「愛」與「被愛」的感覺湧上心頭，體驗到強烈溫暖的感動。雖然他相當注意安全性行為，但轟趴中多是陌生人，且用藥後自己的警覺度和自我保護也會下降，使他非常擔心因一時疏忽而感染愛滋病毒。大同在敘述這些經驗時，是喜悅而倍感重視的。心理師可以感覺到他極需心理師的支持，並了解大同對於性及藥物的開放，大同甚至在諮商室中開始談論性自主與性多元的觀點，更提及日後想繼續嘗試的強烈意願。

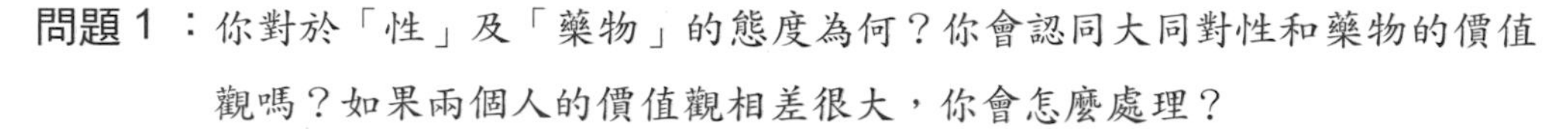

問題 1：你對於「性」及「藥物」的態度為何？你會認同大同對性和藥物的價值觀嗎？如果兩個人的價值觀相差很大，你會怎麼處理？

回　應：我可以接受同性戀的個案，但是比較不認同藥物濫用，我認為和個案在性及藥物濫用的價值觀上，雖然有差異，但還不致於衝突，只要個案願意諮商，我會繼續協助其處理有關愛與被愛的議題，並且幫助其學習採用更適應的方式去滿足這兩方面的需求。

問題 2：使用搖頭丸是違法行為，大同也有可能感染愛滋病毒，你會如何去拿捏保密的界線？你有依法通報的責任嗎？

回　應：如果我是社區執業的心理師，我不會去通報誰，因為現行法律並沒有規定心理師懷疑個案使用搖頭丸時就要通報。如果我是學校心理師，我可能會思考校安通報的利弊得失，校安通報屬於教育部的行政命令，沒有罰則的規定，而且個案已經是成年人，我會尊重個案的意願；如果校安通報有助於引進更多的輔導和醫療資源，並且個案也同意，我才會做校安通報。即使不做通報，我還是會提醒個案使用非法毒品和不安全性行為的風險，並協助其停止使用。

案例 4-2　對於婚外情的看法

廖先生，45 歲已婚，育有兩子女，結婚十餘年，是公司的主管，事業有成但婚姻卻不幸福，他形容自己的婚姻像「死魚」一般，乏善可陳。最近廖先生在某一社交場合，認識一位女性，他形容她是「善良、體貼、溫柔又聰明能幹」，他深深為她著迷，而她也對他頗有好感。認識了她，他說「我的生命充滿了希望、陽光與喜悅」。廖先生很想跟太太離婚，與這位女士結婚，但他考慮到「兩個孩子」的感受，同時他也不想放棄孩子，所以他只想「私底下」與這位女士發展感情就好，但又怕太太發現他的外遇，這件事深深困擾著廖先生，為此他前來向心理師尋求幫助。

問題1：你對婚外情、一夫一妻制的看法如何？你和當事人的看法如果不同時，是否會影響你的諮商？你有可能保持中立嗎？

回　應：我贊成一夫一妻制，但是也能夠理解某些人的婚外情。雖然我和當事人對於婚姻和婚外情的價值觀不同，但是還不致於衝突，既然當事人深受婚姻和婚外情的困擾，我會同理他的處境，協助他澄清自己對於婚姻與家庭的價值觀，並尊重他最終的選擇。

問題2：當事人為了追尋自己的幸福，想與太太離婚，或為了孩子可以不離婚，而發展地下戀情（外遇），當事人尋求你對這兩種想法的意見時，你會怎麼說？

回　應：如果當事人徵詢我的建議時，我會分享我對於婚姻和婚外情的看法，並且告訴他在現實生活中，事情往往很難兩全其美，他必須做選擇，否則就會繼續痛苦下去。當事人如果考慮自己的需要，會選擇和太太離婚；如果考慮孩子的需要，會選擇不離婚而繼續發展婚外情。我認為只要當事人完成價值澄清的功課之後，他就會根據自己的價值觀做選擇，一旦做了選擇，他的痛苦就可以緩解。

問題3：如果你也曾有類似當事人的經驗，你會與當事人分享你的經驗嗎？如此的經驗分享，無形中是否你也在將自己的價值觀投射給當事人呢？

回　應：我如果曾有類似當事人的經驗，除非臨床必要，否則我不會與當事人分享，因為每個人的戀愛和婚姻經驗畢竟是不同的。如果要分享，我一定要先弄清楚，我的分享是真的有助於當事人的心理諮商，還是只是為了滿足我自己的需要。

與墮胎有關的價值衝突

墮胎（abortion）或人工流產是一個很容易引起爭論和情緒化衝突的議題，不僅在美國，在臺灣也是如此。當行政院衛生署（衛生福利部前身）在2009年提出《優生保健法》修訂草案時，便發生了婦女生育自主權和胎兒生命權兩大陣營的激烈爭辯。墮胎不僅是法律議題，也是倫理議題，個案在諮商中想要探討墮胎的選擇時，對心理師便是一個很大的挑戰。心理師在處理想要墮胎的個案時，Millner 與 Hanks（2002）提供如下幾項建議：

1. 好好檢視自己對於墮胎的看法，例如：在什麼情況下，墮胎是你可以接受的？
2. 探討自己的價值觀是否會讓自己難以對個案的自主性保持客觀和尊重？你是否會強加自己的價值觀在個案身上，想要影響個案接受與符合你的價值觀，而非個案價值觀的建議或決定？
3. 如果無法對個案的自主性保持客觀和尊重，心理師可以把個案轉介給其他專業人員。
4. 熟悉當地有關墮胎的法律規定。

臺灣有關墮胎或人工流產的法律主要是《優生保健法》，這個法律基本上是一個墮胎法，由衛生主管機關與民意代表共同訂定，規定在什麼情況之下，婦女可以接受人工流產。《優生保健法》第 9 條的內容如下：

> 「懷孕婦女經診斷或證明有下列情事之一，得依其自願，施行人工流產：
>
> 一、本人或其配偶患有礙優生之遺傳性、傳染性疾病或精神疾病者。
>
> 二、本人或其配偶之四親等以內之血親患有礙優生之遺傳性疾病者。
>
> 三、有醫學上理由，足以認定懷孕或分娩有招致生命危險或危害身體或精神健康者。
>
> 四、有醫學上理由，足以認定胎兒有畸型發育之虞者。
>
> 五、因被強制性交、誘姦或與依法不得結婚者相姦而受孕者。
>
> 六、因懷孕或生產，將影響其心理健康或家庭生活者。
>
> 未婚之未成年人或受監護或輔助宣告之人，依前項規定施行人工流產，應得法定代理人或輔助人之同意。有配偶者，依前項第六款規定施行人工流產，應得配偶之同意。但配偶生死不明或無意識或精神錯亂者，不在此限……。」

心理師若熟悉這些法律條文，將有助於協助個案處理墮胎相關的問題。《優生保健法》第 9 條第 1 款至 5 款，是因為醫學理由而施行人工流產，在這些情況下婦女接受人工流產手術，健保會給付，並且不需要告知或徵求配偶的同意。但是，個案如果依第 9 條第 6 款的情形作人工流產，健保是不給付的，而且個案需要徵求配偶的同意。

一般求助心理諮商的個案，如果因為意外懷孕而困擾的時候，他們想要墮胎通常不是因為醫學的理由，而是其他「影響其心理健康或家庭生活」的理由，這個時候心理師如何保持中性的立場，協助個案進行懷孕或墮胎的思考和選擇，以及了解這些選擇可能的後果和影響，便是非常的重要。如果心理師與個案在墮胎的價值觀上有明顯的衝突，心理師便會面臨是否轉介個案給他人的問題。

心理師在面對想要墮胎的個案時，不僅需要熟悉相關的法律知識和社會資源，也需要覺察自己的價值觀是否認同墮胎，以及如何在價值衝突的時候，仍然可以節制自己的反移情和不舒服，去協助個案做價值澄清和是否墮胎的抉擇。

案例 4-3 處理未成年未婚懷孕的困擾

小安是高職女生，因兩性交往問題來求助心理師。在一次晤談中，小安告訴心理師，她懷孕三個月了，父母不知道她懷孕的事情。男友將要不要生小孩的決定權交由小安決定：小安如果選擇生下小孩，男友就會娶她；如果不想生，男友會帶小安去墮胎。小安的男友 19 歲，有黑道背景及因吸毒被勒戒經驗，目前沒有工作收入。小安在與男友的交往關係中常有矛盾的感覺，兩人爭吵時，就會想跟男友提分手；兩人感情好時，則會想到結婚的可能。

對於懷孕一事，小安有部分感到當母親的喜悅，但又因為自己還年輕，還想多玩幾年，不想把小孩生下來，對於墮胎又感到害怕以及擔心，害怕所謂的「嬰靈」存在，擔心墮胎手術的危險性，而陷在矛盾兩難的情緒中。因此，想尋求心理師的幫助，得到解決的方法。

問題 1：對於墮胎，你的看法如何？如果你對墮胎的看法或立場與案主明顯不一致時，你會怎麼做？

回　應：案例中的當事人並非天主教徒，也沒有反對墮胎的信念，和我的價值觀不會產生衝突，我會同理當事人陷入矛盾兩難的心情和困境，協助她釐清她自己的價值觀，最終並可以參考重要他人和專業醫師的建議，進行是否墮胎的抉擇。如果我是反對墮胎的天主教徒心理師，我會表明反對墮胎的立場，並且和當事人討論雙方對於墮胎看法不一致的情形下，是否會影響她的求助，她是否還願意繼續和我工作，如果不願意，我會幫忙安排她去找價值觀跟她比較一致的心理師。

問題 2：未成年個案懷孕，你會告知家長和導師嗎？會或不會，為什麼？

回　應：我會在諮商的過程中，明確的告訴當事人，她懷孕以及是否要墮胎的事情，一定要告訴家長或導師，以便可以得到更多的支持和幫助。我會根據當事人懷孕的孕期來判斷我要給當事人多少思考的時間，例如：我會告訴當事人要在十天內告訴家長或導師，到了第十一天，如果還沒有說，就代表當事人希望我幫她說。在這十天內，我會和當事人一起討論，在什麼時間、什麼地點、告訴什麼人、什麼事，以及怎麼告訴等。最終的目標就是希望當事人可以在家長或監護人的知情同意下，去做是否墮胎的決定。

問題 3：如果小安是一個成年個案，你的看法以及協助方式會有哪些不同？

回　應：如果小安已經成年，我會協助小安澄清她對於婚姻和生小孩的價值觀，並且尊重她的選擇。由於每一個選擇都不是完美的，總是會有所得有所失，我希望透過心理諮商可以協助她清清楚楚地知道自己為什麼要墮胎或不墮胎，並為自己的決定負責。

案例 4-4　阿雄夫婦的婚姻問題

阿雄與慧慧結婚七年，近兩個月以來阿雄發現慧慧愈來愈沉默，對自己與孩子十分冷淡，多次詢問慧慧，她總說沒事，是阿雄自己想太多。一個月前，兩人為了孩子的教養問題大吵一架，慧慧提出離婚的想法，阿雄大為震驚，在好友的建議下與慧慧一同接受婚姻諮商，因此尋求心理師美芳的協助。

美芳與兩人進行婚姻諮商時發現，阿雄很愛慧慧，希望能了解慧慧的想法，解決兩人的婚姻問題，但是相較於阿雄的積極主動，慧慧卻顯得消極、敷衍，沒有改善的意願，也常迴避美芳的探問，只希望盡快離婚，美芳在進行諮商時感到十分困難。

在晤談第三次的一個週末，美芳接到慧慧的電話，慧慧主動告知美芳自己其實很愛阿雄，想到離婚的原因是因為兩個多月前在一次返家途中遭到性侵害，覺得很對不起阿雄，每每想到這件事，就會痛不欲生，因此希望藉由疏遠與離婚，讓阿雄的傷害減到最低，但是慧慧現在發現自己懷孕了，不知如何是好，無法向任何人啟齒，也沒有勇氣單獨到醫院進行人工流產手術，所以向美芳求助，希望美芳能陪自己去醫院墮胎。慧慧希望美芳不要將這件事告訴任何人，尤其是阿雄，也希望美芳反過來協助阿雄接受離婚的決定。

美芳覺得慧慧需要接受個別諮商，處理性侵害所造成的創傷，以及懷孕所衍生的種種問題，但是美芳沒有受過處理性侵害的相關訓練，且由於美芳是天主教徒，基於教義反對墮胎，讓美芳的內心相當矛盾。同時，美芳發現慧慧的社會支持系統很少，幾乎沒有什麼朋友，與原生家庭也因發生過糾紛，甚少往來，在孤立無援的情況下，美芳成為慧慧唯一信任的對象，這讓美芳相當為難，但是慧慧懷孕的問題又迫在眉睫……。

問題 1：美芳知道慧慧希望離婚的真正原因，認為隱而不說會影響婚姻諮商的進行，她是否應該在諮商過程中讓阿雄知道？或是鼓勵慧慧主動讓阿雄知道？還是應該尊重慧慧的決定隱而不說？若阿雄追問，美芳是否應該隱瞞自己知情的事實而為慧慧保密？

回　應：我覺得慧慧可能因為遭受性侵害的羞愧感，而無法告訴他人，甚至是自己的先生。我會鼓勵並說服慧慧讓先生知道她被性侵害的事情，因為這件事情她是無辜的受害人，她沒有做錯事情，不需要太過於自責。如果慧慧被性侵害這件事不讓先生知道，無法在心理諮商中揭露和討論，婚姻諮商也會很難進行。我會先和慧慧討論怎麼告訴先生，她可以選擇自己說，或由我來說。我也會處理慧慧對於揭露被性侵害的擔心和羞愧，包括使用「如果先生知道的話會怎樣怎樣」、「告訴先生真相之後最壞的後果可能是什麼」等，讓慧慧做好最壞的心理準備。如果揭露真相之後，先生不能接受，那就證明先生沒有很愛她，如果如同慧慧所說的，兩人感情很好，就會經得起真相的考驗。

問題 2：美芳基於天主教信仰而反對慧慧墮胎，但是眼前看來墮胎是個最佳選擇，慧慧也希望墮胎，美芳因為信仰因素無法與慧慧討論墮胎事宜，是否應讓慧慧另尋心理師？此時婚姻諮商是否應該暫停？

回　應：我覺得慧慧的情況是屬於《優生保健法》第 9 條第 5 款，因為被性侵害而受孕的，這種情形是屬於因為醫學理由而施行人工流產，婦女接受人工流產手術時健保會給付，並且不需要告知或徵求配偶的同意。我想即使是天主教徒的心理師也會配合法律的規定，提供當事人必要的協助，而不會有價值觀衝突的問題。

問題 3：在此情況下，心理師可以陪同個案去醫院進行人工流產手術嗎？

回　應：我會鼓勵個案告訴先生自己被性侵害而懷孕的秘密，然後由先生陪同個案去醫院進行人工流產，這是最佳的選擇，也是最有助於婚姻關係的方式，同甘共苦，共同經歷人生創傷事件，相互扶持和照顧的婚姻，才會幸福、才會長久。除非個案沒有更適合的重要他人可以陪同就醫墮胎，我才會去陪個案就醫。

與宗教信仰有關的價值衝突

對很多人來說，宗教信仰是其生活當中很重要的部分，心理師和個案如果在宗教信仰上存在很大的差異，多少會涉及價值觀的衝突。Corey 等人（2011）提醒，心理師應思考下列幾個與信仰有關的問題：

1. 你認為個案的問題和宗教信仰、靈性追求有關嗎？
2. 你認同專業的宗教諮商嗎？如果你引導個案只探討你的宗教信仰，這樣做符合專業倫理嗎？
3. 你認為在什麼情形之下，諮商人員可以合理的去介紹和教導自己的宗教信仰或靈性生活給個案？

4. 你會怎麼描述宗教信仰或靈性生活對你個人生活的影響？
5. 你是否認為當諮商人員決定晤談主題時，就已經強加自己的價值觀在個案身上？
6. 如果你沒有宗教信仰，你要如何去諮商那些虔誠的教徒？
7. 附屬於宗教機構的諮商中心，把傳教列為他們工作的一部分，你認為這樣做是否有違反專業倫理的疑慮？
8. 如果你的個案的困擾是和宗教信仰有關，你是否願意和宗教人員合作？
9. 在公立學校任職的心理師是否適合去處理學生的宗教信仰問題？學生家長是否需要被告知諮商中的信仰問題？

宗教信仰和靈性生活有時候是個案的問題來源，因此，它們也可以是解決問題的答案。不同信仰的心理師可以幫助個案嗎？我認為只要不是基本教義派的心理師或個案，應該還是可以一起工作的。心理師可以協助處理個案的一般生活與人際問題，如果個案需要探討教義（如聖經或佛經）的問題，心理師可以鼓勵個案去請教他們自己信仰的神職人員或法師。

一般諮商機構的心理師，通常不適合去對個案傳教的，即使是宗教機構附設的諮商中心，心理師也應該節制自己想要傳教的需要。如果心理師和個案信仰著相同的宗教，心理師經過個案的同意，或許可以適當的運用該宗教的方式去幫助個案。如果心理師認為自己和個案在宗教信仰上有價值衝突，可以比照轉介給醫師或其他專業人員一樣，將個案轉介給相同信仰的心理師或宗教人員，此時心理師基於維護個案的最佳權益，以尊重的態度，將個案轉介給相同信仰的心理師或宗教人員，也是符合倫理的作法。

案例 4-5　心理師可以將教會列為社區資源轉介個案嗎？

吳心理師有一位個案，隻身來臺北工作，生活上的社會支持系統非常薄弱，吳心理師認為個案極需要一個團體去支持他，他自己是基督徒，覺得教會的團契對個案有很大的幫助，可是他不確定可不可以帶他去團契，向他介紹信仰？還是要等諮商關係結束後，再向他傳福音，他不知道要怎麼做才符合專業倫理？

問題 1：你認為吳心理師要怎麼幫助個案尋求社區資源，才最符合專業倫理？

回　應：我覺得要介紹社區資源給個案，應該根據個案的價值觀，而不是心理師的價值觀去做選擇。如果吳心理師評估個案的需要，並根據個案的價值觀去介紹社區資源，即使包括宗教資源，也是符合專業倫理的。如果吳心理師認為個案需要社會支持，並且帶個案去參加自己教會的團契，即使沒有強加個人價值觀給個案的問題，也會有雙重關係的倫理問題。

問題 2：如果個案本身也是基督徒，情況是否會不同？

回　應：當個案和心理師都是基督徒的時候，雙方在宗教信仰的價值觀會比較一致，吳心理師可以鼓勵個案去使用教會的資源，但是應盡可能避免介紹自己的教會和團契給個案，因為很容易因多重關係而影響對個案的心理諮商。我認為心理師不適合對個案傳教，不論在諮商關係中或諮商結束後，心理師向個案傳教，總是會讓人認為心理師有強加個人價值觀給個案的倫理問題。

案例 4-6　宗教信仰與心理諮商

大海目前在某大學學生輔導中心全職實習，他是虔誠的教徒，該宗教將宣揚教義視為信仰的一部分，因此大海自己製作了一些宣揚教義的宣傳單放在學輔中心的櫃臺旁，供學生自行拿取。此舉被學輔中心主任發現後非常生氣，要求大海將宣傳單撤除，並要求督導多注意大海的行為。大海感到相當不滿，認為自己只是把宣傳單放在櫃臺供需要的學生取用，並未有強迫行為，但在督導警告後才表示以後不會再做同樣的事了。

大海在實習期間接到一位名叫大河的個案，主訴問題為家庭關係，第三次晤談時，大河無意間提到自己目前有一位同性伴侶，大海得知後大吃一驚，於心中反覆思考後，認為大河的性取向會嚴重的影響自己與他的諮商關係，故立刻告訴大河，由於自己的宗教信仰使他沒有辦法接受同性戀，為了大河的最大利益，會將他轉介給更適合的心理師，而該次晤談便會是兩人最後一次的晤談。

事後大河覺得很不舒服，認為自己因性取向而被心理師歧視、遺棄，並向學輔中心人員抱怨。學輔中心主任與督導得知後認為大海的處理很不恰當，並和大海的實習課程教授聯絡，要求解除大海的實習合約。大海認為自己應擁有信仰自由，且自己已遵照上課所學，向個案坦承自己的不足與限制，乃是為了個案的最大利益。大海認為學校和實習機構根本是針對自己的宗教信仰進行打壓，而決定向實習機構提申訴。

問題1：大海轉介個案的方式是否恰當？有無涉及遺棄等問題？

回　應：對於大海得知個案是同性戀者，便匆促的終止諮商，把個案轉介給他人，我覺得作法上比較粗糙，很容易讓個案覺得不被尊重，甚至有被遺棄的感覺。我會建議大海多使用幾次晤談的機會，去和個案討論雙方價值觀不一致，甚至衝突的問題，看看個案有何反應，以及雙方是否可能繼續諮商，再決定是否要終止諮商。我覺得大海在這件事情上，沒有照顧到個案的感受和反彈，才會導致個案去向機構主管投訴。

問題2：心理師是否可以以宗教信仰為由，拒絕對某類個案提供服務？

回　應：有專業倫理的心理師，通常會有很大的包容力，也會設法服務更多的個案。因為價值觀的衝突而無法服務個案，我覺得不是個案的問題，是心理師自己要處理的反移情問題。當心理師信仰的權益和個案諮商的權益衝突時，我認為維護個案的權益比較重要。

多元文化與助人關係

臺灣是一個多元族群組成的社會，主要的人口包括四大族群：原住民、閩南人、客家人，以及外省人，再加上人數逐漸增加的新移民和國際人士，這些不同文化背景的人都有可能出現在諮商機構，成為我們服務的對象。心理師和不同性別、種族、年齡、社經地位或性取向的個案工作，很容易會產生誤會和理解上的困難。因此，心理師有必要了解多元文化和心理諮商的密切關係，唯有採用多元文化觀點的諮商，才不會傷害到個案的自主性和權益。

多元文化諮商學者 Pedersen（2008）認為，有效能的心理師不可能忽視自己的文化或個案的文化。不管我們是否覺察文化的存在，Pedersen 宣稱文化控制我們的生活，界定我們的現實，文化因素是助人過程的重要部分，文化也會影響我們採取什麼介入方法來協助個案。他說，除非我們充分以多元文化觀點來了解諮商與心理治療，否則真正的改變是不會發生的。

由於多數的諮商理論源自於西方文化，或多或少反映著西方主流的價值觀，例如：重視父權的核心家庭；保持忙碌；追求量化和可見的成就；個人選擇、負責和成就；自我依賴和自我動機；改變和創新；公平、非正式和公平遊戲（Hogan, 2007）。當我們採用這些源自西方文化的諮商理論，以及所伴隨的心理健康之假設時，需要思考與檢視它們是否契合東方文化，是否符合東方人的心理需要。

檢視諮商常見的假設

心理師與多元文化背景的個案工作，如果認為適用於西方的假設一定也適用於東方，適用於白人中產階級的假設也適用於少數和弱勢族群，那就未免太天真了。這些源自西方文化，未經檢驗的諮商假設，有可能就會因為對其他族群或文化的無知而傷害到個案。具有多元文化敏感度的心理師，會比較清楚自己是帶著文化偏誤、偏見和刻板印象來和個案工作。當我們愈能夠覺察自己的文化偏誤和假設之後，我們就比較不會有意無意的傷害到來自不同文化背景的個案。

我們在評估個案或進行心理健康檢查的時候，需要了解到西方諮商與心理治療對於健康或適應的假設是源自於白人中產階級的文化，而不一定適合用來評估其他文化背景的個案。Corey 等人（2011）特別指出下列幾個值得檢視的諮商假設：

1. **自我揭露的假設**：有些心理師會認為個案來尋求心理諮商，便要主動揭露自己的內在想法和感覺，否則心理諮商不可能進行，如果個案不願意自我揭露，便是個案的問題，或者解釋說是個案在抗拒諮商。在西方文化中，自我揭露經常被解讀為健康的人格，如果用這樣的假設來理解東方人，可能就會出問題，因為在東方文化中，一般人會根據親疏遠近來決定自我揭露的程度。東方個案初次和心理師談話，可能會因為彼此陌生、不熟悉而少做揭露，心理師不宜因此而認為個案有人格問題或抗拒諮商。

2. **自我肯定的假設**：多數心理師會認為自我肯定是健康的人格，心理諮商的目標在於協助個案更能夠清楚的表達自己的想法和需要。然而，東方文化或華人社會相當重視迂迴、間接和被動的溝通模式，究竟哪一種才是最適合個案的處境，是需要思考的。如果心理師能夠採用符合個案文化假設的觀點來和個案工作，自然就可以減少個案誤會的發生，達到對個案真正的幫助。
3. **自我實現的假設**：許多心理師認為，諮商的目標在於幫助個案成為功能充分發揮的個人，也就是成為一位自我實現的人，但是卻忽視了個人的改變是否會影響重要他人。東方文化或華人社會的諮商目標或許需要兼顧自我實現和兼善天下，亦即如何在實現自我的同時，可以兼顧到個案的重要他人。
4. **非語言行為的假設**：不同文化的人對於同樣的非語言行為會有不同的解讀，例如：人際距離、眼神接觸、握手、穿著、打招呼，以及時間感等。一般美國人對於沉默會覺得不安，並且會趕快說些什麼來減低緊張；相對的，在某些文化中，沉默被認為是一種尊重和禮貌，或者反映一種害怕和困惑。又例如：眼神接觸，西方文化認為兩人講話的時候，要注視對方的眼睛，如果眼神接觸不好，會被認為是沒有自信；但是在東方文化，直接注視對方眼睛，可能會被解釋為沒有禮貌。因此，心理師要敏感於個案非語言行為的表達，並且學習去了解個案想要表達的涵義。心理師在面對個案非語言行為而感到不舒服的時候，不應該就認為是個案有問題，反而要去探討不舒服的來源，以及避免把自己的問題當成是個案的問題。
5. **直接和尊重的假設**：在西方文化裡，有話直說被認為是健康的、好的行為，但是在東方文化裡，有話直說可能會被解讀為沒有禮貌、不尊重對方。心理師在和不同文化的個案工作時，要敏感於不同文化在表達的直接程度上的差異，並且學習尊重不同表達的方式和直接程度。

微型攻擊

在日常生活裡，我們可能不自覺的對不同文化背景的人表現出微型攻擊（microaggression），什麼是微型攻擊呢？根據Sue等人（2007）的定義，微型攻擊是指我們有意無意的在日常生活中，用語言或行為去攻擊或侮辱他人的現象。因為這些對人攻擊的方式都是非常細微的，經常也是不自覺的，但是被微型攻擊的人卻會覺得不舒服、受傷，甚至覺得被歧視和侮辱等。我們有需要檢視自己在日常生活和執行心理師業務時，是否也會表現出微型攻擊而不自覺。

常見的微型攻擊有兩類：一是性別微型攻擊，另一是種族微型攻擊。常見的性別微型攻擊的主題，包括：物化性別、性別歧視語言、否認性別歧視的現實、傳統性別假設，以及黃色笑話等（Sue, 2010），例如：有人在辦公室張貼物化女性的清涼海報、對在場的異性視而不見、講話時使用性別歧視或黃色笑話，這些都是性別微型攻擊，會讓在場的異性感覺很不舒服。心理師和異性個案一起工作的時候，便要經常檢視自己的言行，避免有意無意的傷害到個案。

另一類是種族微型攻擊，這是指對不同族裔的人，以語言或非語言的方式侮辱或歧視他們，例如：對不同族裔的人說出類似「你不屬於這裡」、「你的國語說得很好」、「你們都一樣笨」，以及「外勞都是不可信任的」等話語，這一類的日常言行便是種族微型攻擊，很容易讓聽的人覺得不舒服和被歧視。在安全檢查的場合，某一類族裔背景的人很容易就會被安全人員或警察攔檢，這也是一種種族微型攻擊。心理師在面對來自不同族裔背景的個案時，便要覺察自己是否表現出種族微型攻擊。心理師在執行心理諮商業務時，如果表現出任何類型的微型攻擊，不僅會抵消諮商效果，也是違反多元文化的專業倫理。

案例 4-7　當事人是外籍配偶時

小芬是從印尼遠嫁到臺灣的新移民，來到臺灣半年，因為無法適應臺灣生活，以及和丈夫有相處上的困難而來尋求諮商協助。小芬還不太會講國語，和心理師之間的溝通有很大的隔閡。於是小芬向心理師提出請她的一位印尼籍朋友小娟（兩年前嫁至臺灣）前來協助翻譯的要求，心理師正在思考此一要求的適當性。

另外，在諮商過程中，小芬經常抱怨對臺灣文化的不認同，有時也會直接批評「臺灣人」，心理師發現自己對於小芬的抱怨有不舒服的感覺，但不知道該如何向小芬回應。

問題 1：心理師接到不會講國語的個案時，該如何處理溝通的問題？個案想請朋友協助翻譯，心理師要如何回應比較適當？

回　應：當心理師和個案沒有共同的語言時，要進行心理諮商的確是個挑戰，如果沒有辦法找到通曉個案語言的心理師時，使用翻譯也是可行的方式。只是找誰當翻譯是需要思考的，我會建議心理師找專業翻譯來幫忙，其次是找一位和個案沒有關係的一般人來當翻譯。心理師如果使用個案的親友當翻譯，比較會有保密和多重關係的疑慮。

問題 2：面對外籍個案對臺灣文化的不認同，以及對臺灣人的批評，心理師要如何處理自己的不舒服感受？可以如何回應個案？

回　應：從案例中可知，個案會表現出微型攻擊的言行，雖然不是針對心理師本人，但是也會讓心理師感覺不舒服。心理師如果覺得這種不舒服的反移情會影響對個案的服務，便要找督導或資深心理師討論，並且設法處理自己的不舒服，以便可以繼續有效的協助個案。

多元文化能力的培養

根據多元文化諮商的指引（APA, 2003a），多元文化諮商的能力，包括：（1）心理師要覺察自己的文化價值和偏誤；（2）了解個案的文化價值和世界觀，以及（3）發展該文化適用的介入策略和技巧。我們可以透過選修多元文化諮商的相關課程和工作坊，來增進多元文化的諮商能力。但是這些課程和工作坊，必須包括跨文化的體驗，例如：和不同族群的人交流、到不同的文化去生活等，特別是在其他文化裡去體驗身為少數族群的感受和衝擊，這些跨文化的經驗都可以幫助我們提升多元文化的諮商能力和態度。

美國心理學會（APA, 2003a）所編寫的多元文化諮商指引，對於心理師要有效能的與不同文化背景的個案工作，提出下列幾項建議：

1. 心理師要留意自己是否存在一些對不同族群的人不利的態度和信念。
2. 心理師要了解，對不同族群的人保持多元文化的敏感度、尊重、知識和了解，是很重要的事情。
3. 心理師從事心理教育工作時，要採用多元文化的觀點和建構。
4. 心理師從事臨床或其他心理學執業時，要採用文化適當的技術。

多元文化或人的多樣性包括許多因素，例如：文化、宗教、種族、殘障、年齡、性別、性取向、教育程度，以及社經地位等，如果要根據這些因素進行個案和治療師的配對，在實務上幾乎是不可能的。在治療師人數較多的諮商機構，個案或許有機會選擇自己適配的治療師，但是於多數時候，個案是沒有機會選擇和自己相同文化背景或人口特徵的治療師，因此，治療師便需要加強自己的多元文化敏感度和能力，以便可以有效能的協助個案。

和個案有類似生活經驗的治療師，是否比較能夠幫助個案呢？答案是不一定，例如：有失戀經驗的治療師去諮商失戀的個案，治療師有可能比較能夠理解個案的遭遇，但是每個人的失戀經驗畢竟還是不一樣的。如果治療師用自己的失戀經驗去理解個案，可能也會有誤解的問題。從事諮商工作，我們和個案很可能沒有太多共同的生活經驗，例如：老人、外國人、殘障人士、受刑人、毒癮者等，在這種情形之下，我們雖然沒有共同的生活經驗，但是可以盡量透過設身處地，去同理和了解他們的生活背景和人生經驗。

治療師如何處理和個案之間明顯的文化差異呢？由於個案處於弱勢位置，通常不會主動提出，因此，治療師可以根據自己的觀察，如果觀察到個案似乎很在意彼此文化背景的差異，這個時候治療師可以主動提出討論，詢問這些文化差異是否會影響或不利於對個案的協助。多元文化能力是可以學習的，卻是很難教導的，因為多元文化能力不是改變想法而已，還必須改變態度。

案例 4-8 心理師與案主對婚姻生活的看法不同時

案主邱先生，30 歲，與妻子剛結婚半年，婚後兩人居住在婆家附近，但是後來案主父母希望兩人搬去與他們同住。案妻不願意，並且離家出走，案主認為自己應該順從父母的意見，並覺得妻子的反應過於激烈，莫名其妙。案主認為父母親要自己回家住雖然不是當初婚前講好的，但是因為自己是唯一的兒子且又住在附近，因此也是無可厚非；案主覺得當妻子反應很激烈時，不知道如何回應與傾聽是最大的問題，講話也講不過妻子。案主並不認為自己的要求是不合理的，來諮商的目的只是希望了解，用什麼樣的溝通方式才能讓妻子願意跟他回婆家住。

問題 1：心理師與案主對於婚姻和婆媳的看法不同時，要怎麼處理才適當？

回　應：當心理師與案主一起探討問題時，案主希望探索自己與妻子的溝通方式，並且希望以這樣的方式讓妻子回家跟自己的父母住。心理師認為案主之所以認定案妻應該要跟自己回父母家住的觀點，是一種傳統社會框架下兩性不平等的結果，而心理師認為在婚姻關係中不平等的議題應該受到檢視及挑戰，因此兩人的價值觀是不一樣的。於是心理師有兩種可能的選擇：

- 探索溝通的技巧，諸如同理、傾聽等，提升案妻對案主的好感，可能會願意搬去跟公婆住，此方向就符合了案主來談的目標。但這個選擇隱藏了自己的價值觀，是否會造成諮商關係的不真誠？
- 挑戰案主對於案妻應該跟他搬去父母家住的背後信念，覺察其對案主的意義及對於婚姻關係的破壞性。此一選擇的心理師是否會使自己的價值觀不當地介入了諮商歷程？

問題 2：如果心理師直接對案主陳述自己在兩性角色上的價值觀與案主不同，這樣的作法適當嗎？

回　應：心理師應優先協助案主做婚姻與家庭的價值澄清，除非擔心自己和案主的價值觀有衝突，才需要提出來，徵詢案主的看法，以及案主是否介意兩人價值觀不同的問題。當心理師和案主的價值觀不一致時，雙方可以討論是否繼續諮商工作，還是希望心理師幫他轉介給其他心理師。

案例討論

案例 4-9　工作與升學的抉擇

雷小姐是一個24歲的上班族，二專畢業後已工作三年，換了三個公司，來諮商時，在目前任職的公司才兩個多月。雷小姐來談的主要困擾是，目前的工作每天加班要到晚上十點，週末假日亦要，雖然薪水還算不錯，但雷小姐不喜歡這樣沒日沒夜的工作。此外，她一直想再讀書，希望可以插大進修，可能是棄商轉心理學或社會學，但前提是要有經濟基礎，即半工半讀對她來說是最適合的。雷小姐的父母、男友、好同學都不贊成她換工作，認為轉換跑道是不明智的，而且未來會沒前途，這點讓她很困擾，不知是否要繼續忍受長時間的工作，或是追求多年的夢想？

問題 1：心理師是否適合根據個人的求學或求職經驗與家庭價值觀，給予個案建議？

問題 2：在工作與升學的價值觀上，你和當事人如果不同的時候，你會怎麼處理？是否會和當事人分享或保持中立？

案例 4-10　心理師，您對於劈腿有什麼看法？

汪小姐，22歲，在前五次諮商時的主訴為感情困擾，提到公司女同事和一位可能已婚的男性上司之感情糾紛。她覺得辦公室戀情很不好，好好的公司被同事之間的感情問題弄得烏煙瘴氣。

在第六次諮商時，汪小姐問心理師，對於劈腿有什麼看法？心理師反問：「那你覺得呢？」汪小姐堅持心理師要先講，她再說，因為她想先聽聽心理師的看法。

心理師說：「我覺得要看雙方到底有沒有真心投入感情，我自己雖然已婚，可是如果遇到真心對我的第三者，什麼事都可能發生吧！」這時候，汪小姐告訴心理師，其實她也跟公司這位男性主管交往三個月了，這是她最痛苦的原因所在。

問題 1：當個案問你關於劈腿的看法，並且堅持你先講時，你會先講嗎？

問題 2：關於心理師自我揭露的部分，你認為是否適當？是否有要特別考量的地方？

問題 3：如果案例中的心理師沒有透露自己的資訊，或說出自己對劈腿的看法，個案還會說出真相嗎？

案例 4-11 同性戀的心理諮商

劉心理師是從事青少年諮商工作的女心理師，由於身為同性戀者，對於社會文化歧視同性戀有很深刻的體會，非常珍惜目前的感情生活。劉心理師在面對同性戀案主時，表現得比其他同事更具同理心。

最近，劉心理師與一位青少年的媽媽進行諮商，媽媽認為「兒子有同性戀傾向，希望心理師『治好』兒子這種不正常的心理狀況」。劉心理師在諮商這位媽媽的過程中，又再度感受到那種不被接納、不公平的感覺，並勾起了心中對整個社會的憤怒。劉心理師雖然外表沒有將情緒表現出來，但其實在心中有所立場，並開始教育這位媽媽，讓她知道同性戀是正常的，並企圖讓這位媽媽接受兒子是同性戀的事實。在經過二次諮商後，這位媽媽向機構抱怨劉心理師思想奇怪又不會解決問題，要求停止諮商。

問題 1：你認為劉心理師在協助這位媽媽的過程中，有何不妥的地方？你若是劉心理師，你會有不同的處理方式嗎？

問題 2：你認為案例中的案主是這位媽媽，還是她的兒子？如果心理師和案主在價值觀和文化背景上有明顯不同時，該怎麼辦？

問題 3：心理師是否要與案主具有相似的價值觀或文化背景才會有效？如果不是，那要如何做到真誠一致？

第五章

個案權益與知後同意

尊重個案的自主與意願是諮商與心理治療很重要的倫理原則，本章將以「知後同意是個案的主要權益」為主題進行討論，內容包括：知後同意的涵義、知後同意的內容、知後同意的實施方式、諮商同意書範例，以及實施知後同意的建議等。

知後同意的涵義

知後同意的英文原文為 informed consent，醫療界普遍將它翻譯為「告知後同意」或「知情同意」。在諮商與心理治療的領域中，比較習慣使用「知後同意」的翻譯，因此，本書循例採用「知後同意」一詞。「知後同意」是指，心理師在執行心理專業服務之前，將心理專業服務的可能風險、保密的限制，主動以當事人能了解的語言進行說明，取得當事人的同意後才執行該專業服務。簡單來說，「知後同意」就是心理師的說明義務。

維護個案權益的第一個步驟，即是徵得個案的知後同意才進行心理專業服務。知後同意有多重的涵義：（1）知後同意是個案的權益；（2）知後同意的內容是心理師與個案共同討論決定的；（3）進行知後同意有助於個案積極的參與心理諮商；（4）知後同意有助於個案作為一個明智的消費者；（5）知後同意兼具法律和倫理的涵義，以及（6）知後同意是諮商與心理治療中，一種很重要的臨床、法律和倫理的工具。

張馥媛等人（2012）綜合多位學者的研究，認為心理治療中的知後同意不僅具有法律及倫理的意義，也具有治療的意義，包括：（1）能提供較多訊息並尊重當事人自我決定者，當事人對治療的配合度較高；（2）個案在知後同意之後的焦慮度較低，治療成效較好；（3）個案在知後同意之後，會認為治療者較具專業且值得信賴。因此可以說，知後同意在心理治療上確實具有正向的價值與功能。

知後同意不是請當事人在諮商同意書上簽名即告完畢的例行公事，而是一件心理師與當事人雙方透過溝通、討論和澄清，達成合作進行心理專業服務的過程。知後同意其實包含「了解」和「做決定」兩部分，不僅心理師要了解當事人，當事人也要了解心理師。至於做決定也是一樣，不僅當事人經過了解之後，選擇要不要接受心理專業服務，以及何時開始接受心理專業服務；而且，心理師經過了解之後，也要做決定要不要接受這位當事人，以及要提供何種心理專業服務（Pope & Vasquez, 2011）。心理師也要判斷當事人是否有能力做決定，如果是未成年人或無行為能力者，則要進一步取得家長或監護人的知後同意。

知後同意的內容

心理師在提供心理專業服務之前，要告知當事人相關內容，以協助當事人了解心理專業服務，此通常會因為專業組織與個人風格的不同而有差異。有關心理師對當事人的說明義務以及說明的內容，心理師專業組織和學者均提供了許多有用的建議。專業組織通常會在其所訂定的倫理守則，說明知後同意的內容。臺灣有關知後同意的倫理守則，詳見表 5-1 所示。

除了專業學會在其倫理守則提到知後同意的內容，國內外的學者也提供了一些補充的建議。首先，Welfel（2012）建議知後同意的內容應包含：（1）諮商的目標、技術、過程、限制、危險及益處；（2）診斷、測驗及紀錄的運用；（3）付費的規定；（4）保密及其限制；（5）督導及其他專業人員的介入；（6）諮商師的專業背景；（7）當事人查看紀錄的權利；（8）當事人選擇諮商師的權利及積極合作的義務；（9）當事人拒絕諮商的權利及義務，以及（10）當事人有權詢問有關諮商的任何問題，並得到清楚的答覆。

表 5-1　有關知後同意的倫理守則

- 臨床心理師在正式進行心理治療前，應清楚告知當事人（或其監護人）實施心理治療之理由、目標、方法、費用，及保密原則，並澄清當事人（或其監護人）對於心理治療的所有疑問。心理師在當事人（或其監護人）同意接受治療後，始得對當事人施行心理治療。（「心理學專業人員倫理準則」柒之四）
- 同意權：當事人有接受或拒絕專業服務的權利，輔諮人員在服務前應針對當事人之文化與身心發展階段，以其可理解之口語及／或書面方式告知輔諮人員之專業背景、助人關係的性質、目的、過程、理論與技術的運用、限制、潛在的風險、收費以及若不接受此服務之可能後果等，以幫助當事人做決定。知後同意權在整個助人歷程均持續進行，若有調整，輔諮人員須詳實記錄。（「輔導與諮商專業倫理守則」2.2.1.A）

國內學者牛格正與王智弘（2008）建議，知後同意的內容應包括下列事項：（1）諮商的方法與過程；（2）諮商所需的次數與時間；（3）諮商的機密性及限制；（4）諮商師的專業資格與經驗；（5）諮商過程中相關的倫理、專業及法律責任；（6）收費標準；（7）需要當事人同意運用其資料的情況；（8）諮商過程或技術可能帶來的副作用，以及（9）其他輔助資源等。

Corey 等人（2011）則認為，知後同意的內容應包括下列事項：（1）治療過程；（2）治療師的背景；（3）治療費用；（4）治療的時間長度和結束時間；（5）同儕諮詢或督導；（6）治療的預約、請假與中斷；（7）治療的效益與風險；（8）錄音錄影；（9）諮商紀錄，以及（10）保密的限制與例外等。

檢視上述心理與諮商專業學會和學者們對於知後同意內容的看法，其實是大同小異的，但是在實務操作上則會因人而異。向當事人說明心理諮商，到底要說多少？哪些要說哪些不要說？先說什麼後說什麼？等，則涉及心理師的判斷和當事人的需要。在心理師當中，有的人很少對當事人做知後同意的說明，有的人則過度的對當事人做說明，事實上不做知後同意和過度做知後同意都是不適當的。

陳若璋等人（1997）針對包含臨床心理師、社工師、精神科醫師、輔導老師等專業助人者進行調查，研究發現，專業助人工作者在知後同意的倫理信念和倫理行為有不一致的現象，例如：大多數研究參與者的倫理信念正確，但在行為部分，只有 50.4%的人會經常說明心理治療的過程與限制，30.3%的人會經常說明自己的專業資格，3.1%的人會經常說明保密的限制，22%的人曾未經當事人同意加以錄音，66%的人曾未徵詢當事人意願對非自願個案諮商，近三成的人曾未告知即提供家長諮商資料。

張馥媛等人（2012）曾探討臺灣地區臨床心理師知後同意的倫理態度與行為現況，研究結果發現：在臨床實務上，認為符合倫理且經常告知之訊息，包括保密、時間安排、治療目標、終止的權利、應配合事項等；不確定是否合乎倫理且少告知的訊息，包括治療者的專業背景、花費總額、治療技巧發展現況、督導及其他專業者的涉入；而認為合乎倫理但很少告知的，則是當事人接觸治療紀錄的權利。

綜合上述，我認為心理師在提供心理專業服務給當事人之前，應該適當的向當事人說明心理專業服務是什麼、怎麼進行、心理專業服務一次是多久、怎麼收費、談話內容有無保密、心理師的專業背景，以及心理專業服務的風險和效益等。由於心理專業服務的項目不同，包括：心理測驗、心理衡鑑、心理諮商、心理治療、心理諮詢，以及心理健康教育等，在實務上，每位心理師告知當事人的內容都會不同，同一位心理師對不同的當事人所告知的內容也會不同，主要視心理師的風格和當事人的需要而定。

案例 5-1 個案多處求助的問題

小江今年剛上大學，由於不想到校上課，主訴是與同學和老師相處的壓力很大，因此由母親帶至社區諮商中心進行諮商。經過幾次晤談後，心理師才慢慢從小江口中得知，小江曾被醫生診斷為「社交焦慮症」，除了定期回醫院門診外，也在醫院接受心理師的心理諮商。心理師告訴小江，為了避免接受不同心理師的諮商造成的混淆，最好只選擇一個心理師進行諮商。

經過幾週之後，到了要繳交期中作業的時候，小江愈來愈不想去上課，他一直覺得自己做得不夠好，就不斷的重做，導致兩天沒睡；而且老是覺得自己打不入同學的圈圈中，認為自己很信任的老師也不理自己了。之後，小江沒有請假就突然停止諮商。心理師認為個案有權利決定是否繼續諮商，因此，並沒有繼續追蹤小江的情況。

幾個星期後，心理師接到督導告知，小江自殺了，幸好被緊急送醫急救，挽回一命。後來，心理師才知道，小江的媽媽在小江自殺後曾到機構抗議，說心理師所做的諮商使她的女兒自殺。

問題 1：個案同時在兩個機構接受心理師的諮商，心理師除了進行告知和建議個案擇一諮商外，心理師還可以做什麼？

回　應：我認為，心理師最好在第一時間知道個案同時在看兩位心理師時，便要充分告知這種作法的不妥，並且請個案擇一諮商。在實務上，心理師在初談的時候，要養成詢問個案是否曾經接受過心理諮商、在哪裡，以及什麼時候。一旦知道個案正在他處接受心理諮商，便要請個案選擇在原機構諮商，還是結束原機構諮商後，再開始新機構的諮商。如果心理師是事後才知道個案同時在兩個機構諮商，便要優先處理這個問題，等個案放棄一處之後，才繼續進行心理諮商。我們可以告訴個案，同時接受兩位心理師的諮商，效果並不會更好，反而會增加個案不知道要聽誰的困擾；萬一個案發生問題，兩個機構心理師的權責就會很難釐清。

問題 2：社區諮商中心提供精神疾病患者心理諮商時，在沒有結案的情形下個案無故不來，心理師需要追蹤個案嗎？

回　應：一般私人執業的心理師，個案如果沒有結案的情形下無故不來，通常不會做追蹤。對於無故停止諮商的個案，我會建議心理師可以邀請個案回來做一次結案晤談，如果個案不願意回來，心理師也可以在電話中稍微了解個案的狀況，並做簡短的結案晤談。心理師也可以在初談做知後同意時，讓個案知道，如果個案想要終止諮商，心理師會需要和個案做一次結案晤談，如果個案無故不來，心理師會打電話關心。

問題 3：小江曾被診斷為「社交焦慮症」，除了了解其就醫、用藥情形外，心理師應如何與醫師合作，才能維護個案的最大利益？

回　應：在醫院服務的心理師，通常很方便和醫師合作，但在社區諮商機構服務的心理師，如果接到有服用精神藥物的個案，我會建議心理師盡可能詢問個案有關精神科就診的資訊，包括醫師的診斷和藥物處方。如果個案也不是很清楚自己的診斷和藥物名稱，心理師可以請個案到醫院的病歷室申請病歷，並交給心理師做為心理治療的參考。必要的時候，心理師可以徵求個案的同意，去和個案的主治醫師聯繫，以便醫師和心理師可以用合作的方式提供個案最佳的治療。

問題 4：小江若未曾將自殺訊息透露給心理師，心理師要如何預防其自殺行為？

回　應：我會建議心理師要養成習慣主動詢問個案是否想要自殺，由於很多原因，個案想要自殺卻不會告訴心理師，因此心理師便要養成主動詢問的習慣。一旦個案表示會想要自殺，心理師接著就要做自殺危險性評估，並根據評估結果進行適當的處置。

案例 5-2　諮商過程錄音的問題

上官為心輔所研究生，因修習「兼職實習」課程，任課教授要求實習生將諮商過程錄音後謄寫逐字稿以利學習。上官在國中實習，個案為國二女生，疑似憂鬱症。在第一次晤談時，上官向個案口頭說明自己的實習生身分與學習需要，並徵求個案同意後，進行諮商並錄音。

第四次晤談之後的某日，個案父親氣急敗壞的到學校，說女兒告訴他與學校老師的談話有錄音，案父認為十分不當，即使經過輔導主任與上官的說明錄音只為訓練用，不會外流，課程結束後即銷毀，案父仍相當不悅，認為就算女兒同意，因女兒未成年，錄音行為未經過家長同意仍不應進行。在說明與協調之後，上官對案父表達自己有所疏失，並將錄音帶交給案父處理。

問題 1：案例中的實習心理師有哪些行為，你認為是有違專業倫理的？

回　應：心理師或實習心理師提供諮商給未成年人，應該得到家長或監護人的同意，如果實習心理師要錄音，還需要另外取得個案和家長的同意。案例中的實習心理師顯然只徵求個案的同意，而沒有徵求家長的同意，明顯不符合專業倫理，才會導致個案家長的強烈不滿。實習心理師提供諮商服務給需要的學生，本來是一件好事，結果卻因為沒有做好家長的知後同意，造成家長的不諒解。

問題2：如果你是案例中的實習心理師，你會如何處理個案家長拿走諮商錄音帶的要求，以維護未成年個案的權益？

回　應：實習心理師沒有徵求個案的同意，便把諮商錄音帶交給家長，我覺得是不妥的。雖然家長有法律上的監護權，有權利知道個案在諮商談話中的內容，但是就專業倫理而言，心理師有保護個案隱私及維護個案權益的責任。當家長的權利和個案的權益無法兼顧時，我認為心理師要優先考慮個案的權益。實習心理師面對家長要拿走諮商錄音帶的要求，比較適當的作法是當場洗掉錄音內容，而不是讓家長帶走諮商錄音帶，因為我們不知道家長會如何使用這些錄音帶，萬一家長使用這些錄音帶做出不利於個案、心理師或學校的事情，我們就會束手無策。

知後同意的實施方式

知後同意的實施方式或形式，包括：口頭同意、簽署同意書、專業聲明，以及諮商過程示範等四種（牛格正、王智弘，2008）。以下以心理諮商為例分別說明之。

・**口頭同意**：口頭同意是實務界最常使用的方式，當事人在開始心理諮商之前，心理師應以口頭說明的方式，向當事人說明心理諮商相關的訊息，當事人聽完之後可能會提出問題，經過補充說明之後，當事人以口頭方式表示同意接受心理諮商。口頭同意的實施方式通常不會使用書面同意書或要當事人在同意書上簽名，但是心理師可以在初次晤談的紀錄上，記載已向當事人進行知後同意，並獲得口頭同意。

・**簽署同意書**：有些諮商機構會印製一份諮商同意書，把當事人需要知道的心理諮商相關訊息放在諮商同意書裡，當事人在接受心理諮商之前，先請當事人閱讀諮商同意書，如果有不清楚的地方可以提出來，再由心理師當場給予說明。當事人在經過說明之後，如果同意接受心理諮商，便請他在諮商同意書上簽名。使用諮商同意書具有幾個優點，包括：（1）諮商機構可以有一份當事人簽名的諮商同意書存檔，以備日後需要時使用；（2）諮商機構告知當事人的內容不會因人而異，比較有一致性；（3）諮商機構要告知當事人的內容以書面方式呈現，比較不會因為工作人員的忙碌而掛一漏萬。

為方便讀者撰寫諮商同意書，我參考相關文獻編寫了三個範例，第一個範例適合在心理諮商所和心理治療所使用，如表 5-2 所示；第二個範例適合在大學諮商中心使用，如表 5-3 所示；第三個範例適合各縣市學生輔導諮商中心使用，如表 5-4 所示。讀者可以根據自己機構的需要加以修改使用。從這三個範例可知，諮商機構要告知當事人的內容會因機構的不同而異，也會因為當事人是否成年而異。

・**專業聲明**：專業揭露（professional disclosure）或揭露聲明（disclosure statement）在國內實務界比較少人使用，但卻是一種很適合個人開業的心理師使用。個人開業的心理師可以以書面的方式說明自己的學經歷、心理諮商的過程、保密的範圍和限制、當事人的權益、預約方式與收費標準等，然後在專業聲明的最後一節，以諮商同意書的格式，請同意接受心理諮商的當事人簽名。我也在本章中根據 Hacker（2001）的範本編寫了一個專業聲明的範例，如表 5-5 所示，提供給讀者作為參考。

・**諮商過程示範**：在國內實務界，諮商過程示範比較少見，不過卻是一種值得採用的方式。諮商過程示範的實施方式，通常是由諮商機構事先製作一支模擬的心理諮商影片，在當事人接受心理諮商之前，邀請當事人先觀賞這支影片，並歡迎當事人針對內容提出問題，再由心理師予以說明。這種方式類似醫療機構所製作的手術前衛教影片，可幫助病人了解手術的相關訊息，然後再詢問病人是否同意接受手術。

不論採用上述哪一種方式進行知後同意，牛格正與王智弘（2008）綜合多位學者的觀點指出，在實施知後同意的程序時，助人專業人員應考慮下列四個因素：（1）知識（完整資訊）：助人專業人員應提供充分的資訊，足以讓當事人在考量後做成合理的決定；（2）自願（自由意志）：當事人在充分了解諮商服務的相關資訊後，可以不受外在壓力，而自由決定是否接受諮商服務；（3）能力（資格能力）：當事人要有資格及能力行使同意，並做決定，未成年人或無行為能力者，需要由家長或監護人代為決定，以及（4）理解（充分理解）：助人專業人員要以當事人了解的語言和方式，把事情說明白，幫助當事人做合理的抉擇。

表 5-2　心理諮商所適用的諮商同意書範例

○○心理諮商所
諮商同意書

本人同意自願接受○○心理諮商所的專業服務，我已閱讀、了解，並且在下方簽名同意下列關於心理諮商的說明：

1. 我了解○○心理諮商所不會開立藥物處方，或給我藥物治療。如果我需要藥物治療時，心理師會轉介或照會醫師。
2. 我在心理諮商中所說的事情會得到專業的保密，沒有經過我的口頭或書面同意，心理師不會告訴他人。我也了解專業保密的限制，如果我的談話內容涉及自我傷害、傷害他人或兒童虐待時，我同意心理師通知我的家人或相關機構，以便保護我及他人的安全。
3. 我了解我可以隨時詢問關於心理諮商的問題，包括：諮商的程序、諮商的場所與時間、費用及付費方式、保密的限制、諮商的效果與限制，以及社區資源等。
4. 我了解我可以隨時終止心理諮商，我可以請求心理師提供其他轉介機構。
5. 我了解我每次心理諮商的時間是五十分鐘，每次的費用是新臺幣○千○百元。
6. 我了解○○心理諮商所的心理諮商服務尚未列入全民健保或商業健康保險，心理師也不會代替我申請健保給付。
7. ○○心理諮商所同時獲得我的同意提供心理專業服務給我的子女。

當事人簽名：＿＿＿＿＿＿＿＿＿＿　日期：＿＿＿＿＿＿＿＿＿＿
心理師簽名：＿＿＿＿＿＿＿＿＿＿　日期：＿＿＿＿＿＿＿＿＿＿

註：本範例修改自林家興與王麗文（2003，頁 298）。

表 5-3 大學諮商中心適用的諮商同意書範例

○○大學學生事務處學生輔導中心
諮商同意書

凡至本中心接受個別諮商、團體諮商或心理測驗的學生，請先詳細閱讀下列說明，如有疑問，可詢問你的輔導老師。

一、服務宗旨：心理諮商是一個透過專業人員協助你自我了解的過程。透過不斷自我了解與探索的過程，可以為問題找出較佳的解決方法，同時也可以幫助自我改變與成長。

二、諮商關係：心理諮商是以一種合作關係進行，你是諮商過程中的主角，有權選擇問題處理的優先順序、處理方式以及談話的深度，但你真誠以及開放的態度是有效諮商的重要因素。

三、免費服務：本中心對本校學生之諮商服務不收取任何費用。

四、諮商時間：

1. 每次會談時間五十分鐘，每週會談一次，有特殊情形時得加以調整。
2. 晤談次數最多以十二次為限，特殊情形始可延長。
3. 連續無故缺席兩次或連續請假四次，本中心得不再保留你的諮商時段。

五、取消約談：若因故無法準時前來會談，請於會談前一天以電話或親自來本中心取消會談或重新預約；中心電話○○○○○○○○。

六、保密：輔導老師會保密與你晤談的內容，或者在取得你的同意時才會告知相關人員，但下列三種特殊情形不在此限：

1. 在你有立即而明顯危及自己或他人生命、自由、財產及安全的情況時。
2. 法律規定輔導老師有通報責任時。
3. 若你的狀況需要轉介醫療機構，或需要透過校方與專業人員集體協助時。

七、有始有終：你有權利尋求其他輔導老師的意見或更換輔導老師，但須經中心同意，原則上同時只能找一位輔導老師晤談。

八、停止晤談：你有權利隨時終止諮商，但請先與你的輔導老師做結束會談。

九、督導制度：為了增進你的最大利益與提升服務品質，輔導老師會定期接受督導，討論諮商過程與技術。

十、錄影（音）之同意：輔導老師為了能更有效幫助你解決問題，會談過程可能會錄音或錄影，但一定會先徵求您的同意。

十一、其他：如有未盡事宜，依《心理師法》及相關法規辦理。

我已詳細閱讀本同意書，確實了解內容後同意接受學生輔導中心的專業服務。

學生簽名：＿＿＿＿＿＿＿＿＿＿＿＿ 日期：＿＿＿＿＿＿＿＿＿＿＿＿

註：本範例修改自林家興與樊雪春（主編）（2009，附錄 35）。

表 5-4　縣市學生輔導諮商中心適用的知後同意書範例

<table>
<tr><td>

心理師服務同意書

〇〇市政府教育局為服務本市學生，推出心理師服務計畫，貴子女經學校評估，適合透過心理師的協助，幫助他開發潛能，增進學習效益，提高生活適應能力。但依規定，接受這樣的服務，需要獲得家長或監護人的同意。以下簡要說明心理師服務的概況，以及家長或監護人應配合事項，請您詳讀後，若同意接受服務，請簽名後交回學校輔導室。

心理師服務說明

一、服務人員：本項服務由具有兒童及青少年心理諮商專長，並領有國家證照之心理師提供。為了維護心理諮商的服務品質，心理師會不定期接受專業督導。
二、服務內容：心理師會根據對貴子女的了解，與輔導團隊共同發展適當的諮商目標及計畫，藉由個別諮商談話、入班觀察、家庭訪視及親師諮詢等，協助貴子女成長與潛能開發，適應學校生活。
三、服務費用：經學校轉介使用本服務者，晤談費用由市政府教育局全額負擔。
四、服務次數與時間：每週一次晤談，以四十至五十分鐘為原則，若含邀約重要關係人（如教師、家長）參加晤談，則酌予延長。晤談次數以八次為原則，得經由評估後酌予增減。
五、取消：請假超過兩次，或未事先請假而缺席者，學校得取消其接受服務的資格。
六、保密：心理師會保密與您及貴子女晤談的內容，在取得您的同意時才會告知相關人員，但是下列三種特殊情形將不在此限：
1. 貴子女之狀況可能危及自己或他人生命、自由、財產及安全者。
2. 貴子女或其關係人涉及法律或行政通報事項者，例如：《兒童及少年福利與權益保障法》、《家庭暴力防治法》、《兒童及少年性剝削防制條例》等。
3. 貴子女的狀況需要學校輔導團隊協同輔導或緊急轉介醫療機構者。

家長或監護人應配合事項

一、請假：因故需取消晤談者，請於晤談日三天前以電話知會就讀學校輔導室老師。請假超過兩次，或未依規定事先以電話取消而缺席者，得取消其接受服務資格。
二、接受晤談邀約：心理師認為有必要邀請家長或監護人提供更多貴子女訊息，或在晤談後，心理師要向家長或監護人說明當事人狀況與提供輔導建議時，家長或監護人應盡量配合出席，以共同輔導貴子女。
三、知會義務：貴子女若有下列情事者，請您務必告知，以利心理師提供適當有效的協助：
1. 曾罹患精神疾病或正在服藥者。
2. 有自殺或自傷之企圖、計畫或經歷者。
3. 目前正使用其他心理相關資源者。

</td></tr>
<tr><td>

本人已詳讀上述規定，願意確實遵守，並同意子女接受本項服務。
子女就讀學校：〇〇市______區______國民中／小學______年______班
學生姓名：__________
學生家長簽名：________________於______年______月______日

</td></tr>
</table>

註：本範例修改自臺北市學生輔導諮商中心（2012，頁 113）。

表 5-5 心理師專業聲明範例

〇〇〇心理師
〇〇心理諮商所
〇〇市〇〇區〇〇路〇段〇〇號
（〇〇）〇〇〇〇〇〇〇〇〇

心理諮商須知

由於心理師的訓練背景、工作方式和理論取向的不同，心理諮商的實施方式有很多種，本專業聲明的目的在於說明〇〇〇心理師的專業資歷、諮商歷程，以及您需要知道的心理諮商相關訊息。

心理師的資歷

〇〇〇心理師畢業於臺灣〇〇大學諮商心理學研究所，大學畢業於臺灣〇〇大學心理學系。他曾經在〇〇醫院精神科擔任兼職實習心理師一年，在〇〇大學學生輔導中心擔任全職實習心理師一年，並於民國〇〇年取得諮商心理師國家執照。在他取得執照後，曾任〇〇大學心理諮商中心專任心理師五年、〇〇基金會兼職心理師三年。目前是臺灣諮商心理學會的會員，並擔任〇〇市諮商心理師公會理事。

〇〇〇心理師的臨床經驗主要是青少年與成人諮商，特別專長在感情問題和親密關係的議題，以及青少年與父母的衝突議題等。他的理論取向是結合心理動力和系統理論。因此，他不僅關心當事人的內心世界，也會幫助當事人處理他的人際關係和家庭系統。他不僅關心當事人的問題和缺點，也會關注當事人的長處和優點，喜歡從正向和積極的角度來協助當事人。

〇〇〇心理師並非醫師，因此他不會提供藥物治療，他主要以晤談的方式協助當事人。如果您需要藥物治療，他會根據您的情況和需要推薦一般醫師或精神科醫師給您。

心理諮商的歷程

如果您決定接受〇〇〇心理師的心理諮商，他會首先和您進行初診，針對您的問題進行探討。接著，他會針對您想要探討的問題，與您一起回顧和解決，他也會和您不定期的評估諮商的成效。您的心理諮商需要多久呢？這是個很難回答的問題，通常要視您的問題的嚴重程度和您努力的程度而定。心理諮商的過程，有時候會因為談論傷心的事情而讓人難受，有時候自我成長與改變也會讓人覺得不習慣和焦慮，這些都是心理諮商正常的、甚至是有效的現象。您在心理諮商過程中，如有任何的不舒服或困惑，都可以提出來和心理師討論，事實上，和心理師討論您的任何感覺和想法都是有幫助的。

表 5-5　心理師專業聲明範例（續）

專業保密

您在個別諮商的晤談內容，將會得到應有的保密，這是您最重要的權益。沒有經過您的同意，心理師不會把您的談話內容告訴其他人，但是下列情形不在此限：（1）心理師認為您有傷害自己或他人的危險；（2）心理師認為您涉及兒童虐待、家庭暴力或性侵害事件，依法必須通報時；（3）心理師被法官命令必須出席作證時。

如果您接受親子諮商、伴侶諮商或家庭諮商時，您和心理師的談話內容，如果心理師認為有必要告知您的家人時，他會：（1）請您自己告訴家人；（2）他會徵求您的同意後告訴您的家人，或者（3）停止諮商。

您的權益

做為心理諮商的當事人，您的權利如下：

1.在心理諮商過程的任何時候，您可以詢問有關心理諮商、諮商紀錄或行政事務的問題。
2.任何時候您都可以結束心理諮商，如果需要，您可以請心理師推薦其他心理師。
3.您可以和心理師討論心理諮商的目標，並積極參與心理諮商。
4.您在心理諮商的談話內容會受到保密。
5.您會被告知有關諮商費用和收費方式的資訊。
6.您可以詢問心理師有關處理您的問題的其他可能方式或選項。
7.您可以取得這份聲明書的副本作為紀錄。

預約與收費

心理諮商通常採用預約方式進行，約好時間之後請按時出席。因故不能出席時，請至遲在二十四小時之前請假。每次晤談時間是五十分鐘，每次晤談收費是○○元。全民健康保險並不給付心理諮商，○○○心理師不會替您申請健康保險給付，但是您可以使用諮商收據自行向保險公司申請給付。

知後同意

我已詳細閱讀並了解上述內容，並且同意接受○○○心理師的心理諮商服務。○○○心理師已充分回答我目前的問題，我同意支付○○○心理師每次五十分鐘的諮商費用○○元。

我了解我有權利在任何時候終止心理諮商，並要求一份轉介名單。我了解我和心理師一起討論並決定何時終止諮商對我是最好的。我以下的簽名表示，我是自願的接受○○○心理師的諮商服務。我的簽名同時表示○○○心理師已獲得我的同意提供心理諮商給我的子女。

當事人簽名：________________　日期：________________
當事人簽名：________________　日期：________________
心理師簽名：________________　日期：________________

註：本範例修改自 Hacker（2001）。

撰寫諮商同意書的建議

我在臺灣師大心輔系講授「諮商專業倫理」的課程很多年，課程作業包括撰寫一份諮商同意書。研究生在第一次撰寫諮商同意書時，難免會出現一些錯誤和不適當的地方，根據指導研究生撰寫諮商同意書的經驗，彙整撰寫的建議如下：

1. **諮商同意書的命名**：我們通常會為這份文件命名，除了常用的諮商同意書和知後同意書兩個名稱，有的人會使用諮商服務說明書、諮商須知、知情同意書、說明同意書等。我不會使用契約書或合約書這樣的法律用詞，讓人感覺起來比較冰冷，而且會混淆倫理與法律的概念。
2. **區分個人使用和機構使用的諮商同意書**：在諮商機構任職的心理師可以共同使用一份諮商同意書，個人開業的心理師則可以設計自己的諮商同意書或專業聲明。同一個諮商機構的心理師如果各自使用自己的諮商同意書，是一個很特殊的情況，表示這個諮商機構的心理師是獨立工作的，心理師和機構比較是特約關係而非雇傭關係。
3. **實習心理師應該使用督導或機構的諮商同意書**：在督導下工作的實習心理師，因為不具有執業的資格，因此不應該使用個人的諮商同意書，但是可以使用機構或督導的諮商同意書。諮商機構和督導可以在他們的諮商同意書中提到，工作人員包括實習心理師。
4. **一份諮商同意書最好包括個別諮商、團體輔導，以及測驗與衡鑑**：好的諮商同意書不僅適用於成人也適用於兒童與青少年，不僅適用於個別諮商，也適用於團體輔導，以及心理測驗。諮商機構在需要的時候，也可以分別設計適用於不同對象和不同服務項目的諮商同意書。
5. **有關心理師職稱和當事人的用詞應該一致**：同一份諮商同意書在描述心理師的職稱時，應該統一用詞，例如：統一使用「心理師」一詞，避免在同一份同意書上同時出現輔導老師、諮商師、心理師、治療師等。同樣的，同一份同意書在描述當事人的用詞也要一致，例如：統一使用「當事人」或「個案」，不宜在同一份同意書上同時出現當事人、個案、學生、病人

或案主等。

6. **做得到的保密才承諾，避免承諾絕對保密：**由於《兒童及少年福利與權益保障法》、《家庭暴力防治法》、《兒童及少年性剝削防制條例》等法律，規範教育人員和心理師懷疑當事人涉及兒童虐待、家庭暴力和性侵害時，依法應通報有關單位，因此，我們不可能對當事人的隱私做到絕對保密。我們應該根據任職機構的規定，以及相關法律和行政命令的規範，據實告知當事人我們可以保密的範圍和例外。在實務上，學校輔導老師可以保密學生隱私的範圍是十分有限的，太多的行政命令和團隊輔導的需要，使得輔導老師需要和學校其他人分享個案資訊，因此，我會建議輔導老師不宜過度承諾保密的範圍。
7. **諮商時間和費用要明訂，不宜模糊交代：**諮商同意書上通常會註明每次晤談的時間是幾分鐘，以及每次晤談的費用是多少錢。有的人會寫晤談時間是五十到六十分鐘，或四十到五十分鐘，諮商費用的金額寫一千二百至三千元，這種以全距的方式說明晤談時間和諮商費用，我認為是不適當的，很容易給當事人帶來困惑，也容易給自己帶來麻煩。我建議晤談時間要寫清楚，如五十分鐘，諮商費用更是如此，如一千二百元或三千元，不要給當事人有模糊的空間，徒增解釋的困擾。
8. **諮商同意書需要多少人簽名？需要複印幾份？**在個別諮商時，同意書通常由當事人一人簽名即可，也可以增加心理師的簽名，具有見證的涵義。如果當事人為未成年人，那麼同意書必須增加家長或監護人的簽名。如果是伴侶諮商或家庭諮商，可以邀請參加諮商的人在同意書上簽名。原則上，當事人（連同家屬）和機構需要各留存一份。當事人簽名後的諮商同意書，通常由諮商機構保存在諮商紀錄夾，而不是由個別工作人員保存。
9. **諮商同意書要寫幾頁？**我個人建議諮商同意書的頁數以一至兩頁為原則，超過兩頁感覺起來會很長，也容易增加當事人和工作人員的負擔，特別是內容包括許多當事人不一定需要知道的事情。諮商同意書以簡潔扼要和切合當事人的狀況和需要為最適當。
10. **是否要在諮商同意書上告知當事人可以查閱和複印諮商紀錄？**雖然醫療法

規和專業倫理都提到當事人有權可以查閱和複印諮商紀錄，我認為除非心理師認為自己撰寫的諮商紀錄適合給當事人查閱和複印，否則我會建議諮商同意書暫時不要提到當事人可以看紀錄這件事，以免增加處理上的困擾。

11. **諮商同意書是否要包括經雙方同意可以錄音錄影？**正在接受督導的實習心理師，會有需要在徵求當事人的同意之後進行錄音錄影，但是我不會建議在諮商同意書上提到當事人徵求心理師的同意後也可以錄音錄影。除非有很必要的理由，否則無論如何，我們都不要同意當事人對心理諮商進行錄音錄影，因為一旦當事人擁有我們和他的諮商錄音錄影帶，當事人會如何使用或誤用這個資料，將會帶給我們無法預知的後果。
12. **下班後當事人發生緊急狀況時，可以向誰求助？**諮商機構可以在諮商同意書上說明，下班後當事人如果發生緊急事件時，可以打諮商機構的哪支電話；如果諮商機構下班後不提供緊急服務時，應告知當事人可以向誰尋求緊急協助，例如：醫院急診室、衛生福利部安心專線（1925）、生命線（1995 專線）、張老師（1980 專線）、馬偕平安線（02-25310505）等。如果是學校機構，可以告知學生，在輔導中心下班後，若發生緊急事件時可以打電話到學校教官室、校安中心或警衛室等。
13. **學校輔導老師和認輔老師需要使用諮商同意書嗎？**由於中小學的輔導老師不是獨立執業的心理師，從事學生輔導工作時會受到各級教育部門和學校的規範，因此，我不會建議中小學輔導老師使用諮商同意書，頂多使用口頭同意的方式進行知後同意即可。聘用心理師的各縣市學生輔導諮商中心則比較適合使用諮商同意書。至於學校認輔老師，由於認輔老師不是心理師，因此也不需要使用諮商同意書。
14. **心理師的專業資格背景要講多少？**心理師的專業背景和資格，包括：學歷、經歷、學派取向、修習專業課程、參加哪些工作坊、專長項目，以及著作等。我建議挑重要的幾項講即可以，例如：重要學經歷、證照和專長等，至於修過哪些專業課程、參加過哪些專業工作坊，我認為過於瑣碎，可以省略不提。
15. **諮商同意書的內容應避免直接引用法律條文和倫理守則：**諮商同意書如果

引用法律條文和倫理守則時，最好重新改寫，避免原文照錄，因為法律條文和倫理守則通常屬於專有名詞，而且比較生硬難懂，我建議應該加以改寫，使用更為口語和通俗的用詞。一份需要很多解釋才能理解的諮商同意書，自然會讓當事人覺得有壓力，不夠便民親民。

實施知後同意的建議

兩位心理師拿著一份同樣的諮商同意書給當事人，在進行知後同意的程序時，由於實施的態度和互動的方式不同，往往會產生天壤之別的結果。以下將針對實施知後同意的細節，討論適當和不適當的實施方式。

・**例行公事還是真心告知**：根據法律和專業倫理，我們需要進行知後同意，但是在實施的時候，如果把它當成是一件例行公事，或是一件預防訴訟的法律動作，或是一件規定和負擔，就會減損我們對當事人自主性的尊重，當事人也不會感受到我們的真心誠意，只會感覺我們的照章行事，而不是真心關心他，這樣的感覺自然不利於諮商信任關係的建立。因此，我建議心理師要以真心誠意且有耐心的態度，向當事人說明心理諮商的相關訊息，如此當事人會感受到我們的誠意，也容易奠定良好的信任關係。

・**一次告知還是分次告知**：由於要告知當事人的訊息很多，如果一次全部告知，不僅當事人會吃不消，而且也會增加無謂的困惑。比較符合實際而貼心的作法，便是隨著心理諮商的進行，以及當事人對心理諮商的了解分次告知。我們可以說，知後同意的實施是從開始諮商到結束諮商持續進行的動態過程，因為有些訊息需要時間釐清，我們必須隨著諮商時間的推移，根據當事人的狀態及諮商計畫，持續提供訊息給當事人，並且在過程中與當事人隨時討論。知後同意的實施是一個教育過程，應該隨時提供當事人發問的機會，以探索自己對諮商的期望及疑惑，進而從中受益（張馥媛等人，2012）。Pomerantz（2005）曾對心理師做過調查，結果顯示，通常有關費用、保密原則、每次會談時間、督導情形的訊息，會在治療一開始時說明；稍後說明的訊息，包括：治療取向、治療目標、治療時間長短、治療活動、治療風險，以及其他治療選項等；而需要多次會談後才能回答的問題，則是心理治療預估次數。由此可知，知後同意必須在心理治療中持續進行。

・**片面告知還是雙向溝通**：我們如果把取得當事人的知後同意，當成片面告知，而非雙向溝通的事情，則是不適當的方式。我們應該把取得當事人的知後同意，當成有意義的雙向溝通，才是明智的作法。我們除了使用當事人容易了解的語言和方式，說明心理諮商相關訊息，還可以鼓勵當事人提問題，給當事人充分的時間發問，接納當事人的焦慮和困惑，盡可能的提供同理和支持。事實上，進行知後同意的同時，也可以是我們和當事人建立關係的良好時機。

・**助理告知還是親自告知**：有些忙碌的心理師或醫師會請助理或護士協助進行知後同意，例如：請助理或護士拿著一份諮商同意書給當事人簽名，並做簡單的說明，我認為知後同意的實施，應該由心理師親自說明和進行，當事人不僅可以感受到我們的誠意和尊重，而且諮商關係的建立從知後同意就開始了，好的諮商關係有助於心理諮商的開展。

・**書面告知還是加上口頭說明**：雖然使用書面的諮商同意書有其優點，但是如果單純的請當事人閱讀同意書後簽名，缺少當場的口頭說明，我覺得效果還是有限。比較好的作法是，在初次晤談開始的時候，在自我介紹後，將諮商同意書拿給當事人閱讀，我們可以陪同閱讀並進行口頭說明，在當事人親自閱讀和我們的說明之後，詢問當事人是否有任何問題或還有不清楚的地方，我們再給予回答。

心理師對當事人進行諮商同意的程序，即顯示對當事人自主性與尊嚴的尊重。知後同意可以說是諮商倫理與信任關係的基礎，充分告知當事人心理諮商的相關訊息是心理師的倫理責任。總結上述的討論，我們在實施知後同意的時候，應該注意下列幾個事項：（1）可以採書面或口頭方式實施；（2）兼顧知後同意的深度和廣度；（3）在說太多和說太少之間取得平衡；（4）可視當事人的理解程度和需要，調整說明的內容和多寡；（5）知後同意應該包括那些有助於當事人做決定的重要資訊，以及（6）使用當事人理解的一般非專業語言。

案例討論

案例 5-3　哪些人可以使用學校的輔導資源？

某大學的學輔中心由於經營績效良好，心理師陣容又很堅強，很多人在生活上遇到困擾時都會想要來預約心理諮商，包括：大學生、研究生、夜間部學生、教職員工、畢業校友、休學生、國際交換生、進修部學生，甚至是學生家長和外校學生，該中心心理師接到某些人的諮商預約申請時，不知道該不該接？

問題 1：當學輔中心的輔導人力有限，而求助個案很多時，採用每個人限談六次的方法是否符合專業倫理？

問題 2：如果你是該中心的主任，你認為要如何處理上述的困擾才是適當的？

問題 3：為解決上述問題，學輔中心應訂定優先服務對象的順序，你認為優先順序要怎樣訂定才是最佳的方式？

案例 5-4　第三者付費的心理諮商

呂心理師從事私人開業，他除了接受一般民眾的自費諮商，也接受企業或政府付費提供旗下員工諮商的方案。某天，呂心理師接到與其合作的某公司電話，要求他提供該公司員工李先生七次的晤談紀錄，原因是李先生在公司的表現不佳，出席狀況不穩定，他們需要李先生的諮商紀錄做為調職評估的依據。

問題 1：面對付費單位要求提供諮商紀錄，如果你是案例中的心理師，你會怎麼做？

問題 2：由第三者付費的諮商，第三者是否有權要求提供諮商紀錄？

問題 3：由第三者付費的諮商，第三者對於諮商的期待是否要列入諮商目標？如果第三者與當事人的諮商目標不一致時，心理師要如何處理？

案例 5-5 如何執行六次晤談次數的限制

孫老師是某大學諮商中心的諮商心理師，該中心提供諮商服務不收任何費用，但每位個案只有六次的晤談次數。小美是大四女生，因感情困擾求助諮商中心，由孫老師接下此案。孫老師在晤談之始，並未告知小美有關六次晤談次數的限制，即開始與小美晤談。

在第六次晤談時，孫老師告訴小美：「你的家人曾經對你說過那樣的話，真是很不應該，你一定要讓他們知道你很生氣」、「你可能要花一輩子的時間修補內心的傷痛」、「你一定要鼓起勇氣面對，要不然你永遠不可能變成你想要的樣子」、「因為你的問題太大了，所以要花很多時間談，我覺得我該說的都已經說了，我們是不是可以先暫時結束，你先好好沉澱一下，如果有需要你可以再回來談」。

小美不明瞭心理師為何會有這些反應，但她也不知道該怎麼辦，所以就依心理師所言結束晤談，但也沒有再過來諮商或再去找其他機構尋求協助。

問題 1：諮商機構訂定諮商次數的限制，其必要性為何？如果當事人的需求超過六次，要怎麼處理才符合專業倫理？

問題 2：案例中的心理師在第一次晤談時，沒有向當事人說明機構有關晤談次數的限制，是否符合專業倫理？如果第一次晤談沒有說明晤談次數的限制，在後續的處理上，心理師要如何向當事人說明，是比較適當的「收尾」？

案例 5-6 未成年人可以自行求助心理諮商嗎？

莊敬，女性，16 歲，發育良好，身材像大人，因為感情的困擾而求助心理諮商所的杜心理師，並約好晤談十次，每週一次。某日，莊敬的母親在女兒的房間發現一張杜心理師的名片，於是打電話給杜心理師詢問。杜心理師以未經當事人同意不便回答她的詢問，案母認為女兒未成年，自己是女兒的家長，應該有權利知道小孩的諮商情形，並且威脅杜心理師說，如果再不回答她的詢問，她要去衛生局檢舉杜心理師未經監護人同意擅自提供心理諮商給未成年人。

問題 1：在沒有家長陪同或監護人同意的情形下，心理師可以提供心理諮商給未成年人嗎？心理師要如何辨識那些聲稱自己已成年的未成年人？

問題 2：心理師在提供未成年人心理諮商時，家長或監護人有權利要求心理師透露晤談內容嗎？如果未成年人不同意心理師透露，心理師該怎麼辦？

案例 5-7　大學教師要求實習心理師將諮商歷程錄影上傳 Youtube

臺灣某大學擔任全職諮商心理實習課程的 A 教授，要求修課學生設法徵求個案當事人的同意，將心理諮商的過程錄影下來，並上傳到 Youtube 供民眾瀏覽。有一位修全職實習課程的 B 同學，以 A 教授的作業不符合諮商專業倫理，拒絕配合錄影和上傳 Youtube。實習結束後，A 教授以 B 同學沒有完成該課程作業的規定，將 B 同學的實習成績打不及格。

問題 1：案例涉及哪些倫理議題？

問題 2：如果 B 同學依照 A 教授的要求，去完成諮商歷程的錄影，並上傳 Youtube，是 A 教授還是 B 同學違反專業倫理？

問題 3：選修 A 教授的同學，要如何做才符合專業倫理？

問題 4：如果你是 A 教授的學生，你會如何因應諮商歷程錄影和上傳 Youtube 的作業？

第六章

專業保密與隱私維護

諮商與心理治療是一種非常重視隱私保密的專業服務，本章內容主要在討論專業保密的重要性、專業保密、特權溝通與隱私的區別、專業保密的例外、預警與保護的責任，以及避免違反專業保密的提醒等。

專業保密的重要性

個案隱私的保密在諮商與心理治療上具有核心的重要性，心理師養成教育也不斷的再三強調專業保密的重要和必要。但是，如何將這些專業保密的倫理守則應用在心理師的日常執業生活，則有賴於每位心理師的臨床經驗、對倫理守則的理解，以及與任職機構和社會大環境互動的結果。

專業保密固然是倫理執業的重要原則，但也很容易受到各種生活脈絡因素的限制，例如：心理師是個人開業，還是任職於公立機構或學校，如何在執行心理諮商業務時維護個案的隱私，永遠是心理師的挑戰。

心理師能夠保密的程度，其實受到許多因素的影響，例如：自費的個案比公費或第三者付費的個案享有更多的專業保密，這是因為使用公費或第三者付費的個案之諮商費用來自付款單位，因此付款單位有權知道個案使用諮商費用的理由、資格條件、諮商次數，以及諮商成效等。

此外，高功能的個案比低功能的個案會更重視個人隱私，更知道自己的權益和更懂得保護自己的隱私，因此也會期待心理師給予更多的專業保密。罹患嚴重慢性精神疾病的患者，由於他們的醫療照顧有賴於家屬和醫療團隊的協同合作，患者和家屬比較理解個案資料分享的必要性。

雖然專業保密可能受到任職機構、個案的功能程度，以及誰支付諮商費用等因素的影響，心理師還是要竭盡所能去保密個案的隱私，這是因為專業保密和諮商效果具有密切的關聯性。保密提供一個信任的關係和工作平臺，使得個案可以在沒有顧慮的前提下，揭露和探索那些令他們困擾的、痛苦的，甚至難為情的內心世界和人際間的愛恨情仇。由於保密可以確保個案在諮商的過程中是安全的，他們才能夠在心理師的陪伴下進行深入而全面的自我探索和檢視，唯有保密的心理諮商才有成效可言，我們可以說專業保密和諮商成效具有正相關，保密愈多，諮商效果愈好。因此，專業保密可以說是心理諮商有效的基礎。

專業保密提供一個安全的關係，讓個案感覺到心理師是可以被信任的，個案才願意降低內在的自我檢查和防衛心，願意對心理師說出更多心裡的話；由於心理師的同理和接納，個案在心理諮商中感受到正向的情緒經驗，願意嘗試做認知、情緒和行為的改變。專業保密和個案改變的關係，可以用圖 6-1 加以表示。

圖 6-1　專業保密和個案改變的關係

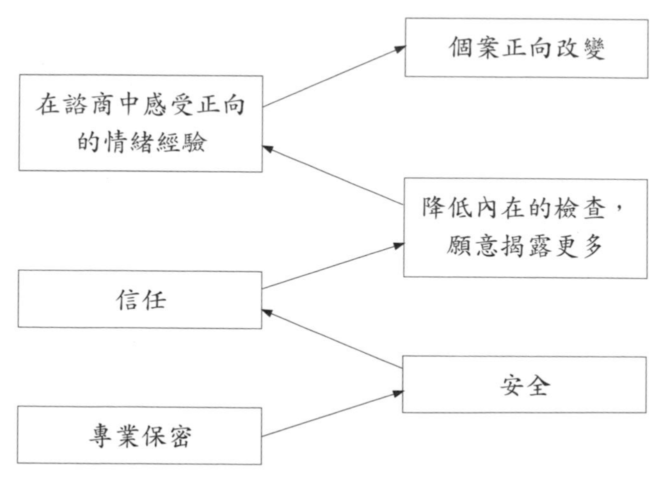

註：引自 Duffy（2007, p. 98）。

專業保密、特權溝通與隱私

在保密個案的資料時，心理師首先要釐清專業保密（confidentiality）、特權溝通（privileged communication），以及隱私（privacy）等三個概念的不同。

・**專業保密**：專業保密是基於個案的隱私權，個人隱私權則受《憲法》第22條所保障，保密可以說是有效諮商與心理治療的核心。心理師非經個案同意或法律允許，不得透露個案隱私給第三者；除非法律明文規定，如兒童虐待、家庭暴力、性侵害等，要通報有關機關外，心理師應竭盡所能來保護個案的隱私。法律為兼顧公共利益和個人隱私，當維護個人隱私損及公共利益時，專業保密就會受到限制，也就是說，專業保密不是絕對的，而是相對的，是有例外的。

・**特權溝通**：特權溝通是一個法律的概念，具有特權溝通身分的專業人員，可以在法律訴訟程序中，拒絕陳述個案的隱私，例如：美國多數的州法律明訂心理師具有特權溝通，可以在法庭中拒絕證言。但是，根據臺灣《刑事訴訟法》第182條，心理師尚未納入具有特權溝通身分的專業人員。《刑事訴訟法》第182條的現行內容是：「證人為醫師、藥師、助產士、宗教師、律師、辯護人、公證人、會計師或其業務上佐理人或曾任此等職務之人，就其因業務所知悉有關他人秘密之事項受訊問者，除經本人允許者外，得拒絕證言。」

我在擔任臺北市諮商心理師公會理事長期間（2005年5月～2008年4月），曾經代表公會敦請立法委員協助提案修改《刑事訴訟法》第182條，可惜沒有成功。當時提案的案由如下：「《刑法》於民國94年2月2日修正時，基於『心理師在診療過程中極易知悉諮商需求者隱私』之考量，於第三一六條『洩漏因業務知悉他人秘密罪』中，將心理師納入應負保密義務之規範對象。從上述條文規範中可以得知，該等提供專業服務之人員，對於其在服務過程中，因業務知悉之他人秘密，負有保密義務，也就是說，接受服務之當事人，對於這些專業人員，享有要求保密之權利。基於權利義務對等原則，既然心理師負有保密義務，當然應該保障其拒絕證言之權利。為確保諮商需求者與心理師間的高度信賴關係，使心理諮商服務得以順利進行，特提出《刑事訴訟法》第一八二條條文修正草案。」

簡單的說，《刑法》在 2005 年（民國 94 年）修訂時，於第 316 條「洩漏因業務知悉他人秘密罪」中將心理師納入應負保密義務之規範對象，但是《刑事訴訟法》第 182 條並沒有同步修訂，導致心理師至今無法和醫師、律師、會計師等專業人員一樣享有特權溝通。這項缺憾仍然有待心理師全聯會繼續努力。

在《刑事訴訟法》第 182 條還沒有增列心理師具有特權溝通之前，心理師或其他諮商專業人員如果必須到法院出庭時，可以盡力向法官爭取比照醫師、律師、會計師準用《刑事訴訟法》第 182 條的特權溝通，以維護個案的隱私。如果發生心理師要拒絕證言，但是個案不同意的時候，怎麼辦呢？我們要知道個案隱私是屬於個案的，特權溝通是為了保護個案的隱私而設計，並不是為了保護心理師，如果個案在理性的判斷下願意放棄特權溝通，心理師也就失去專業保密的基礎。

一般而言，特權溝通並不適用於團體諮商、伴侶諮商、家庭諮商或兒童與青少年諮商，這是因為諮商的時候還有第三人在場，或者個案是未成年人。在法庭上，心理師可以盡力爭取特權溝通的權利，但是參加諮商的其他人，除非有共同保密的書面約定，否則也會被迫說出個案的隱私資料。

・**隱私**：人民的隱私權是受《憲法》保障的，根據臺灣司法院大法官於釋字第 585 號解釋，明白承認隱私權受憲法所保障；隱私權雖非憲法明文列舉之權利，惟基於人性尊嚴與個人主體性之維護及人格發展之完整，隱私權乃為不可或缺之基本權利，而受《憲法》第 22 條所保障。

心理師在執行業務時應隨時留意個案的隱私權，避免不自覺的透露隱私資料，包括：基本資料、晤談資料、心理測驗、健康檢查、病歷、收費紀錄，以及診斷與預後資料等。心理師在任何地方談論個案時，都要十分謹慎，避免提到讓人足以辨識個案身分的資料。尤其心理師如果和個案在諮商室以外的地方會面，更要留意避免透露個案的隱私。臺灣有關專業保密的倫理守則，詳如表 6-1 所示。

根據 APA（2010）的倫理守則，心理師在法律許可的下列情況下，可以適當的透露個案資料：（1）為提供個案所需要的專業服務；（2）為了進行專業諮詢；（3）為了避免個案、心理師或其他人受到傷害，以及（4）為了收費或保險給付所提供的專業服務。即使在法律許可的情況下揭露個案資料，心理師也要盡量做到只提供最少的個案隱私資料。

表 6-1　有關專業保密的倫理守則

- 心理師對當事人的心理治療／諮商資料應嚴加保密，以免當事人受到傷害。唯在下列情形下，心理師未徵得當事人（或其監護人）同意，亦得依法令揭露當事人資料：（1）為提供當事人所需的專業協助或諮詢；（2）為避免當事人遭受各種傷害（包括他傷及自傷）；（3）為澄清未付之治療費；但上述三項資料揭露，均僅限於與該事件有關之必要最小範圍。（「心理學專業人員倫理準則」柒之八）
- 諮商心理師負有維護當事人隱私的責任，以下為保密的主要例外情況：（1）當事人或其監護人放棄時；（2）專業人員接受系統性專業督導與諮詢時；（3）執行本守則第八條規定時；（4）涉及法律強制通報的要求時；（5）當事人控告諮商心理師時。（「諮商心理師專業倫理守則」第 9 條）
- 臨床心理師對於當事人的心理治療或心理諮商資料應嚴加保密。唯下列情形，可依法令規定揭露當事人資料：（1）若當事人有傷害他人或自殺的可能性時，必須儘快通知其法定代理人或有關單位；（2）避免當事人受到傷害，包括他傷及自傷；（3）澄清未付之費用，但僅可揭露有關範圍內之資料；（4）除非法律有特別規定，在當事人或其法定代理人的同意下，臨床心理師得揭露當事人同意範圍內的資料。（「臨床心理師倫理規範」第十五條）

專業保密的例外

本章一開始就提到專業保密不是絕對的，是有例外的情況，因此，心理師便要熟知哪些時候是屬於例外的情況。Corey 等人（2011）歸納專業保密的例外情形如下幾項：

1. 當個案要求治療師提供資料給其他人時。
2. 當保險給付或法律規定要求提供資料時。
3. 當機構內文書人員或助理需要進行文書處理時。
4. 當治療師需要諮詢專家或同儕時。
5. 當治療師在督導下工作時。
6. 當其他心理衛生專業人員取得個案的同意，要求提供資料時。
7. 當其他專業人員參與治療團隊共同照顧個案時。

另有學者（Remely & Herlihy, 2010; Welfel, 2012）補充專業保密的例外情形，如下：

1. 法院命令治療師提供個案資料時。
2. 個案申訴治療師執業疏失或提出傷害賠償的法律訴訟時。
3. 個案被強制住院的程序啟動時。
4. 涉及兒童虐待或老人虐待的強制通報時。
5. 個案明顯危害他人或自己時。

有關專業保密的範圍和例外，心理師通常會在初次晤談的時候，以知後同意的方式向個案做簡要的說明。為了避免事後的誤解和不切實際的期待，我建議心理師在向個案承諾保密的範圍時，應該持保守的態度，也就是不要承諾超過你可以保密的範圍。對於那些接受法院、社會局或中小學補助而提供的心理諮商，這些個案往往享有較少的專業保密，因為心理師經常被期待要向轉介者回報個案服務的進度和狀況。

服務於各級學校的輔導老師或心理師可能會受到教育部《校園安全及災害事件通報作業要點》的行政命令之規範，對於下列校園安全事項需要進行通報：（1）意外事件，如自傷、自殺事件；（2）安全維護事件，如性侵害、性騷擾或性霸凌、家庭暴力事件；（3）暴力事件與偏差行為，如霸凌或疑似霸凌事件、暴力偏差行為、疑涉違法事件、濫用藥物事件；（4）管教衝突事件，如親師生衝突事件；（5）兒童少年保護事件，如兒童及少年遭性剝削或疑似遭受性剝削事件；（6）天然災害事件，如風災、水災、震災；（7）疾病事件，如法定傳染病，以及（8）其他事件。由此可知，在學校接受心理諮商的學生個案，由於教育部的校園安全通報規範，享有較少的專業保密。同樣的，輔導老師和心理師在進行通報時，應該提供最少而必要的資訊，以維護個案的隱私。

對於在各級學校服務的心理師，也可以在知後同意的內容裡，增列教育部校安通報的事項，因此不屬於專業保密的範圍。在國外有些治療機構，如戒治所或成癮防治機構，為了方便同仁討論個案的必要，以及避免同仁被個案分化，會統一告知每個住院或初診的個案：「你告訴機構的一位同仁，等於告訴全體同仁」（What is said to one staff member is said to all.）。比較合乎倫理的作法是盡可能在個案接受諮商服務之前，就取得個案的同意，同意心理師或工作人員可以彼此分享個案的資料。

案例 6-1　個案吸毒是否應予保密？

小強是15歲男生，由父母親帶來諮商，第一次晤談時，心理師告知小強的父母，除非小強同意，否則對於他與小強的談話內容是保密的，父母親知道為了建立心理師與孩子的關係，保密是必要的，因此也沒說什麼。

小強剛開始有點不情願地來諮商，經過幾次晤談後，小強透露他有嚴重的吸毒問題，其父母知道他曾經吸毒過，但他告訴父母現在已經停止了。在諮商過程中，小強述說他有幾次差點因受毒品影響而死亡的遭遇。

後來心理師告訴小強，他不想承擔知道他吸毒的責任，而且除非他停止吸毒，才願意繼續進行諮商，並答應不告知其父母。因此小強決定開始戒毒，持續了幾週後，某天在受到毒品的影響下，小強發生了交通意外導致全身癱瘓。小強的父母都很生氣，認為自己有權利被告知孩子的不穩定狀態，並決定控告這位心理師與所屬機構。

問題 1：心理師對於未成年藥物濫用的問題，有無法律上強制通報的義務？

回　應：現行法律並沒有規定心理師懷疑個案濫用藥物時有通報的義務。在學校服務的心理師，可能會受到校安通報的規範，需要將濫用藥物的個案通報到校安中心。但是校安通報只是行政命令，並沒有罰則，因此學校心理師可以評估校安通報對於專業保密和諮商關係的影響，並根據個案的最佳利益來判斷是否要做校安通報。

問題 2：案例中的心理師在第一次晤談時，有向個案父母說明保密的知後同意，個案父母也無異議。後來個案發生意外，心理師是否違反倫理守則或法律規範？

回　應：對於心理師是否需要告知家長有關個案濫用藥物或精神狀況不穩定的訊息，我覺得這是屬於心理師的臨床判斷。如果心理師的臨床判斷需要告知家長，最好先徵求個案的同意，除非事出緊急，才在事後第一時間告訴個案。如果心理師能預見個案因為精神不穩定，而不適合開車或操作機器，最好讓家長知道，並協助監督個案的日常生活。案例中的心理師是否有執業疏失，就要看家長是否可以證明小強發生了交通意外而導致全身癱瘓是由於心理師的執業疏失所造成。

兒童隱私權的維護

從事兒童諮商的心理師，專業保密最大的挑戰來自於兒童隱私權和家長監護權的衝突。從事兒童諮商工作的心理師，遇到兒童有關藥物濫用、自殺意念、性行為和墮胎，以及暴力攻擊等議題時，兒童到底擁有多少的隱私權？心理師可以保密到什麼程度？

根據 Isaacs 與 Stone（2001）的研究，他們詢問心理師在面對上述倫理困境時，他們在什麼情況下會打破專業保密？研究結果發現，當兒童的年紀愈小，兒童的問題愈嚴重時，心理師比較會打破專業保密。換句話說，心理師比較會尊重年紀大的兒童之自主權和隱私權，以及在兒童的問題愈嚴重的情況下，愈會讓家長知道和參與兒童的治療。我認為心理師在處理上述的倫理困境時，還要同時考慮家長功能、親子關係，以及家庭支持程度等因素。

為了維護兒童與青少年個案的隱私，我在初談時，通常會事先徵求家長和監護人的同意，請他們不要詢問我有關孩子在晤談時說了什麼，因為這樣問，會造成我的困擾，以及孩子對我的不信任。我會很誠懇的告訴家長和監護人：「當你問我，你的孩子跟我說了什麼，如果我回答了，你的孩子知道之後，便不會信任我，以後也就不會再跟我說實話，這樣子我便無法有效的幫助你的孩子。因此，我建議你不要問我你的孩子跟我說什麼，如果要問，你自己直接問孩子比較好。」當然，我也會告訴家長和監護人，如果孩子發生重大的事情，我會盡早讓他們知道。

和兒童與青少年工作時，遇到必須告訴家長或學校老師的事情時，我也會盡量向他們說明理由，並爭取他們的同意。在取得個案的同意之後，我也可以比較自在的和家長或老師討論個案的狀況，以及尋求家長和老師的了解、協助和合作。從事兒童諮商工作的心理師，不可避免的也要和家長、老師工作，因此，如何兼顧兒童的隱私權和家長的監護權是需要審慎處理的。

案例 6-2　當未成年案主未婚懷孕時

17 歲的小玉前往某社區諮商中心尋求王心理師的協助。小玉說她在一個月前與男友發生性關係，這個月月經沒來，非常懊惱並擔心是不是懷孕了，不知如何是好？而此事若讓父母親知道，一定會被向來反對她與男友交往的暴力父親打死，因此請求王心理師帶她去檢查，若有懷孕，更希望王心理師帶她去墮胎，最重要的是不可以告訴其父母。小玉在與王心理師諮商一段時間後，仍是做如此的要求，否則就不再前來諮商。小玉的要求讓王心理師不知該如何是好？

問題 1：如果你是案例中的心理師，你會通知小玉的父母或學校老師嗎？通知和不通知的考量為何？

回　應：這的確是一個兩難的問題，我會先評估小玉和男友的成熟程度，以及家長的功能和親子關係，再來判斷是否要通知家長。如果我判斷要通知家長，我會協助個案採用個案可以接受的時間和方式通知家長，如果個案的身心狀況相當成熟，而且堅持不讓父母知道，我可能會鼓勵個案讓他比較信任的長輩或學校老師知道，以便提供必要的協助。

問題 2：如果你是案例中的心理師，你會帶小玉去驗孕和墮胎嗎？理由為何？

回　應：基本上我是不會的，我會協助個案找到他比較信任的人，例如：男友、學校老師或親友，可以帶小玉去驗孕和墮胎。因為帶小玉去就醫，便是一種界線的跨越，除非實在沒有別人，而且事出緊急，我才會向機構報備之下陪同個案就醫。

預警的責任

心理衛生專業人員的專業保密不斷地受到法律和司法判決的影響，我們愈來愈理解到自己身兼雙重卻衝突的責任，如何在保護個案隱私的同時，能保護傷害自己的個案，又能保護受到個案傷害的其他人。我們每天從事諮商與心理治療工作，不免會遇到傷害自己或傷害他人的個案，這個時候我們到底要繼續維護個案的隱私，保密他的晤談內容，還是要通報有關單位或人員，以維護個案和他人的生命安全，這確實帶給心理衛生專業人員很大的挑戰。

心理師的個案如果在會談的時候提到，他要去傷害其他人，這個時候心理師是否有倫理上或法律上的責任去預警潛在的受害人呢？基本上，心理師原本就有預防個案傷害自己或他人的倫理責任。至於在法律上的責任，則是在 1974 年美國加州最高法院針對有名的 Tarasoff 案例裁定的判例之後，才比較清楚。

這個案例大致的內容如下（Paul, 1977）：1969 年 10 月，在加州大學柏克萊校區健康中心接受心理治療的研究生 Prosenjit Poddar，想要和交往的女生 Tatiana Tarasoff 做進一步的追求時，被 Tarasoff 拒絕。在治療期間，他告訴心理師 Dr. Lawrence Moore 他想要殺了 Tarasoff。心理師同時從個案的友人處得知，個案剛買了一隻手槍，心理師感覺事態嚴重，於是諮詢主管後通知校警處理，校警把 Poddar 找來做簡短的訊問後就釋放了他。後來，心理師想要安排個案去住院治療，但是卻找不到個案。不久之後，個案便終止心理治療，並且搬去公寓和 Tarasoff 的弟弟一起住。兩個月之後，個案前往 Tarasoff 的家裡，想要找 Tarasoff 談話，個案被拒絕之後，首先開了一槍，然後用刀子刺死了 Tarasoff。

Tarasoff 的父母認為，Poddar 在接受心理治療的時候，已經告知心理師，他想要殺害 Tarasoff。Tarasoff 的父母基於兩個理由控告加州大學柏克萊校方：第一，校方無視 Poddar 有殺害 Tarasoff 的意圖，沒有把 Poddar 逮捕拘禁起來；第二，校方沒有預警 Tarasoff 本人或她的父母，導致 Tarasoff 被殺害。對於這個官司，被告的加州大學柏克萊校方認為他們沒有照顧受害者的責任，因此認為不需要為個案殺人的事情負責。

這個官司後來在加州最高法院判決，加州大學校方有預警被害人的責任，從此之後，美國各州的心理衛生專業人員就被賦予預警責任（duty to warn）。特別是那些處理有關謀殺案件、親密暴力的個案、跟蹤他人的個案、威脅公職人員的個案、不適任駕駛汽車和操作危險機器的個案，以及罹患傳染病的個案（Werth et al., 2009）。和這些可能危害他人生命安全的個案工作，心理師容易遭遇是否需要通報有關單位，以做到預警的責任。

心理師遇到有暴力危險性的個案，會有不知道是否需要通報的問題，也往往不知道通報的標準在哪裡，因此感到左右為難。要回答是否需要通報的程度，最重要的步驟便是進行暴力危險性評估，一旦評估結果出來，心理師就比較會有清楚的依據去判斷是否需要通報。

案例 6-3　愛滋病毒感染者的諮商保密

趙先生，37 歲，男同性戀者，未出櫃，為一餐廳主廚，有一論及婚嫁的女友，並未有性關係。趙先生的父母皆為退休公教人員，因為是獨生子，家人一直希望他趕快結婚，他為此問題尋求心理諮商。

晤談期間，趙先生告訴心理師他最近發現自己感染了 HIV，且身體健康狀況不佳；家人希望他盡快結婚，但趙先生不願意告知家人及女友感染 HIV 的事，趙先生表示如果家人知道這個事實，他可能會因無法面對而尋求自我解脫。

問題 1：當案主在諮商中告訴心理師，他感染了 HIV 時，心理師是否需要通報？

回　應：根據倫理守則，心理師應維護當事人的隱私，但是《人類免疫缺乏病毒傳染防治及感染者權益保障條例》第 13 條規定：醫事人員發現感染人類免疫缺乏病毒之患者，應於二十四小時內向當地衛生主管機關報告。在此種情況下，心理師要如何兼顧倫理守則和法律規範？實務上，心理師通常不是第一個知道患者感染人類免疫缺乏病毒的人，個案之所以知道自己感染愛滋病毒，是因為接受醫師或檢驗師的驗血才知道，在這種情況下，驗血的醫師通常是法定的通報人。

問題 2：如果心理師必須尊重當事人隱私，同時也必須有對無辜第三者預警的責任，心理師如何判斷當事人的危險性？以及第三者包括哪些人？

回　應：《人類免疫缺乏病毒傳染防治及感染者權益保障條例》第 14 條明定：「主管機關、醫事機構、醫事人員及其他因業務知悉感染者之姓名及病歷等有關資料者，除依法律規定或基於防治需要者外，對於該項資料，不得洩漏。」因此，除非 HIV 感染者從事不安全性行為，致使無辜第三者有被感染的風險時，心理師才要向無辜第三者提出預警，否則我們都要保密他的隱私。我們也要機會教育個案把愛滋病毒傳染給他人的相關法律刑責，《人類免疫缺乏病毒傳染防治及感染者權益保障條例》第 21 條規定：「明知自己為感染者，隱瞞而與他人進行危險性行為或有共用針具、稀釋液或容器等之施打行為，致傳染於人者，處五年以上十二年以下有期徒刑。……」

暴力危險性的評估和處遇

根據Beck（1990）的建議，心理師在進行個案的暴力危險性評估時，需要考慮的事項如下：

1. **評估個案是否具有下列和暴力高相關的因子**：如男性、有暴力前科、經常搬家、失業或無正當職業、生活或成長於暴力的次文化、濫用酒精或毒品、較低的智力、來自暴力的家庭、擁有武器，以及可以接近到受害人等。
2. **評估個案的動機**：預測暴力最重要的因子是動機，因此心理師在評估個案的時候可以詢問下列問題：「你對有些人很生氣嗎？」、「你想要傷害別人嗎？」只要其中一個問題的回答是肯定的，心理師便要進一步詳細的追問：個案想要對什麼人、在什麼時候、在什麼地點、怎麼傷害、為什麼要傷害，以及這個想法已經多久等，並且還要詢問個案是否會擔心自己無法控制自己想要傷害他人的念頭和衝動，以及詢問個案是否已經採取行動，或者什麼時候要採取行動。
3. **評估個案過去的暴力行為**：過去的暴力行為可以預測未來的行為，因此心理師可以詢問個案過去是否有打架、傷害他人的行為，是否曾犯罪坐牢等，這些訊息都有助於了解個案的暴力危險程度。
4. **評估個案的行為控制能力**：具有下列精神疾病的個案，行為控制的能力很低，因此暴力危險性就會增加：罹患精神病、妄想和疑心、腦部功能受損、酒精或毒品濫用、個性很衝動。如果個案做出傷害他人的威脅時，心理師可以評估個案是否容易取得傷害他人的武器或工具。
5. **評估個案的口氣**：個案揚言要傷害他人是使用被動的口氣，還是使用主動的口氣。「我希望他死掉」便是被動的口氣，「我要一刀斃了這個混蛋」，以及「這個傢伙如果再騷擾我的太太，我就殺了他」便是主動的口氣。評估個案的心理狀況，有助於判斷其暴力危險程度。

心理師在進行個案暴力危險性的評估之後，對於接下來要如何處遇，通常會比較心裡有數。評估結果如果沒有暴力危險性，我們便可以安心。評估結果如果有暴力危險性，我們接下來便要進行相關的處遇，大致上有下列三種方式：（1）在心理治療的時候，和個案一起處理他的問題；（2）和第三者，如督導、受害者或警察，討論個案的問題，以及（3）鼓勵個案自願住院或強制個案住院治療（Beck, 1990）。

大多數的個案對於自己的暴力行為其實是很矛盾和衝突的，因此，心理師有倫理和臨床上的責任去幫助個案預防暴力行為的發生。和個案討論他的暴力行為，往往可以降低他的暴力行為。如果個案的暴力行為是很可能發生的，心理師判斷有需要對潛在受害人進行預警或通報有關單位時，這個時候該如何兼顧治療關係和通報責任呢？Beck（1990）建議，心理師最好在個案的面前打電話做預警或通報的事情，因為根據他的經驗，心理師在個案面前打通報電話的情況下，比較不會影響心理師和個案的治療關係，如果心理師背著個案進行通報，就比較會影響治療關係。事實上，個案眼見心理師如何謹慎而關懷的想要預防他的暴力行為，反而會強化治療關係。

經過評估之後，如果心理師認為個案在下次心理治療會談之前，不會去傷害他人，可以安全的在門診繼續進行心理治療，那麼便不需要通知第三者。如果評估的結果認為，個案可能現在或明天就會去傷害他人，這個時候通知潛在受害人或通報有關單位，以及安排自願或強制住院治療，便是適當的選擇。比較困難的狀況是，評估的結果是在上述兩者之間的灰色地帶，個案有暴力危險性，不能等到下次門診會談，但是又沒有嚴重到要住院，這個時候心理師最好的策略便是諮詢督導、機構主管或相關專業人員。

保護的責任

專業保密提供個案一個安全而信任的情境和關係，有助於個案在晤談中去討論痛苦或尷尬的事情。但是專業保密不是絕對的，基於受益性的倫理守則，我們必須竭盡所能去維護個案的隱私。如果個案處於傷害自己、被人傷害或剝削的時候，若他們又沒有足夠的判斷和能力自我保護時，在這種情況之下，心理師便需要透露個案的部分隱私，以便通報相關單位或人員，來提供保護個案所需要的協助，這便是心理師的保護責任（duty to protect）。

臨床上比較常見會涉及專業保密與保護責任衝突的情況，是在個案想要自我傷害或自殺的時候，一旦個案告訴我們他想要自殺或自傷的時候，我們到底要不要打破保密的承諾，進行危機個案的通報，甚至連如何通報和向誰通報等，都需要審慎的思考和判斷。如同判斷個案是否會傷害他人前，需要先進行詳細的評估，才知道怎麼做處遇，要判斷個案是否會傷害自己，以及是否需要告知相關人員，心理師便要先進行周詳的自殺危險性評估。

Corey等人（2011）彙整多位學者的觀點，提出評估個案自殺危險性的建議如下：

1. 對於個案說想要自殺時，心理師對於個案的說詞要認真嚴肅以待，因為自殺意念是自殺行為最有用的預測因子。
2. 詢問個案是否曾經自殺過，曾經自殺過的個案會有再度自殺的可能性，並且會提高自殺成功的機率。
3. 評估個案是否罹患憂鬱症和睡眠障礙，意圖自殺的個案多數會因憂鬱而痛苦，再加上長期睡不好，就會惡化憂鬱的問題。憂鬱症患者的自殺率是一般人的二十倍，因此值得仔細評估。
4. 評估個案是否有無助感和無望感，對生活感覺無助和無望的個案，容易有自殺的意圖。同時，也要評估個案是否會有罪惡感和沒有價值感，這些感覺也和自殺意圖有關。
5. 評估個案是否正在面臨人際關係的失落或分離，例如：至親死亡或失戀等。
6. 評估個案是否有自殺的計畫，當個案自殺的計畫愈詳細、愈可行，自殺的危險性就愈高。對於想要自殺的個案，我們可以和他們一起探討自殺的計畫和想像，這樣做不僅有助於自殺危險性的評估，而且能緩解個案自殺的衝動。

7. 評估個案是否有嚴重酗酒或吸毒的歷史，有酗酒或吸毒的個案，其自殺的危險性比一般人高，大約四分之一到三分之一的自殺個案和喝酒有關。
8. 評估個案是否把有價值的物品，說因為以後用不到了而送人，或者不合情理的結束事業、修改遺囑等。
9. 評估個案是否罹患精神疾病或因病住院，特別是因為情緒障礙而住院時，也會增加自殺的危險性。
10. 評估個案的支持系統，如果個案沒有支持系統，例如：一個人在外地租屋獨自生活、沒有親友往來等，這樣缺少社會支持的個案，如果遇到重大失落或創傷，也會比較有自殺的危險性。

綜合上述，我認為在處理傷害自己或傷害他人的個案時，最好的策略是：（1）在個案初診時，告知個案有關專業保密的限制和例外，以避免個案誤解我們無論如何都要幫他保密談話內容和隱私；（2）進行詳細的自殺或暴力危險性評估，並且將評估的過程、結果和建議記載在病歷上，這樣做有助於提高服務品質，以便保護心理師和機構；（3）諮詢機構督導、主管或專家學者，並且將諮詢的過程、結果和建議記載在病歷上；（4）熟悉處理這類個案的法律、臨床和倫理議題與環境脈絡，這些相關議題和環境脈絡的知識有助於我們做出最適當的評估和判斷；（5）了解醫療疏失必須具備四個條件：雙方具有治療關係、心理師因疏失而提供低於執業標準的服務、個案受到身心上的損害，以及心理師的疏失和個案的身心損害有因果關係，以及（6）充分理解最好的臨床照顧，在面臨醫療疏失的訴訟時，便是最好的自我保護（Werth et al., 2009）。

案例 6-4　承諾不自我傷害的個案又自傷了，怎麼辦？

高同學是大一女生，開學不久就主動來學輔中心，表示其高中護理老師要她帶著醫生診斷書來中心申請心理諮商。診斷書上寫著「憂鬱症伴隨過度換氣」。

心理師第一次晤談時，在說明知後同意的時候，有告知高同學，如果她有傷人或自傷的行為時，心理師會通知家長和學校相關人員。

高同學曾在教室揚言自殺，或站在教室大樓陽台暗示想要跳下去。因為這些行為，父母均被要求到校參加輔導會議，但卻相當抗拒到校；母親表示自國中起，女兒即有這些行為，她後來決定不再縱容這些行為，要求女兒自行面對。

有一次晤談時，心理師看到高同學的手腕貼著 OK 繃，得知她有自殘行為，心理師決定要告知父母，她用更大的崩潰抗議，但最後自行寫出父親的電話，由心理師通知父親到校。其實，由那個傷口看來，割得很淺。雖然心理師要高同學做不自我傷害的承諾，但是，她卻常常暗示她的自殺意念，每隔一段時間，她就會在深夜或沒人在家時，用美工刀自傷，但傷口大多淺淺的……。

問題 1：在本案例中，個案口頭保證不再自殘，但仍一再違反承諾，心理師要如何處理才適當？

回　應：心理師請個案做不自殺的承諾時，個案是否遵循，涉及幾個因素：個案信守承諾的能力、諮商關係和信任的程度，以及個案罹患精神疾病的嚴重程度。根據所提供的資料，個案可能罹患邊緣型人格障礙，因此情緒比較不穩定，諮商關係也不穩定，因此很容易違反承諾，一再自傷。如何協助個案預防自我傷害以及穩定其情緒，對心理師可以說是一個高難度的挑戰。

問題 2：像這樣的個案，自我傷害並不嚴重，心理師判斷她應該不致於自殺身亡，此時心理師是否可以不通知家長或相關單位？通知父母時，父母卻可能會責怪心理師大驚小怪。

回　應：心理師根據臨床評估和判斷，認為個案用美工刀自傷，傷口大多淺淺的，並不是真的想要自殺，而且家長對個案的自傷行為也知道多年，因此心理師應視需要選擇性的告知家長和導師。

問題 3：對於有自傷或自殺風險的個案，心理師可以要求個案簽署日後如有自殺的行為時，個案要自動退學或休學的切結書嗎？

回　應：心理師要求個案簽署日後如有自殺行為便要自行退學或休學的切結書，我覺得似乎不妥，因為這種作法比較是站在心理師或校方的思維，而不是以個案的最佳利益做考量。只要個案在學一天，我們便要盡力協助個案改善其心理健康，而不是藉機讓其離開學校。

避免違反專業保密的提醒

Pope 與 Vasquez（2011）根據實務經驗，彙整下列幾個心理師容易因疏忽而違反專業保密的陷阱，這些發生在我們平常的諮商服務工作中，值得我們小心留意：

1. **轉介來源**：我們會感謝轉介個案的人，但是在沒有取得個案的同意之前，很容易就不小心告訴轉介者：個案是否已經預約心理諮商、個案是否出席初次晤談，或我們和個案討論了什麼等。有的心理師在寄感謝卡給轉介來源時，可能會在個案不知情的情況下，不小心提到該個案來談的狀況。
2. **在諮商室外諮詢同事**：諮詢同事有關如何處理困難的個案或臨床問題是很常見的事情，也是有幫助的事情，但是因為心理師平常工作都很忙碌，有時候為了貪圖方便，我們可能會利用午餐時、一起搭電梯時、一起等候開會時、剛好在走道或路上碰到時，趕快諮詢一下同事有關困難個案的處理，在這種旁邊有人的場合討論個案的資訊，很容易讓旁人有意或無意的聽到個案的資訊。Pope 與 Vasquez（2011）提到一個最尷尬的例子是：心理師在一個擁擠的電梯裡，諮詢一位同事有關一位困難的個案，卻不知道該個案正好站在心理師的背後。因此，心理師諮詢同事最好是選擇在比較隱私的場所，例如：心理師的辦公室或諮商室。
3. **聊天**：心理治療是一件很有壓力的工作，心理師和朋友、家人在一起的時候，也會聊聊工作的問題，以排解工作壓力，例如：和朋友聚餐時、一起打球時、參加聚會時，很容易就不小心透露個案的身分或隱私。特別是當這些個案是新聞上的名人時，我們想要告訴親友的慾望是很強烈的。在心理師和親友聊天時，應該特別留意透露個案隱私的可能性。
4. **諮商紀錄和病歷**：隨意把病歷放在他人可以輕易看到的地方，便有洩漏個案隱私的風險，心理師應該養成隨時把諮商紀錄放在有封面的資料夾裡，且封面不要出現個案的名字，可以使用代號。諮商紀錄和病歷不用的時候，應該歸檔在可以上鎖的檔案櫃或檔案室。

5. **電話、傳真、語音留言和留言條**：心理師在和個案講電話的時候，最好把辦公室的門關起來。傳真機要避免擺在他人容易看到內容的地方。使用答錄機時，也要確保他人不會聽到個案的留言。寫給心理師的電話留言條，往往會記載個案的姓名、電話和來電的理由等訊息，心理師應該收好，不宜任意放在他人輕易可以看到的地方。Remely 與 Herlihy（2010）針對心理師使用電話聯絡個案時，提供下列幾個注意事項：（1）心理師接到不認識的來電者時，應該避免在電話中提供個案的資料，或提到個案正在接受心理治療；（2）如果和對方講電話，會涉及個案隱私資料時，一定要確認對方就是你要溝通的人；（3）使用電話討論事情，一定要知道有被他人旁聽或錄音的可能性；（4）使用電話溝通個案的隱私資料時，一定要採取專業而謹慎的態度，以及（5）避免在電話中講一些你不願意個案聽到的話或評論。
6. **使用住家作為辦公室**：將家裡的一部分空間隔成諮商室的心理師，若要維護個案的隱私會是一個挑戰。有些個案來接受心理諮商時，不希望讓心理師以外的人看到，因此，心理師必須考慮家人或兒童是否會出入諮商室的問題，並且當家人進入諮商室時，不會看到涉及個案隱私的相關資料，例如：諮商紀錄、病歷、預約簿，以及留言條等。心理師在和個案會談或講電話的時候，應注意不要被家人聽到，在家裡接案的心理師應該特別留意維護個案的隱私。
7. **個案資料授權同意書**：心理師如果需要提供個案資料給其他人或機構，應該事先取得個案的同意，如果有個案簽名同意的授權同意書自然是最好的。個案資料授權同意書的範例，請參考林家興與王麗文（2003）合著的《諮商與心理治療進階》（頁 300）一書。如果心理師取得個案的口頭同意提供其資料給第三者，心理師應該在諮商紀錄或病歷中加以記錄。心理師若未經個案同意，以口頭或書面方式告知第三者該個案的晤談內容或隱私資料，便有違反專業保密的倫理問題。此外，心理師也要留意個案資料授權同意書的有效期限，避免在過了有效期限後，還繼續揭露個案的隱私。
8. **強制通報的內容**：心理師依法進行兒童虐待或性侵害通報，在揭露個案的隱私時，不應超過法律所需要的通報內容。也就是說，心理師不可以將和強制通報無直接關係的個人隱私，寫在通報單上或告訴受理通報人員。原則上，心理師在進行強制通報時，也要盡力維護個案的隱私。

9. **發表個案研究報告**：心理師如果要將心理衡鑑或心理治療的材料撰寫成個案研究報告出版，應事先徵求個案的同意。如果個案不同意的時候，心理師最好放棄出版，或者必須做到修改個案的基本資料和故事情節，達到個案身分不被認識的程度。

案例討論

案例 6-5　憤怒的個案想把事情鬧大

大民是 18 歲男生，就讀大專，因為在宿舍被同性性騷擾，心情不能平復而求助學輔中心。大民在室友的陪伴下向教官投訴，有同學向他性騷擾，請教官加以處理。但教官的處理方式傾向於從輕處罰，息事寧人。大民對於被性騷擾和教官的處理方式非常反彈，情緒充滿恐懼、憤怒和不解。在事件發生後，大民就和室友搬出宿舍，自行在校外租屋。

由於騷擾的同學和朋友不斷質問大民；「事情有這麼嚴重嗎？」大民感受到被同學責難和批評，覺得做錯事的人居然還對自己大小聲，因此引發大民的憤怒，想把事情擴大。在第三次晤談時，大民向心理師表達想採用割腕或傷害對方的方式，將這件事情擴大，讓校方重視這件事。

在這次的諮商過程中，心理師和大民討論想自傷和傷人的念頭，此時個案的情緒是不穩定的，似乎沒有辦法保證自己不會做出那些事情。心理師是有些擔心，但評估大民應不會有實際行為，於是沒有和大民討論可能需要向他人告知，以避免可能的傷害。在結束該次晤談後，心理師愈想愈擔心大民可能的傷害行為，於是向學輔中心主任報告，再由中心告知教官、導師和學務長。

問題 1：心理師在晤談當下，若未和個案討論可能告知他人以避免傷害，而是在事後評估或與督導討論後，認為個案的確有自傷或傷人的可能，那麼心理師要如何處理較符合專業倫理？

問題 2：如果你是案例中的心理師，你認為個案的狀況是否屬於保密的例外？如果要預警，你會告知哪些人？

案例 6-6 當個案罹患身心疾病時

美華是大二女生，因人際衝突和經常曠課，被教官轉介到學輔中心。美華主訴高中時因為心悸、手抖、心跳加速和體重減輕，被醫生診斷為甲狀腺功能異常。

諮商期間，美華持續抱怨易怒、情緒不安等，心理師於是請她去看醫生。隨著學校課業壓力增加，美華的情緒變得愈來愈沮喪、憂鬱、哭泣，並感到罪惡、沒有價值，心理師懷疑可能是藥物引起情緒起伏，以致於有躁鬱的傾向。有一次美華告知心理師想要跳樓自殺，於是心理師向其說明會告知其父母。

心理師後來打電話告知案母美華的狀況，建議帶美華去看精神科醫生。結果案母情緒崩潰，馬上趕到學校宿舍，並要美華搬出宿舍和案母一起住。美華因此更加生氣、憤怒，因為她覺得媽媽不了解她，也因此不諒解心理師而中斷心理諮商。

問題 1：當心理師發現個案有躁鬱傾向時，是否需馬上轉介精神科醫生？心理師請父母帶個案去醫院就診，就算完成轉介程序了嗎？

問題 2：你認為案例中的心理師在處理個案的過程有哪些可以改進的地方，以避免損害諮商關係而流失個案？

案例 6-7 當個案驗出 HIV 陽性反應時

林先生，30 歲，一個月前，因身體不適赴醫院就診，愛滋病毒篩檢呈現陽性反應，心中開始恐慌，擔心自己英年早逝，而尋求心理諮商。

晤談期間，心理師得知林先生因為工作關係，需要經常應酬或出差，以及出入特種營業場所，難免和風月女子產生性交易的關係。自從驗出 HIV 陽性反應之後，他就擔心若病情公開後，會失去待遇不錯的工作，女友也會離開他，更不知道父母要如何承受這個事實。

在百般痛苦與不知所措下，他決定隱瞞病情，和女友的親密關係會開始採取安全措施，但是女友仍不知情。有時情緒惡劣到谷底時，他只好到pub借酒澆愁，沒想到就在幾次醉酒之際，和幾個想要援交的年輕辣妹發生了性關係，有時清醒的時候甚至想不起來對象是誰。

問題 1：你認為案例中的心理師對於當事人從事不安全性行為有哪些倫理責任？

問題 2：當事人感染HIV卻對女友隱瞞，心理師是否需要通報衛生主管機關或通知其女友，以履行預警的責任？

問題 3：如果案例中的當事人在諮商期間繼續從事不安全性行為，心理師要如何處理？

案例 6-8　被性侵害案主的保密問題

阿美，女生，18歲，第一次由父母陪同前來諮商中心求助心理師，主訴是學校適應問題。晤談五次後，諮商關係已漸入信任狀態。在第六次晤談時，阿美表示曾遭同學的朋友以迷藥迷昏並加以性侵，為此阿美非常生氣，打算找人來報復性侵她的人，心理師於晤談中知曉阿美已有明確的意圖、計畫與行動，似乎打算置該人於死地。此時，心理師開始產生疑惑與困擾，不知如何是好？

問題 1：案例中的當事人已年滿18歲，基於信任關係而告訴心理師有關被性侵害和想要報復對方的事情，當事人不要心理師去通報任何人，包括她的父母，此時心理師要如何處理比較適當？通報好呢還是不通報？通報的話，要通報113專線還是父母，或者是學校老師？

問題 2：案例中的心理師基於個案有傷害他人的意圖，打算告知其父母，但是個案不願意且不希望因為這樣而破壞原有的諮商關係，也就是說個案帶有威脅與控制的口吻表示，若不順從之，個案下次就會消失，且繼續沉溺於生氣與難過之中，包括開始傷害自己。在談話結束前，個案表示想要繼續晤談下去，好讓自己可以早日走出這個陰影，她願意承諾不自殺，也不去報復，同時也要求心理師不可以告知其父母今天的談話內容。你

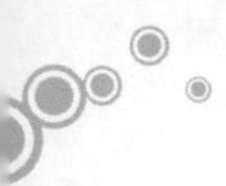

如果是案例中的心理師，你如何反應會比較好呢？

案例 6-9 有人際困難與異常行為的小李

小李是一個二十幾歲的男性，有穩定工作，獨自居住。自述來談的問題是人際困難與「異常行為」。在人際問題部分，小李說他與人相處時總是很緊張，不敢看他人眼睛、冒汗、臉紅，講話也結結巴巴，擔心他人會討厭他。小李認為他這樣奇怪的行為會時常引起他人不喜歡他的反應，使他更加不敢與他人接觸，同事聚會能躲則躲，放假也常一個人待在家裡。

在異常行為部分，小李第一次便告知心理師他會偷窺女生如廁、偷女性內衣褲、在大眾交通工具上磨蹭女生，小李對自己的行為厭惡卻又無法停止，因此相當痛恨自己，覺得自己是個不正常的人。到了第六次會談，小李告知心理師他有性侵害他人的衝動，常在深夜尾隨女生回家，甚至有兩三次已經跟著女生進了公寓樓梯，但因有其他人出入，自己也很害怕，就沒有下手。

小李強調這些事情除了心理師之外，都沒有任何人知道，希望心理師可以幫忙他改掉這些行為，回歸一個「正常的人」。

問題 1：對於小李偷窺女生如廁、偷女性內衣褲、在大眾交通工具上磨蹭女生之行為，心理師是否應通報？應通報哪個單位？

問題 2：對小李有性侵他人的意圖及尾隨女生的具體舉動，但無固定對象和已發生之違法事實，心理師在通報上應如何處理？

問題 3：心理師是否應建議小李至精神科就醫？以小李的情況來看，適合精神醫療體系、心理諮商體系共同提供服務嗎？

案例 6-10 婚姻諮商的保密問題

一對夫妻來找周心理師做婚姻諮商，在幾次晤談之後，妻子要求和周心理師有一次的個別晤談，在這次的個別晤談中，妻子說出她有幾次外遇的經驗，但丈夫並不知情。周心理師此時陷入兩難的困境，不知道如何兼顧對妻子的專業保密和對丈夫福祉的維護。他非常真誠的希望他們的婚姻能繼續下去，由於沒有在事前向這對夫妻說明他如何處理個別晤談保密的原則，因此，他不知道是否應向丈夫告知妻子的事。

問題 1：心理師是否應該告訴丈夫關於妻子外遇的事情？為什麼？

問題 2：如果妻子拒絕告知丈夫這個秘密，心理師應該要停止與這對夫妻的諮商關係嗎？如果心理師決定停止諮商關係，他要如何解釋他的決定？

問題 3：如果心理師決定持續與這對夫妻的諮商關係，他要如何處理這個秘密？這樣做牽涉到哪些專業倫理的問題？

第七章

多重關係與專業界線

諮商與心理治療是一項性質非常特殊的專門執業，心理師需要透過清楚的諮商界線和單純的專業關係來幫助個案，但是在實務上，由於種種的原因，使得諮商界線變得模糊，使得單純的專業關係變得複雜。心理師有必要認識什麼是多重關係和專業界線，以及多重關係和界線模糊可能會對個案和心理諮商的傷害，以及所衍生的倫理問題。本章的主要內容包括：多重關係的倫理問題、專業界線的跨越和違反、勞物交換諮商、收受個案禮物、諮商中的性吸引與肢體接觸，以及與個案的性關係等。

多重關係的倫理問題

多重關係（multiple relationship）是指，心理師和個案在專業關係之外，還發展或維持其他關係或角色，例如：某甲既是乙的心理師，又是乙的同事；心理師和個案維持兩種或兩種以上的關係，或混合諮商關係和其他關係，便是多重關係。多重關係很容易讓人質疑心理師在和個案工作時，是否真的可以做到所作所為都是為了個案的最佳利益。在倫理守則和諮商文獻上，除了使用多重關係，有時候也會使用雙重關係（dual relationship）或非專業關係（nonprofessional relationship），來描述心理師和個案所存在的不適當關係。這三個名詞經常被交互使用，為行文方便，本章將使用「多重關係」一詞來涵蓋雙重關係和非專業關係。

多重關係的發生通常有兩種途徑：一種是心理師接了一位已經認識的人作為個案；另一種是心理師和個案發展出其他關係。第一種情形，心理師通常是在非諮商的情境下，先和個案認識，例如：親友、師生、同學、客戶或教友等；受過訓練的心理師通常會記得，不要去接那些已經認識的人作為個案，這樣子就可以避免產生多重關係的倫理問題。第二種情形是心理師接了一位不認識的人作為個案，在諮商一段時間之後，兩人開始發展一些非專業的關係，例如：社交關係、師生關係、情侶關係，或生意關係等；受過訓練的心理師通常會適當的處理兩人的界線問題，並維持單純的諮商關係。

常見的多重關係，包括：心理師提供心理諮商給自己的親友或朋友的親友、和個案發展社交關係、愛上個案或前任個案、心理師和其他角色重疊，如教師或督導、投資個案的生意，以及向個案借錢或借錢給個案等。心理師若要有效能的幫助個案，必須學習有效而又合乎倫理的方式處理自己和個案的多重關係。在權力不對等的諮商關係中，任何透過多重關係來占個案的便宜或剝削個案的行為，都有違反倫理的問題。臺灣有關多重關係的倫理守則，詳如表 7-1 所示。

表 7-1　臺灣有關多重關係的倫理守則

- 心理師與當事人應始終保持專業關係：不得涉入當事人在治療／諮商關係外之財務問題；不得和有親密關係的人建立治療或諮商關係；在治療／諮商中及治療／諮商關係結束後兩年內，不得與當事人建立專業以外之關係；即使在治療關係結束兩年之後，心理師仍不得與之前個案當事人有任何利用或剝削之不當接觸。（「心理學專業人員倫理準則」柒之七）
- 臨床心理師應始終保持對於當事人的專業關係：（1）不得涉入當事人在心理治療或心理諮商關係之外的財務問題；（2）不得和有親密關係的人建立心理治療或心理諮商關係；（3）在心理治療或心理諮商中、及心理治療或心理諮商關係結束後兩年內，不得與當事人發生專業關係以外之情感或性關係；（4）應避免與兒童產生心理治療或心理諮商以外之關係，如領養、乾親、交易、或親密行為，以免出現角色衝突、影響專業判斷和專業行為。（「臨床心理師倫理規範」第六條）
- 諮商心理師應避免收受當事人饋贈的貴重禮物或諮商費用外的金錢，以避免混淆諮商關係或引發誤會及嫌疑。（「諮商心理師專業倫理守則」第 12 條）

由於多重關係的存在利弊互見，心理師在面臨是否要進入多重關係的抉擇時，最好可以參考 Younggren 與 Gottlieb（2004）的建議，先自我回答下列五個問題：

1. 在專業關係之外，再增加另外的關係，有必要嗎？我可以避免嗎？
2. 多重關係有可能會傷害到個案嗎？
3. 如果不會傷害到個案，額外的關係可以提供更多的幫助嗎？
4. 多重關係是否會有破壞治療關係的風險？
5. 我是否可以客觀的評估這件事情？

心理師透過回答上述問題，可以審慎的評估多重關係是否會造成利益衝突、失去客觀性，以及破壞治療關係。心理師可以和個案討論多重關係的利弊得失，經過充分討論和告知個案之後，如果雙方認為多重關係是適當的、可以接受的，心理師可以把獲得個案知後同意的經過和結果，書寫在個案紀錄上，以維護雙方的權益。

多重關係往往會干擾心理師的專業判斷和客觀性，以致於不僅無法有效的提供心理諮商，甚至還會導致對個案的傷害。因此，心理師對於多重關係要有充分的認識和敏感度。Herlihy 與 Corey（2006）整理出多重關係的十項須知，值得我們參考：

1. 多重關係議題影響所有的心理衛生人員，包括不同場域和服務對象。
2. 所有專業倫理守則都會警告專業人員多重關係存在著剝削個案的風險，以及多重關係的複雜性。
3. 多重關係有時候是難以避免的，而且也不是一定會傷害到個案。
4. 在多重角色和關係下，我們更要審慎檢視自己的行為動機。
5. 當你考慮要進入多重關係前，最好先諮詢自己信任的督導和同儕。
6. 在處理多重關係所衍生的問題上，通常沒有簡單而又完美的答案。
7. 是否進入多重關係的主要考慮應該是：這樣做符合個案的最佳利益，而不是為了保護我們自己。
8. 在決定是否進入多重關係時，要評估這樣做的情況是否利大於弊，如果可能的話，最好先和個案作充分的討論，並獲得個案的知後同意。
9. 心理師培育機構有責任幫助學生了解多重關係和界線違反的問題，教導學生其他可行的替代方案。
10. 心理師培育機構有責任制定處理有關師生多重角色和利益衝突的指導原則、

政策和程序。

當多重關係或界線跨越（boundary crossing）是無法避免的時候，心理師更要留意自己的行為動機和意圖，隨時檢視多重關係或界線跨越是否只是為了滿足自己的慾望，為了自己的利益，以及是否會傷害到個案的權益。當諮商關係變得複雜，或專業界線變得模糊時，便是我們要做自我檢視和力求改善的時候。在檢視我們的行為是否合乎專業倫理時，最重要的判準是：我們的所作所為到底是為了個案，還是為了自己？當我們把自己的利益和需求擺在個案的利益和需求之上時，便是偏離專業倫理的跡象。

案例 7-1 當案主是學輔中心的工讀生時

柯老師是大學輔導中心的心理師，小芳是柯老師的個案，同時也是學輔中心的工讀生，因此，平時他們都在學輔中心工作。

小芳身為工讀生的職責，是協助想要接受個別諮商的學生們登記晤談時間，並介紹該中心的輔導老師之專長或特質，且要負責幫中心的老師們做影印、買便當等事項。此外，柯老師也要負責訓練及督促工讀生的工作狀況。因此，除了晤談時間外，柯老師仍會有許多時間與小芳互動及接觸，讓柯老師對於他們的諮商關係及界線感到困擾。

問題 1：你對案例中的柯老師有何建議，以解決他和個案雙重關係的困擾？

回　應：心理師對學輔中心的內部員工（包括工讀生）進行諮商，所形成多重關係的困擾，是很容易預知和想像的，也是應該避免的。我會建議柯老師以後不要接受中心工讀生為個案，至於目前諮商中的小芳，我會建議柯老師評估結案的可能性；如果適合結案，我會建議早點結案。即使現在結案了，我想柯老師和小芳繼續在中心工作和見面，還是會很尷尬。

問題 2：如果柯老師沒有辦法終止與小芳的諮商關係或同事關係，在雙重關係存在的情況下，柯老師要怎樣做才符合專業倫理？

回　應：如果柯老師評估結案是不適當的，需要在雙重關係下繼續提供心理諮商，我會建議柯老師和小芳一起討論，如何可以減少因為多重關係所帶來的困擾，例如：請小芳選擇繼續當工讀生還是當個案，或者請小芳同意在諮商期間暫停工讀生的工作。如果柯老師是兼任輔導老師，我會建議當柯老師來中心值班的時候，小芳除了晤談時間，其他時間不要出現在中心。亦即兩人只能在諮商晤談時見面，其他時段應盡量避免兩人同時出現在中心。

專業界線的跨越和違反

某些心理師的行為，雖然還不算是多重關係，但是確有可能會因為沒有覺察或適當處理，逐漸形成有問題或令人困擾的多重關係。這些行為，例如：接受個案的邀請出席畢業典禮或婚禮、同意個案以物品或勞務折抵諮商費用、接受個案的禮物、當個案克服一次難關後給個案一個熊抱、和個案一起用餐或出遊等，這些都屬於界線跨越（boundary crossing）的行為，界線跨越通常是界線違反（boundary violation）的前奏。

Gutheil 與 Gabbard（1993）區別界線跨越（角色改變）和界線違反（某種程度的個案剝削）的不同如下：界線跨越是心理師偏離一般執業標準的行為，而界線違反是心理師嚴重偏離執業標準，並導致個案受到傷害的行為。心理師要留意避免自己的界線跨越行為，在不知不覺中，變成傷害個案的界線違反行為，而界線違反的行為通常也是違反專業倫理。

受過訓練的心理師都知道諮商架構的重要，諮商架構通常包括時間、空間和關係的界線。我們便是透過諮商架構和專業界線來和個案工作，來幫助個案增進自我了解和改善他們的問題。由於架構和界線非常抽象，因此我們需要給予特別的重視，並且審慎維持諮商架構和專業界線。

不僅個案會有意無意的想要改變架構和跨越界線，作為心理師的我們，有時候也會想要改變架構和界線。當個案意圖改變架構和界線的時候，便是個案的移情產生和問題行動化（acting out）之時，在這個時候，心理師便要針對個案的移情和行動化進行覺察和探討，以獲得深一層的領悟。當心理師想要改變架構、角色或界線的時候，便會涉及界線跨越和多重關係的問題。有自覺的心理師通常會節制自己的慾望，避免做出跨越界線的行為。如果認為自己有節制慾望的困難，並且不斷跨越界線的時候，心理師最好諮詢督導或資深同儕，以尋求適當的解決方式。

在諮商室外晤談（如家庭訪視、戶外治療等）便是界線跨越的例子。但心理師若經過審慎評估，認為有利無弊，並且得到個案的知後同意時，也並非不可以。問題是：除非你是一位資深和經驗豐富的心理師，否則要在諮商室外進行心理諮商，它會有很高的難度。因為在諮商室外進行諮商，你將處於不熟悉且變數很大的環境，不僅諮商架構和界線會變得模糊，諮商關係會變得複雜，專業保密也不易維護。管理多重關係是非常複雜的議題，對資深心理師已經是一個挑戰，何況是實習心理師或新手心理師，因此，資淺心理師最好還是不要輕易和個案發展多重關係。

角色混合（role blending）是指，心理師扮演兩個或兩個以上的角色，最常見的角色混合便是那些在學校任教的心理師，很容易就諮商到自己班上的學生。在實務上，心理師應盡量不要到自己輔導責任的班級上課，就可以減少多重關係的困擾。同樣的，諮商機構也會有角色混合的現象，例如：單位主管擔任心理師的督導，主管是主要角色，督導是次要角色，可見角色混合的現象很常見。因此，Herlihy 與 Corey（2006）建議，我們可以採取下列幾個方法去降低多重關係的風險：

1. 從初談一開始就要維持單純而健康的界線。
2. 與個案討論多重關係的利弊和風險，並且取得個案的知後同意。
3. 在諮商關係中隨時和個案討論任何因多重關係而產生的問題和利益衝突。
4. 如果多重關係變得很困擾，或傷害個案的風險增加，要尋求督導的協助或諮詢其他資深同儕。
5. 把採用多重關係的必要性書寫在個案紀錄上。
6. 必要的時候，把個案轉介給其他心理師。

心理師從界線跨越到界線違反的過程往往是很細微的變化，如果心理師沒有覺察，就很容易掉進 Gabbard（1994）所說的「滑坡現象」（slippery slope phenomenon）。所謂滑坡現象是指，心理師對自己的界線跨越行為沒有覺察，從一些無傷大雅的界線跨越行為，逐漸滑落到界線違反的地步。舉例來說，心理師 A 和個案 B 會發生戀情，這件事不可能晤談幾次就發生，一定是有一個過程。最可能的情節是：心理師 A 和個案 B 在進行心理諮商一段時間之後，有一天兩人走進晤談室時，心理師 A 正好給自己倒了一杯茶，順便問個案要不要也來一杯。等到下次晤談時，個案帶著兩杯咖啡，一邊走進晤談室，一邊說：「老師，這杯給您」。慢慢的，兩人一邊喝咖啡，一邊聊起天來。再過一陣子，心理師 A 可能有意無意的跟個案 B 說起自己的心事，或者個案 B 可能邀請心理師 A 去喝下午茶。如果心理師 A 對於自己的界線跨越沒有警覺，就可能會一步一步的和個案 B 發展社交或親密關係。

由上述中，心理師幫個案倒茶及接受個案的咖啡，這些看似無傷大雅的行為，便是界線跨越。如果心理師沒有警覺和適當處理的話，接下來二個人可能會發展社交或親密關係，而形成界線違反的多重關係。

我們和個案之間的人際界線，是屬於一種專業關係，也是一種流動的狀態。如果過度僵化的遵守這個界線，反而對個案和諮商關係是一種傷害，例如：嚴守無論如何都不碰觸個案、嚴守不接受個案禮物的規定、無論如何都不肯延遲結束晤談時間等，這些不知變通、死守界線到不近人情的地步，也是有倫理上的疑義。在某些時候，界線跨越也有其優點，例如：學校輔導老師透過家庭訪視、參與學生的活動，有助於建立諮商關係和了解學生的課外生活。但是這樣做的輔導老師也要評估是否適用在其他學生身上，或是否會增加自己的工作量等。

在中小學的輔導老師，以及在偏遠地區執業的心理師，常常會和個案有多重關係，因為彼此很容易在社區相遇，例如：超市、餐廳、郵局或便利商店等。因此，心理師最好在初次晤談時，應事先和個案討論兩人在諮商室外見面時要怎麼辦？以及如果彼此有共同認識的人，心理師會如何處理保密和界線的問題。

當多重關係不可避免的時候，心理師便要經常評估多重關係是否有違反專業倫理的可能性。Campbell 與 Gordon（2003）認為，評估多重關係是否違反倫理的標準有三個：（1）剝削個案的風險程度；（2）心理師失去客觀性的程度，以及（3）對專業關係傷害的程度。經過仔細評估之後，心理師就會比較容易判斷是否要和個案維持多重關係，以及怎樣做才是最符合個案的最佳利益。

案例 7-2 諮商可以在諮商室外進行嗎？

文林是大二女生，曾被診斷有輕微躁鬱症。她的學業表現非常優秀，日文和英文都很流利，對文學很有興趣。但在生活表現上，情緒變化較大，有時沮喪、失落，有時興奮、多話。來到學輔中心的主訴問題是人際困擾，生活中幾乎沒有可以和她作伴、親近的朋友。因為只要進一步認識，她多話、強勢、不能聆聽的特質便會使人迴避。

文林有一次對心理師說：「從來就沒有人像你這樣關心我，我也很喜歡跟你談話。可是，我不喜歡這種很制式化的會面方式，讓我覺得你是高高在上的。尤其，在這種狹小的房間裡談話，讓我感覺很不自在。我們可不可以出去在校園裡走一走，邊走邊聊？或是在學校裡的露天咖啡座？我覺得這樣我會更想談，對我比較有幫助！」此時，心理師該如何回應？

問題 1：心理師與個案在辦公室之外會面，是否有倫理上的疑慮？如果你是案例中的心理師，你會同意個案的建議嗎？為什麼同意或不同意？

回　應：心理師如果接受文林的建議，和文林在校園散步、聊天或在咖啡座諮商，我覺得便是一種界線跨越的行為，諮商關係也會逐漸變質為社交關係。心理師若為了顧及諮商關係而不好意思拒絕個案的建議，其實反映的是心理師缺乏多重關係的倫理意識。我會建議心理師不要同意個案的提議，如果個案持續提議，心理師應該好好處理（process）個案提出到諮商室外晤談的動機和需要。

問題 2：案例中的文林曾在會談中拿出相機，要求和心理師合照。如果你是該心理師，你是否會和個案合照？為什麼同意或不同意？

回　應：我個人不會和個案合照，因為和個案合照也是一種界線跨越的行為。如果個案很希望跟我合照，我會好好處理他想要跟我合照的動機和慾望。有少數個案會希望在諮商室照相作紀念，我會評估我的諮商室是否有個人的物品和擺設而不適合給個案照相。如果評估可以拍照，我也不會入鏡，因為和個案合照或提供個人照片給個案，便是一種界線跨越的行為，

很容易讓個案誤會我們有私人關係。

案例 7-3　當事人向心理師借錢時

趙心理師在醫院任職，該醫院與地方法院簽約提供受保護管束青少年的心理諮商。趙心理師的當事人小寶因偷竊被裁定保護管束而接受心理諮商。

在第一次晤談時，趙心理師即告知小寶諮商保密的限制，在會談期間，小寶有任何違法行為，趙心理師有責任要告知觀護人。

兩個月之後，小寶開始信任心理師，且比較願意吐露更多自己的心事，諮商關係愈變愈好。在晤談過程中，小寶告訴心理師自己家裡經濟狀況不好，常常一天只吃一餐，當初會偷竊的原因也是因為偷錢給媽媽買菜才被抓。

在第十次諮商時，小寶跟心理師說自己已經一整天沒有吃東西，想向心理師借錢買便當吃，心理師聽了於心不忍，便借了五十元給小寶。而之後的每一次諮商，小寶都會提出同樣的請求，讓心理師覺得相當困擾。

問題 1：從事受保護管束青少年的心理諮商服務，心理師在進行知後同意時，要注意哪些事情？

回　應：受保護管束的青少年接受諮商服務時，享有很少的專業保密，但是心理師最好在初談時，即充分告知個案專業保密的範圍和限制，不要承諾超過我們可以保密的範圍，並且告知我們會和觀護人分享晤談的內容。如果個案問為什麼，我們可以說這是因為法院付費的關係，法院有權利知道錢花在誰身上，以及心理諮商有沒有效果等。當然我們提供給觀護人和法院有關個案的資料，最好只限於和保護管束有關的事項，在可能的範圍內，我們要盡量維護個案的隱私。

問題 2：當個案向心理師提出借錢的請求時，心理師要如何處理才是最適當的？

回　應：我會建議心理師盡量不要借錢給個案，如果個案有經濟困難或需要生活補助，我們可以轉介給社福機構，請社工人員協助個案申請生活補助。如果個案因為不符合政府生活補助金的申請資格，我們可以轉介到民間社福機構。我也會建議每個諮商中心可以募集善款作為仁愛基金，遇到需要緊急生活補助的個案時，可以解個案燃眉之急。心理師借錢給個案可以說是用盡所有可能的資源之後，不得已的最後措施。

問題 3：借錢給個案或讓個案積欠諮商費用，是否會模糊諮商界線而影響諮商關係？

回　應：心理師一旦借錢給個案，就是一種界線跨越的行為，會把單純的諮商關係複雜化，而多了一層借貸關係。這種多重關係不僅會有倫理問題，也會影響諮商成效。個案積欠諮商費用也是一種界線跨越，因此我會建議心理師不要讓個案積欠諮商費用，只要個案積欠兩次諮商費用，最好就暫停諮商預約，等個案繳清諮商費用之後再繼續諮商。

勞物交換諮商

勞物交換（bartering）是指，個案因為經濟困難，而選擇以勞務或物品的方式，替代金錢支付專業服務的費用。有些非常需要心理諮商的個案，在諮商初期或中途，因為財務困難而向心理師提出以物品（如衣服、珠寶、水果等）或勞務（如汽車修理、房屋油漆、文書處理等）交換心理諮商的建議。如果你的個案向你提出類似的要求，你會同意還是不同意？你的理由為何？

以勞務交換心理諮商很容易因為價值換算的不對等而傷害諮商關係，因此，原則上並不建議心理師採用。再加上，如果個案使用勞務交換心理諮商，例如：家庭清潔、文書處理、幫忙帶小孩等，會有機會進入心理師的私人領域，獲知心理師的隱私，容易使得諮商關係變得非常複雜而難以分析和處理。

多數的倫理守則雖然沒有明說以勞物交換心理諮商是違反專業倫理，但是卻都指出它的複雜性，因此，心理師如果要採用，一定要非常小心的評估和處理其所衍生的多重關係。心理師在採用勞物交換心理諮商之前，一定要和個案做充分的討論，包括雙方可以接受的安排，以及這些安排可能對諮商關係的影響等。對於經濟困難的個案，心理師還有下列幾個其他的替代方式：（1）暫停心理諮商，等個案有錢的時候再來繼續諮商；（2）心理師可降低諮商費用，以個案可以負擔的方式付費，並繼續心理諮商，或者（3）轉介個案到免費或低收費的諮商機構。

當心理師對這種安排有疑慮或不知道該怎麼辦的時候，最好去請教督導或諮詢資深同儕。透過督導和同儕的客觀評估，有助於判斷這樣的安排在價值上是否公平？在臨床上是否適當？對諮商關係是否會產生傷害？在勞務和物品之間做選擇時，心理師選擇物品會比較單純，因為物品的價值（數量和品質）比較容易估計，勞務的價值則相對不好估計，而且勞務比較會涉入心理師的私領域，而干擾諮商關係。

Barnett 與 Johnson（2008）認為，以勞物交換心理諮商基本上是不明智的，因為這種安排很容易發生誤會、剝削個案、界線違反，以及降低療效等問題。除非心理師能夠證明：（1）這種安排符合個案的最佳利益；（2）這種安排是公平合理的，以及（3）這種安排不會降低專業服務的品質（Woody, 1998）。因此，以勞物交換心理諮商應該是心理師用盡一切方法之後的最後辦法。

案例 7-4 以助理薪資折抵諮商費用

謝小姐是一位35歲女性，因失戀的困擾求助於某心理諮商所的張心理師。在第一次晤談時，張心理師請謝小姐簽署知後同意書，並談妥諮商費為一小時二千元。第一次至第五次晤談後，謝小姐皆依約定付費。後來因為工作不穩定，收入減少，財務顯得捉襟見肘。謝小姐覺得已經漸漸從失戀中走出，但目前仍需要持續的心理諮商，因此徵詢張心理師是否能以其他方式取代金錢收費。

張心理師考量謝小姐的處境，及諮商所助理近期將離職，因此答應謝小姐以擔任諮商所助理的薪資折抵諮商費用。謝小姐於是受雇於張心理師，協助他處理機構內的行政事項，包括：文書工作、採購、出納及櫃檯接待等，這樣的安排讓謝小姐得以繼續接受心理諮商。謝小姐工作一個月後，領到扣除諮商費用後的助理薪資，但張心理師漸漸不滿意謝小姐的工作能力和表現，索性從第二個月開始，以各種理由要求謝小姐代墊採購等支出費用，雖然一開始有說代墊費用等領薪水時一起給付。但是到了領薪日，張心理師以謝小姐的工作能力不佳表明不付薪水，謝小姐只好無奈的離開諮商所。

問題 1：你認為案例中的張心理師讓個案以助理薪資折抵諮商費用的作法有何不妥？是否有違專業倫理？

回　應：這是一個典型的以勞務交換心理諮商的案例，這種多重關係之下的結局通常都很不好，不僅心理諮商無法單純的進行，謝小姐的助理工作也做不下去。雖然張心理師的出發點很好，但是聘用自己的個案擔任諮商所的助理，明顯不是明智之舉，是明顯的界線違反，有專業倫理的問題。看完這個案例，讀者很容易會認為張心理師有利用個案需要工作，而占個案便宜之嫌。

問題 2：如果你是案例中的心理師，你會如何處理個案提出以勞務交換心理諮商的提議？

回　應：我認為以助理工作交換心理諮商不是一個好主意，也是有問題的多重關係，因此我不會聘用謝小姐擔任助理。如果謝小姐有經濟困難，我可以考慮降低諮商費用以減輕她的負擔，我也可以轉介她到就業輔導中心，或者建議謝小姐暫停心理諮商，等到經濟狀況改善之後再繼續諮商。

問題 3：你是否認為謝小姐被張心理師不當對待？你對雙方會有什麼建議？

回　應：我覺得以勞務交換心理諮商比較容易發生糾紛，是因為勞務的價值很難估計，不像一般商品有固定的價格。如果雙方都滿意這種安排，並且謝小姐有持續獲得心理諮商的幫助，心理師有獲得助理的幫助，或許這種多重關係還可以接受。但是，一旦個案不滿意心理師的諮商服務，或者心理師不滿意個案的助理工作，問題就出來了，單純的諮商關係就會變成利益衝突的多重關係，而導致糾紛收場。

收受個案禮物

在東方文化和華人社會中，送禮是一種常見的習俗，但是在專業關係中，特別是在諮商與心理治療的關係中，卻是一件值得討論的倫理問題。對於心理師是否可以收下個案贈送的禮物問題，其實是很難回答的。對於心理師收受個案禮物的倫理議題，Corey 等人（2011）建議，心理師可以根據下列幾個問題自我評估，再考慮是否要收下個案的禮物：

1. **禮物的價值是多少？**多數心理師會認為愈貴重的禮物愈不能收，因為這樣會增加個案的負擔，因此是不符合專業倫理的。相對的，愈是個案不花錢或花小錢買的禮物，我們收起來比較沒有爭議，感覺也比較坦然。
2. **接受或拒絕禮物的臨床涵義是什麼？**當個案送禮給我們的時候，我們應該當場和個案討論，並澄清個案送禮的用意。如果認為收禮物會妨礙諮商關係或臨床判斷，心理師就要拒絕收禮，例如：個案送禮的目的是希望心理師改變心理健康的評估結果，這個時候，心理師便要拒絕收下這種禮物。
3. **個案在什麼時候送禮？**個案在諮商歷程的初期、中期、後期、結案時，或結案後送禮的意義都會不同。通常在諮商歷程的初期接受個案的禮物是比較有問題的，因為這樣做容易模糊專業界線。
4. **你接受或拒絕禮物的動機是什麼？**有的心理師雖然心裡感覺不舒服或不對勁，但是會因為不好意思拒絕而收下禮物；有些心理師可能是因為不擅長處理諮商界線，而收下個案的禮物。
5. **收受禮物的文化涵義為何？**心理師在和多元文化背景的個案工作時，需要評估送禮在個案的文化脈絡裡的涵義，例如：在華人社會，送禮通常代表對人的尊敬、感謝，以及強化關係的意涵。心理師除了要評估接受禮物是否會模糊諮商界線、改變專業關係，或產生利益衝突，還要兼顧到禮物在個案背景所在的文化意涵。

案例 7-5　心理師收送個案禮物

自強，男性，15 歲，因為自我認同的困擾，由母親陪同求助於社區諮商中心的李心理師。由於自強每次晤談都由母親接送，所以李心理師也會有機會與母親討論自強的狀況，母親對自強的狀況相當煩惱，也對心理師表示非常感謝。

某日，母親一如往常帶自強來晤談，在晤談結束後，拿出一大盒水果禮盒要送給李心理師，李心理師表示不方便收禮，但母親很堅持並拜託李心理師收下。李心理師拗不過案母的堅持而收下禮物。隔一個星期，李心理師想回送案母一些禮物，他準備了一串佛珠、兩包牛肉乾與一本親子教育的書送給案母，其出發點是希望對案母有幫助。

問題 1：專業倫理教科書常說心理師基本上是不可以收個案的禮物，但若發生李心理師的狀況，其收禮物的行為是否不妥？為什麼？怎麼處理比較好？

回　應：個案或家屬送禮物給心理師，在華人社會中是很常見的事情，只要送的禮物價值不高，送禮的動機單純，送禮的時機適當，心理師收受個案禮物還是可以接受的。由於個案通常會依照社會習俗來送禮，並不了解諮商關係的特殊性，因此當個案第一次送禮時，我同時會機會教育個案和家屬，請他們以後不要送禮，告訴他們下不為例，以免造成將來拒收禮物的尷尬。

問題 2：心理師送案母一些禮物，你認為是否不妥？還是要看送什麼禮物而定？

回　應：至於心理師是否適合送禮給個案或家屬，這還是要看送禮的動機和禮物內容而定，只要送禮在臨床上對個案的治療有幫助，在倫理上符合個案的最佳利益，心理師送禮給個案或家屬並無不可。以本案為例，我會建議心理師不要送案母佛珠和牛肉乾，因為這兩種禮物有界線跨越的問題，送佛珠讓人覺得心理師有想要影響案母信仰的意圖，送牛肉乾讓人覺得心理師的行為像是個案的親友。如果心理師評估案母有親職教育的需要，送案母親子教育相關的書籍我覺得比較適當。我會建議心理師送禮給個案，最好是贈言或是社會增強物（如口頭稱讚個案的進步），而不是一般需要花錢買的禮物。

問題 3：如果心理師和諮商中心對於收送禮物有不同的看法時，心理師該怎麼辦？

回　應：當一個諮商機構的心理師經常因收到個案禮物而困擾時，諮商機構可以經過討論，擬定一個大家可以共同遵循的規定，以做為機構內心理師處理個案送禮的依據，必要的時候心理師可以告訴個案，本機構規定不可以收個案禮物。在有此規定的機構任職的心理師，如果發生個人和機構對於收送禮物有不同的看法時，可以找督導討論，或提到機構會議討論，以便尋求最佳的處理方式。

諮商中的性吸引與肢體接觸

心理師是專業人員，也是一般人，心理師從事諮商工作時，遇到心儀的個案，也會被個案性吸引，這種被個案性吸引（sexual attraction）的現象普遍嗎？根據 Pope 等人（1986）的調查，有 23%的治療師曾經有被個案性吸引的經驗。另外，Housman 與 Stake（1999）以心理學博士班研究生為調查對象，發現有 50%的人對個案有性吸引的經驗。這些調查結果顯示，在和個案工作時，心理師對個案有性吸引的現象是相當普遍的。因此，我們更應該學習如何面對和處理自己被個案吸引的問題。Jackson 與 Nuttall（2001）提供的建議如下：

1. 學習認識性吸引的存在，以及學習用建設性和治療性的方式來處理這些感覺。
2. 在經歷個人失落或危機時，懂得去尋求專業協助和支持。
3. 養成隨時檢視自己對個案的感覺和行為。
4. 學會辨識「性的吸引」和「性的行動化」兩者的不同。
5. 了解治療師和個案發生性關係的嚴重後果。
6. 當個案想要進一步發展戀情時，治療師要與個案訂定和維持清楚的界線。
7. 當性的感覺影響我們的客觀性和諮商效能時，便要終止和個案的治療關係。

另外一個心理師接案常見的問題是：心理師是否可以和個案有肢體接觸，例如：握手、親臉頰、擁抱、摸頭、拍肩膀等和性無關的動作。對於這個問題，心理師的看法比較分歧，有的認為可以，有的認為不妥。認為不妥的人通常是受過心理分析訓練的心理師，他們認為，肢體接觸會影響他們分析的中立性，並且會增加個案許多想像，因為肢體接觸基本上也是一種界線跨越。而認為可以的人通常是受過人本學派訓練的心理師，他們認為肢體接觸是人際感情的自然表達，透過肢體接觸，心理師可以提供更多的支持，並且增進諮商關係。

我認為，「心理師是否可以肢體接觸個案」這個問題的答案，要考慮到幾個因素：（1）心理師的諮商取向與理論學派：不同的取向和學派對於肢體接觸有各自的詮釋和看法；（2）個案的年齡：從事兒童諮商和老人諮商的心理師，比較有需要透過肢體接觸幫助個案，以及（3）個案的功能程度：對於能夠遵守專業界線的高功能個案，心理師若透過肢體接觸來幫助個案，比較不會衍生出界線模糊和多重關係的問題。

案例 7-6 當個案愛上心理師時

李先生，25 歲，和女心理師諮商約半年後，喜歡上女心理師，並開始在諮商後等候她下班。女心理師試著告知李先生有關諮商關係的界線，並建議李先生更換心理師，但是李先生不理會女心理師的建議，依然對她有非諮商關係的期待。

女心理師因為不知道怎麼辦才好，於是請督導協助處理，督導建議她停止與李先生的心理諮商。結果李先生覺得有被心理師遺棄的強烈感覺，因此，站崗現象更密集，不僅打聽該心理師的服務時間，而且企圖跟蹤她回家，令女心理師不堪其擾。女心理師因為害怕李先生會對她不利，因此中止自己的工作一段時間，以免被李先生碰上。

問題 1：當心理師遇到個案對自己產生強烈移情時，為了自身安全而逕自轉介或片面中斷諮商服務，這樣做是否符合專業倫理？

回　應：在實務上，個案對心理師有好感和喜愛心理師，這是常有的現象，這種對心理師正向移情的現象，通常不會影響諮商工作，心理師也不會產生人身安全的害怕。極少數心理問題比較嚴重的個案，對心理師產生強烈的移情，甚至到了病態的程度，讓心理師感覺人身安全受到威脅，以致於無法和個案維持信任和安全的諮商關係，心理師若無法停止個案對自己的追求或病態移情行為時，可以尋求督導的協助和建議。案例中的心理師在督導建議下停止李先生的諮商，我認為這是不得已的決定，因此沒有違反倫理的問題。

問題 2：當個案的諮商權益和心理師的人身安全相衝突時，能說心理師違反專業倫理嗎？

回　應：當心理師的人身安全受到威脅時，便無法發揮專業的功能去協助個案，此時若繼續諮商，顯然對個案並沒有幫助。當個案的諮商權益威脅心理師的人身安全時，我認為心理師停止諮商，也是為了保護個案免於繼續惡化他的問題，導致最終因為違法而被起訴的後果。

問題 3：如果你是案例中的心理師，你會有其他更好的處理方式嗎？

回　應：經過這類事件之後，我認為心理師會更加小心保護自己的隱私，盡量不要讓個案知道自己的個人隱私，心理師也會希望諮商機構配置警衛或相關人員，以保護機構員工的人身安全。心理師也會建議機構增加處理這類個案的講習，學習辨認有病態移情的個案，以及相關的治療技術和處置方式。

案例 7-7　青山綠水的約會

青山是某社區諮商中心的兼任心理師，每週只有接案和中心會議時才會出現在諮商中心。某天，青山來中心開會，在中心所在的大樓電梯中巧遇了令他心動的陌生女子綠水。簡單的對話後，熱情的青山邀請綠水這個週末共同出遊，綠水也因為欣賞眼前這位幽默風趣的男子而欣然答應邀約。

中心會議結束後，青山在檔案室中整理個案資料，無意間看見同事藍天的個案資料夾上，出現了熟悉的名字——綠水。頓時間，青山明白了綠水出現在這棟大樓的原因，也確認了綠水其實是藍天的新個案。考量到藍天和自己都是中心兼任的心理師，平時的互動其實不多，加上自己對於綠水的好感，青山還是決定在週末赴約。

愉悅的週末約會激起了青山對綠水更多的好奇，忍不住的他試圖向藍天探問有關綠水的事情，而這突如其來的舉動也讓藍天起了疑心。在藍天的追問下，青山承認了自己對綠水的好感，以及兩人週末約會的事實，這讓藍天又驚又擔心，不確定這樣的諮商關係是否恰當。經過思考過後，藍天決定在諮商中向綠水提起這件事以及自己的擔心，也要求綠水終止兩人的諮商關係。

問題 1：青山知道綠水是同事的個案後仍執意發展交友關係，是否不夠節制？對青山而言，這牽涉到雙重關係的議題嗎？

回　應：我認為本案例涉及多重關係，心理師不可以和個案談戀愛，這是心理師都知道的事情，至於心理師是否可以和同事的個案談戀愛，則是多重關係當中比較特別的狀況。嚴格來說，心理師也不可以和同事的個案談戀愛，因為會影響同事和個案的諮商關係，如果諮商關係變得難以進行時，也會影響個案接受諮商的權益。

問題2：藍天基於自己對倫理的堅持，在考量後片面決定要終止與綠水的諮商關係，而未考量綠水當下的諮商需求，此是否涉及遺棄個案的議題？

回　應：對於案例中的兩位心理師和一位個案，我會建議大家都要節制自己的慾望和衝動，例如：青山一旦知道綠水是藍天的個案，便要節制繼續和綠水交往的慾望；綠水一旦知道青山是自己心理師的同事，便要節制和青山的交往，如果有節制困難，可以拿出來和自己的心理師討論，尋求最佳處理方式；藍天一旦知道同事和個案在交往，便要節制想要終止綠水的諮商，如有節制的困難，可以諮詢督導的意見。如果心理師的同事持續和自己的個案交往，並發展戀情，我們很難想像藍天在個案研討會時，討論又是個案又是同事女友的尷尬場面。本案例最佳的結局是：青山放棄和綠水的交往，還給藍天和綠水一個原本單純的諮商關係，以維護個案的最佳權益。

與個案的性關係

至於，心理師是否可以和個案發生性關係？這個問題的答案則比較清楚一致，多數的專業倫理守則都明文禁止，也就是不管因為什麼理由，心理師和個案發展性關係就是違反專業倫理，因此，心理師不應該提供心理諮商給和自己曾經發生性關係的人。這個守則也適用在心理師的學生和受督者，也就是說，心理師無論如何都不應該和個案、學生及受督者發生性關係。與個案發生性關係可以說是一件嚴重違反倫理的行為，也常常是心理師被個案控告執業疏失的理由。

根據統計（APA, 2003b），美國心理學會在 2002 年收到的違反倫理申訴案件中，有 53%的申訴是涉及男心理師和女個案的性關係。此外，根據 Olarte（1997）

的估計，有 88%的性的界線違反發生在男治療師和女個案之間。Olarte 進一步描述，會和女個案發生性關係的典型男治療師的模樣是：一位經歷個人生活壓力的中年男性，在專業上很孤立，對自己的治療能力過度自信，會採用一些不正統的治療方法，在治療中不適當的透露個人資料給個案。

治療師和個案發生性關係，不僅傷害到個案，也傷害到治療師。根據Bouhoutsos等人（1983）的研究，有九成的個案和治療師發生性關係的後果是有傷害的，對個案的傷害包括：不再信任兩性關係、負面影響人格發展、破壞與配偶的性關係；嚴重的話，甚至會導致個案的精神崩潰而住院治療。Olarte（1997）歸納出性的界線違反對個案的負面影響是：不信任異性、不信任治療師和心理治療、罪惡感、憂鬱、憤怒、覺得被拒絕、自殺意念、低自尊等；而且，因為性的多重關係對個案所造成的傷害會持續很久。

性的多重關係對治療師的傷害和後果也是很嚴重的，包括：被個案告進法院、被法院判決有罪、被吊銷執照、被學會或公會開除，以及被任職機構解聘等。如果治療師還被允許繼續執業的話，通常會被要求去接受心理治療，以及在監督之下從事心理治療工作。治療師和個案發生性關係，事後辯稱自己是被個案所誘惑，這個理由是不成立的，因為維持適當的治療界線是治療師的責任，個案即使患有嚴重的心理問題，遵守專業倫理並維護個案的權益則是治療師無可推卸的責任。

心理師可以和結案後的個案談戀愛或發生性關係嗎？多數的專業倫理守則認為是不可以的，因為這樣的行為會有傷害個案的風險。有的專業倫理守則認為無論結案多久，心理師都不可以和個案發生性關係，有的則認為要等到結案後若干年（如二年、三年或五年）才可以。心理師想要和結案後的個案發展親密或性關係，需要考慮到下列幾個因素：結案的時間、治療的性質和時間、治療關係是如何結束的、個案的心智能力、這樣做對個案或他人可能的傷害，以及心理師是否刻意安排在結案後和個案發展性關係。

原則上，距離結案的時間愈久，當時治療的時間愈短，權力位階愈對等，治療的深度愈淺，以及有清楚的兩願結案等，心理師和前任個案發展親密或性關係，就愈沒有倫理上的疑義。在考慮和前任個案發展親密關係之前，心理師最好尋求督導和資深同儕的協助，去澄清這樣做是否適當，是否有倫理上的疑義。

案例討論

案例 7-8 心理師是初談員也是團體領導者

陳小姐，26 歲，因憂鬱問題求助於教會諮商中心，與負責初談的林心理師進行初次晤談，陳小姐很開放，談得很深入。後來，陳小姐分案給另一位心理師進行諮商。

在諮商期間，陳小姐開始參加同一教會的一個團契，而林心理師正好是負責關懷團契新朋友的工作，陳小姐在陌生的環境中，見到給自己做初次晤談的林心理師感到很高興，但林心理師卻不知道應如何對待她。陳小姐在團契中隱隱約約地對林心理師要求照顧自己，且希望建立更親密的關係。

隔週，陳小姐並沒有去接受諮商，失約三次後跟負責諮商的心理師說她不需要心理諮商了，反而每週固定參加上述的團契，繼續希望獲得林心理師的幫助。林心理師為此感到左右為難，因為他沒辦法把此問題拿出來與團契的成員討論，因此感到非常困擾。

問題 1：案例中的心理師要怎麼處理最為適當？也最符合倫理守則？

問題 2：案例中的心理師和陳小姐一定要有一個人離開團契嗎？有無一起參加的可能？

問題 3：案例中的心理師要用什麼方法來鼓勵和說服陳小姐另外去接受他人的心理諮商？

案例 7-9 張心理師的困擾

張心理師任職於某私人心理諮商機構，接到一位 A 案主，也是諮商心理相關系所的學生，諮商機構向學生收取的晤談費用會打折，A 覺得和張心理師談得很不錯，於是 A 向同學推薦該諮商機構及張心理師。因為 A 的同學都直接打電話至櫃檯預約張心理師，故櫃檯人員和張心理師都不知道他們是同學，張心理師在不知情之下，接了 A 的幾位同學，包括 B、C、D 等。其中有二位同學前後相隔十分鐘，見面會彼此打招呼。張心理師發現後覺得有些困擾，也試著和B、C、D等澄清，並建議他們找機構的其他心理師，一樣可打折，但同學們都不願意轉給其他心理師。

問題1：你認為張心理師適合諮商A的同學嗎？不適合的理由是什麼？

問題2：張心理師想轉介B、C、D同學給其他心理師不成之後，他決定縮短晤談次數到每案至多三至六次，以便快速結案，這樣的作法是否符合個案的權益？是否還有其他更適合的作法？

案例7-10　心理師兼任性平會執行秘書

孫老師（女）是某大學諮商中心的心理師，同時亦擔任學校兩性平等教育委員會的執行秘書。近日在與美麗（18歲）諮商時，提及上週在學校餐廳打工被王老闆（男）性騷擾的事情，原想不追究，但日漸高漲的氣憤感覺讓她很不舒服。在訴說過程中，美麗表示並不想提出正式的申訴，但擔心還會有其他的打工同學受害，希望學校能對王老闆做些處理，但不希望學校通知父母發生此事。

不知該如何處理此事的孫老師決定找諮商中心主任（男）與學務長（男），商量處理方式。學務長知悉後，認為若要召集兩性平等委員會組成臨時調查小組會影響處理時效，便決定自行找總務長（負責學校膳食）商量，但因總務長出國，便又決定與諮商中心主任、孫老師找王老闆了解情況。

在與王老闆見面的過程中，王老闆完全否認自己曾有騷擾動作，只是對美麗的一種關懷，而孫老師也發現王老闆的說詞與美麗之陳述不同，即提出王老闆未老實陳述發生的事情，並且遺漏一些重要細節。在軟硬兼施的協調過程後，王老闆同意簽署「保證在工作中不會有性騷擾行為」的切結書。

事後幾天，孫老師接獲王老闆電話，表示當天協調過程對孫老師的說詞與態度不滿，認為孫老師對其有嚴重誤解，希望能再與孫老師說明清楚，但孫老師認為這種私下談話並不妥便拒絕。

問題 1：在美麗不想循性騷擾的申訴程序，但又希望學校做處理的情況下，需打破諮商保密原則，孫老師是否應向案主說明並先取得案主之同意較好？

問題 2：孫老師身兼心理師與兩性平等委員會執行秘書的雙重角色，在處理此事時，是否需要迴避其中某一角色，以避免陷入申訴行政與心理諮商的糾葛？如何做比較好？

問題 3：在美麗不想循性騷擾的申訴程序，但又希望學校做處理的情況下，孫老師應採取：（1）找兩性平等委員會召集人報告商討，或（2）找學務長報告商討？何者較佳？

問題 4：在參與和王老闆的協調過程中，似乎使孫老師又多了一個「調查」的角色。孫老師是否應該迴避此協調場合？而在協調或調查的過程當中，美麗的申訴資料內容應該由調查小組自行訪問取得，或由孫老師提供？

案例 7-11　與案主在諮商中心外巧遇

小彬是大二女生，因為人際及情緒困擾，主動到諮商中心預約心理諮商，而大華則是該中心的實習心理師。諮商時，大華總是微笑給予支持，讓小彬覺得溫暖，小彬表示每週都很期待與大華的晤談；一個學期過後，小彬在人際方面有很大的改善，整個人也開朗許多。因此在晤談結束後，為了表達感謝，小彬寫了張卡片給大華，裡面還放了一條項鍊，拿去諮商中心時，大華剛好不在，小彬只好託另一位老師幫忙轉交。

有次學校運動會，大華剛好有空閒，跑去坐在觀眾席看比賽，看到小彬從遠方走過來，本來打算打個招呼，但一想到這是社交場合，便將頭轉開假裝看另一邊，小彬不曉得有沒有看到，但大華回頭看時，小彬已經轉身走掉了。大華想起以前小彬送給她的項鍊，現在還躺在辦公室的抽屜裡，不曉得該怎麼處理？

問題 1：大華在諮商結束後收到小彬的卡片跟項鍊，沒有時間針對送禮這件事進行討論，如果你是心理師，你認為怎麼做比較適當？

問題 2：大華在運動會上迴避去和個案打招呼，你認為大華的反應適當嗎？當心理師在機構外巧遇個案時，應該怎麼因應比較好？

案例 7-12　教學與諮商的雙重關係

邱老師是大學助理教授兼學生輔導中心的心理師，有一位諮商超過半年的個案。雖然在初談時有跟個案說明諮商的一些原則，但是因為個案實在很喜歡邱老師，這學期在邱老師不知情的情況下去選了邱老師的課，這個學校又沒有期中退選制度，此時兩人將面臨師生與諮商的雙重關係。

問題 1：案例中的心理師應該怎麼做才適當？需要立即結束兩人的諮商關係嗎？

問題 2：為避免類似情況再發生，心理師在諮商一開始可以和個案做怎麼樣清楚的規範？

問題 3：如果這位個案只是去旁聽邱老師的課，或只是去聽邱老師的專題演講，沒有成績考核上的顧慮，這樣的情形也應該避免嗎？

案例 7-13　在健身中心巧遇個案

A 小姐是某心理諮商所 B 心理師的個案，每週晤談一次，持續兩個月之後的某個周末晚上，B 心理師去住家附近的健身中心參加有氧韻律課程，跳完一節後才發現個案 A 小姐也在班上，兩人皆有些驚訝的看到對方。在下次晤談時，B 心理師才知道原來 A 小姐也是健身中心的會員。

問題 1：當心理師與個案在私人生活領域，如健身中心、漫畫出租店或超市偶遇，心理師應如何處理？若個案主動與心理師打招呼且熱絡攀談，心理師該如何回應較為恰當？若個案表示不會影響諮商，心理師是否仍應自行迴避？

問題 2：心理師與個案參加同一健身中心或定期上同一教堂或課程，是否不同於兩人在街上或超市偶遇？處理方式是否不同？

第八章

個案紀錄與檔案管理

心理師有撰寫和保存個案紀錄的法律和倫理責任，就像看個案一樣，個案紀錄與保管可以說是每天的例行公事。本章的主要內容包括：說明撰寫個案紀錄的理由和性質、陳述個案紀錄的相關法律規定和倫理守則、討論如何以合乎倫理的方式處理個案和他人調閱個案紀錄的問題、說明個案紀錄的內容和撰寫原則，以及如何保存和管理個案紀錄。

撰寫個案紀錄的理由

撰寫個案紀錄是一件辛苦的工作，如果可以不寫，我想很多人都會選擇不寫。有些心理師認為直接和個案晤談的幫助比較大，所花的時間比較值得，覺得撰寫個案紀錄是浪費時間。我也見過有些心理師延誤個案紀錄的撰寫可以長達一兩個月之久，等到有時間想要補寫時，恐怕個案當時晤談的內容早已忘光光了。撰寫個案紀錄既然辛苦而繁瑣，心理師為什麼還要撰寫呢？撰寫個案紀錄的理由或目的主要有以下幾項：

1. **為了提供個案最佳的專業服務：**心理師從事諮商與心理治療服務，需要適當的記載和個案有關的臨床資料，這些個案資料有助於完整的呈現專業服務的內容、過程和成效，也有助於服務團隊的協同合作，撰寫適當的個案紀錄有助於最佳專業服務的提供。
2. **滿足相關法律對於病歷的規定：**《心理師法》和《醫療法》規定心理師等醫事人員從事個案專業服務，必須撰寫相關的臨床紀錄。撰寫適當的個案紀錄，消極的可以滿足法律的要求，積極的可以在面臨法律訴訟時，達到保護心理師的目的。

3. **符合專業倫理守則**：適當的撰寫和保存個案紀錄，可以符合專業倫理守則對心理師的期許，有助於提供有品質的專業服務，以維護個案的權益。法律只規範最低的要求，例如：病歷應該包括哪些內容，但是倫理守則會提醒心理師，如何兼顧法律規範和保護個案隱私，以及撰寫個案紀錄時應該留意的用詞。

在實務上，個案紀錄會因為不同用途和需要而撰寫，這些可以說是撰寫個案紀錄的附帶原因，例如：（1）提供心理師的備忘，有助於個案的追蹤輔導和治療的延續性；（2）符合機構的規定，每個機構都會要求不同形式和內容的個案紀錄；（3）平時撰寫的個案紀錄，可以在接受督導時拿來使用，轉述給督導聽，以及（4）平常撰寫的個案紀錄，在提報個案研討的時候，可以作為整理個案資料的來源。

個案紀錄的性質

個案紀錄是具有臨床、法律和倫理上的意涵之文件，具有多重的性質和目的。心理師在撰寫個案紀錄的時候，應該熟知個案紀錄不是普通的紀錄，它同時具有三種性質：行政報表、臨床紀錄，以及法律文件。它是一種正式文件，不可以隨便寫。

1. **行政報表——個案服務紀錄**：個案紀錄是一份行政報表，用來記錄心理師的個案服務品質和數量，以作為工作紀錄、成果統計、諮商收費、申請健保給付，以及工資發放的依據，例如：諮商機構可以根據個案紀錄，統計各種服務方式的人次或每個心理師的接案時數等。
2. **臨床紀錄——診斷治療紀錄**：個案紀錄同時也是一份臨床紀錄，用來記錄個案的診斷、心理衡鑑、諮商與心理治療，以及其他臨床相關的資料。個案紀錄通常包括：初診摘要、諮商紀錄、心理測驗結果、結案摘要等。
3. **法律文件——醫療糾紛、給付糾紛**：個案紀錄同時也是一份法律文件，任何牽涉到醫療糾紛、給付糾紛，或者執業疏失的法律訴訟時，諮商與心理治療的事實就必須透過個案紀錄加以還原；沒有紀錄的諮商與心理治療，在法律上就是不存在。因此，正確的撰寫個案紀錄，有助於提供有用的證明，以做為解決紛爭的依據。

個案紀錄的內容

個案紀錄的內容到底要寫些什麼，以及寫多少，這是一個見仁見智的問題。根據《心理師法》第 15 條第 2 項：心理師只要記載「心理業務之情形及日期」，這可以說是非常的模糊。美國心理學會（APA, 2007）建議個案紀錄的內容，可以包括：

1. 基本資料。
2. 收費標準。
3. 知後同意的記載。
4. 放棄專業保密的記載。
5. 主訴和診斷。
6. 服務計畫。
7. 個案對專業介入的反應。
8. 傷害自己或他人的風險因素。
9. 未來介入的計畫。
10. 評估或摘要。
11. 諮詢或轉介其他專業人員。
12. 文化或社會政治相關因素等。

美國心理學會對於個案紀錄內容的建議，雖然比較具體，但是範圍又太廣泛，心理師可以根據實際上的需要，斟酌參考採用。

在諮商實務上，個案紀錄通常是以表格化方式呈現，包括：個案登記表（intake form）、初診摘要（intake summary）、晤談紀錄（progress note）、結案摘要（closing summary），以及諮商同意書（consent form）等。心理師第一次和個案晤談的時候，通常會用到個案登記表、初診摘要，以及諮商同意書，結案的時候會用到結案摘要，平常每次和個案晤談之後，會用到晤談紀錄。這些紀錄表格的範本，讀者可以參閱林家興與王麗文（2003）所著的《諮商與心理治療進階》一書第十三章。

撰寫紀錄的原則與建議

心理師應以專業的態度撰寫個案紀錄，不宜在個案紀錄中宣洩自己的情緒、發表個人的意見，或對個案的個人反應。撰寫個案紀錄最好採用客觀的、行為的、症狀的語言，用客觀的方式描述個案具體明確的行為。心理師撰寫紀錄的時候，最好先假設這份紀錄將來有可能會被法官和個案看到，有了這樣的心理準備，在撰寫紀錄的時候，就會比較審慎而簡潔。

撰寫紀錄不僅是要保護當事人，也是要保護機構和心理師自己，這個原則非常重要。紀錄若寫的不適當，不僅會增加揭露個案隱私的風險，而且也會帶給心理師和諮商機構許多的困擾，例如：心理師在紀錄上描述個案疑似被兒童虐待，可是卻沒有提到任何兒童虐待通報的處置；或者，在紀錄上描述個案有自殺的風險，可是卻沒有提到自殺危險性的評估和相對適當的處置。

心理師處理危機個案時，更需要做好個案紀錄；以適當的方式做好個案紀錄，是心理師在涉入法律訴訟時的自我保護策略。不寫個案紀錄或草率撰寫，將會暴露心理師在醫療疏失的訴訟風險中。心理師對於個案紀錄的責任，包括：記錄什麼內容、如何保存紀錄、如何調閱紀錄、個案紀錄的用途，以及何時和如何銷毀個案紀錄等（Nagy, 2005）。心理師也要即早想到，如果有一天自己失能或死亡的時候，這些個案紀錄要如何處理？心理師可以寫一份專業的遺囑，在其中交代個案和個案紀錄將交由某某心理師處理，或交代個案紀錄在其過世後銷毀等。

個案紀錄的撰寫建議如下：

1. **內容要簡潔扼要**：平常晤談紀錄的長度約五到十行即可，只要摘述晤談的重點，不要過於冗長瑣碎，例如：可以簡要的撰寫該次個案的主訴、心理師的觀察和評估，以及諮商處理的概要和未來計畫等。心理師花在個案紀錄的時間，除了初診摘要需要約一小時的時間撰寫，平常每次五十分鐘的晤談，寫紀錄的時間大約五至十分鐘。花太多時間撰寫冗長的個案紀錄，一方面會增加心理師的工作負擔，另一方面也會增加專業保密的難度。因此，撰寫太詳細的個案紀錄，對個案和心理師雙方都沒有好處。

2. **採用症狀取向**：描述個案的時候，盡量學習醫師撰寫病歷的方式，單純描述個案的症狀和行為表現，避免把個案的聯想、夢境、幻想、移情，以及個人的臆測和反移情寫進去。
3. **避免將重要他人的資料寫進去**：個案紀錄的內容限於與個案有關的臨床資料，避免將個案的重要他人或機構寫進去。心理師不宜在個案紀錄中評論個案的父母、配偶或子女，也不適合論斷個案的就讀學校或任職單位。
4. **適當地註明資料來源**：如果有來自他人提供的資料，心理師可以適當的註明資料來源，例如：可以在紀錄中說，根據某某醫師的診斷，個案曾經罹患憂鬱症，或者根據個案的導師，個案在學校的人際關係很差等。

晤談紀錄和歷程紀錄

心理師要能夠區別晤談紀錄（progress notes）和歷程紀錄（process notes）是很重要的事情。所謂晤談紀錄、諮商紀錄或臨床紀錄，都是記載個案在諮商或心理治療的事項，包括：個案診斷、功能評估、症狀描述、治療計畫、治療結果、治療預後，以及個案病情的進展等，因此，晤談紀錄主要是記載與個案治療相關的重要事項和內容。

歷程紀錄則是記載心理師和個案比較私密的個人資料，例如：個案的移情反應、心理師對個案的主觀印象、個案的夢境和幻想的細節、個案的敏感私生活、心理師個人對個案的想法、感覺和反應。因此，歷程紀錄的性質是屬於心理師的私人日記，而不屬於病歷。歷程紀錄的撰寫只能單純作為心理師個人使用，例如：接受督導或自我反思時使用，通常不會和他人分享。心理師撰寫歷程紀錄，應該採用審慎的態度，最好選擇性的針對少數特別有需要接受督導和反思的臨床經驗去撰寫。

一般醫療法規所謂的病歷是指晤談紀錄，不包括歷程紀錄，可是一旦進入司法訴訟的程序，法官、檢察官或律師如果知道心理師有撰寫和保存歷程紀錄的話，心理師可能會被迫要揭露歷程紀錄的內容。揭露歷程紀錄的內容，不僅會洩漏個案的隱私資料、違反專業保密的倫理守則，而且很容易使心理師陷入醫療疏失的官司。這是因為，心理師會經常在歷程紀錄坦露個人的治療短處和臨床困境，這些資料很容易被用來證明心理師的執業疏失。心理師保護自己的策略便是不要撰寫歷程紀錄，如果有撰寫的需要，在督導或反思使用之後就應加以銷毀，或者以私人日記方式保存這些資料。

個案紀錄的相關法律

涉及個案紀錄的法律主要是《心理師法》和《醫療法》，心理師因為是屬於醫事人員，因此不僅受到《心理師法》的規範，同時也受到《醫療法》的規範。學校輔導教師屬於教育人員，在個案紀錄部分可以準用《心理師法》的相關規定。

《心理師法》第 15 條：「心理師執行業務時，應製作紀錄，並載明下列事項：（1）個案當事人之姓名、性別、出生年月日、國民身分證統一編號及地址；（2）執行臨床心理或諮商心理業務之情形及日期；（3）其他依規定應載明之事項。」這個條文主要是在規範心理師執業時應製作紀錄，以及撰寫個案紀錄的內容。根據這個條文，心理師在初診時，最好影印個案的身分證存檔，因為身分證可以提供個案的姓名、性別、出生年月日、國民身分證統一編號及地址，可以滿足《心理師法》第 15 條第 1 項的規定。至於記載心理業務之情形及日期，心理師可以採用 SOAP 的格式撰寫，所謂 S（subjective）就是個案的主觀陳述，O（objective）就是心理師的客觀觀察，A（assessment）就是心理師的評估衡鑑，P（planning）就是心理師的諮商與心理治療計畫。

《心理師法》第 25 條：「心理治療所或心理諮商所對於執行業務之紀錄及醫師開具之診斷、照會或醫囑，應妥為保管，並至少保存十年。」這個條文主要在規範個案紀錄的保管責任和保管年限。一般的諮商機構或是學校輔導中心（處）（室）可以準用這個條文，以做為個案紀錄保管的依據。個案紀錄的保存年限，根據《心理師法》的規定是十年，個案紀錄超過十年，便應該予以銷毀，以維護個案的隱私。

《醫療法》第 68 條：「醫療機構應督導其所屬醫事人員於執行業務時，親自記載病歷或製作紀錄，並簽名或蓋章及加註執行年、月、日。前項病歷或紀錄如有增刪，應於增刪處簽名或蓋章及註明年、月、日；刪改部分，應以畫線去除，不得塗燬。醫囑應於病歷載明或以書面為之。但情況急迫時，得先以口頭方式為之，並於二十四小時內完成書面紀錄。」

心理師撰寫個案紀錄時，依據《醫療法》第 68 條，應該親自撰寫並簽名或蓋章，以及註明年、月、日，撰寫紀錄時如果有增加或刪除的地方，應該在增刪處簽名或蓋章，心理師刪改病歷或紀錄時，不可以使用立可白消除或塗改，應該要在刪改的地方以畫線去除。心理師如果依據醫囑提供心理治療服務給個案時，應該在病歷上註明其所提供的心理治療係依照醫囑為之。心理師應該養成看完個案後就立即完成個案紀錄的習慣，我會建議心理師養成用五十分鐘看個案，用十分鐘撰寫個案紀錄的習慣。

《醫療法》第 71 條：「醫療機構應依其診治之病人要求，提供病歷複製本，必要時提供中文病歷摘要，不得無故拖延或拒絕；其所需費用，由病人負擔。」接受諮商與心理治療的個案可以根據這個條文，要求心理師提供個案紀錄的複製本。由於《醫療法》的這個規定剝奪了醫事人員的專業判斷，使得醫事人員很難用倫理或臨床的理由去處理個案調閱或影印個案紀錄的問題。因此，心理師在撰寫個案紀錄的時候，要有個案可能會來調閱或影印紀錄的心理準備。

個案紀錄的相關倫理守則

倫理守則和醫療法規對於個案紀錄的規範有一個明顯的不同：醫療法規通常會規定醫事人員應該如何如何，比較沒有彈性。相對的，倫理守則只做原則性的規範，容許特殊情況的例外和彈性處理，例如「輔導與諮商專業倫理守則」（2.4.5）規定：「本人查閱或複印：當事人有權查閱（或複印）其輔導與諮商紀錄及測驗資料（影本），輔諮人員不得拒絕，除非足以證明會對其產生誤導或不利的影響。輔諮人員詳實記錄同意或拒絕當事人取得資料之情形。」換句話說，心理師有時候為了維護個案的權益和福祉，或者為了某些正當的原因，可以拒絕個案查閱或影印個案紀錄。臺灣有關個案紀錄的倫理守則，詳見表 8-1 所示。

表 8-1　有關個案紀錄的倫理守則

- 諮商心理師應善盡妥善處置諮商資料之責任，包括諮商紀錄、其它相關的書面資料、電子化資料、個別或團體錄音或錄影資料、及測驗資料等。未經當事人或其監護人的同意，任何形式的諮商紀錄不得外洩。（「諮商心理師專業倫理守則」第十條）
- 輔導與諮商紀錄：未經當事人的同意，除特殊例外，任何形式的輔導與諮商紀錄均不得外洩。（「輔導與諮商專業倫理守則」2.4.2）
- 本人查閱或複印：當事人有權查閱（或複印）其輔導與諮商紀錄及測驗資料（影本），輔諮人員不得拒絕，除非足以證明會對其產生誤導或不利的影響。輔諮人員詳實記錄同意或拒絕當事人取得資料之情形。（「輔導與諮商專業倫理守則」2.4.5）
- 法定代理人或第三方查閱或複印：法定代理人或第三方要求查閱當事人的資料時，輔諮人員應先瞭解其動機，評估當事人的最佳利益，必要時徵得當事人的同意。（「輔導與諮商專業倫理守則」2.4.8）
- 輔導與諮商資料轉移：除非涉及保密之例外，未徵得當事人或法定代理人書面同意，輔諮人員不得揭露或轉移輔導與諮商資料給他人；輔諮人員應採取適當的安全措施進行輔導與諮商資料之轉移。（「輔導與諮商專業倫理守則」2.4.9）

當事人是否有接觸諮商紀錄的權利

對於個案當事人是否有權利接觸自己的諮商紀錄，心理師們的看法並不一致，有的心理師主張當事人有法律的權利去檢閱及取得諮商紀錄的影本，有的心理師認為當事人不具備足夠的心理學知識，來理解他們的診斷和臨床紀錄，或者認為讓當事人查閱諮商紀錄弊大於利。根據《醫療法》，個案是有權利查閱自己的諮商紀錄，但是在專業倫理上，其實還是有討論的空間。心理師可以視當事人的動機、心智功能、年齡和諮商關係，來斟酌考慮是否讓當事人查閱諮商紀錄。

美國諮商學會（ACA, 2005）對此問題的守則是：「諮商師必須體認諮商紀錄是為案主的福祉而做，因此當有勝任能力的案主請求時，除非紀錄包含會誤導及不利於案主的訊息，否則應讓案主調閱紀錄或紀錄影本」（B.4.d）。由於上述專業倫理的見解不同於法律的見解，因此，心理師在處理個案查閱諮商紀錄時，更應該審慎為之。

如何處理個案和家屬查閱紀錄的要求

綜合個人的教學和實務經驗，以及對於專業倫理的理解，我對於個案和家屬要求查閱紀錄的處理建議，依照諮商歷程的階段，說明如下：

1. **諮商前如何告知當事人諮商紀錄的相關事宜**：在初診的時候，心理師通常會對個案及其家屬進行知後同意，有關個案紀錄的說明要怎麼說比較適當？我認為可以在初談的時候，告訴個案你會在晤談之後做簡要的紀錄，這些紀錄會在機構裡保存十年，十年之後會被銷毀。至於要不要告知個案當事人有權查閱諮商紀錄，我認為可以不需要主動說明，但是如果個案有詢問，你便要誠實回答個案有權查閱諮商紀錄。
2. **諮商過程或結案後如何處理當事人申請查閱諮商紀錄**：在諮商過程中或結案後，若個案提出查閱紀錄的要求，心理師可以先了解當事人查閱紀錄的動機、想法，並以口頭方式回覆。所謂口頭回覆，即是口頭告訴個案，你是如何的做紀錄、記錄些什麼等。如果口頭說明無法讓當事人滿意，你可以告訴個案，你可以提供簡短的書面諮商摘要，並在下一次的晤談時間給他。如果簡短的書面摘要也無法讓當事人滿意，你可以和當事人約好另一個時間共同查閱紀錄。在約好的時間見面時，你需要全程陪同個案查閱紀錄，在積極方面，可以協助個案閱讀和了解你的紀錄內容，在消極方面可以預防個案塗改、銷毀、複製紀錄，或夾帶紀錄外出。
3. **諮商過程或結案後如何處理當事人申請諮商紀錄影印本**：若你無法透過上述方式處理個案的要求時，且個案當事人堅持要求諮商紀錄影本時，你可以經過適當程序，給予紀錄影本。所謂適當程序，包括：填寫複印紀錄申請表、機構對諮商紀錄不負保密責任的聲明，以及當事人需要支付文件複印處理費用等。

案例 8-1 案主要求看諮商紀錄的問題

小貞，國中女生，與心理師進行三個月的心理諮商後，突然對心理師產生抗拒的心理，每次諮商時間都不願意多說什麼。經過心理師對兩人信任關係的澄清之後，小貞坦誠表示對心理師的不信任，擔心心理師在諮商紀錄中會記載對她不利的內容。因為案主一開始接受諮商時，就知道其安置機構會要她的諮商紀錄，而心理師也有義務提供諮商紀錄給安置機構。心理師在與小貞討論後，決定每次在諮商紀錄要交給安置機構前，先給小貞看過。

問題 1：案主有權利要求閱讀諮商紀錄嗎？如果心理師認為案主可能誤解或看不懂諮商紀錄，可以婉拒嗎？

回　應：根據「輔導與諮商專業倫理守則」，個案有權利閱讀自己的諮商紀錄，因此心理師在評估個案的心智成熟程度和閱讀能力之後，可以在把諮商紀錄交給機構前，先給小貞看過。當個案在看紀錄時，心理師也可以聽聽個案的看法和擔心。在實務上，心理師這樣做過幾次，取得個案對心理師的信任之後，個案通常不會每次都會想看紀錄。

問題 2：案例中的心理師為兼顧與案主的諮商關係和安置機構的要求，而同意讓案主先看過諮商紀錄再交給機構社工，你認為心理師的作法適當嗎？

回　應：我覺得心理師的作法並無不當，心理師只要徵求個案和監護人的同意後，就可以把諮商紀錄交給安置機構。

問題 3：心理師執業時因為某些原因而製作兩種諮商紀錄：一種歸檔在機構裡，一種自行保存，你認為心理師的作法適當嗎？有無倫理或法律上的疑義？

回　應：維持兩種紀錄在實務上，我認為比較不可行，因為心理師可能沒有很多的時間和精力這樣做。比較實際的作法是，心理師只要撰寫一種諮商紀錄，並且歸檔在機構裡，對於少數比較需要跟督導討論或反思的個案，可以以日記或札記的形式撰寫，這種形式的資料不屬於諮商紀錄或病歷，心理師可以視需要保存或用完即銷毀。

如何處理第三者查閱諮商紀錄的要求

有些機構，包括：法院、學校、雇主等，可能會以電話或公文的方式，請諮商機構提供個案紀錄，心理師處理的原則，基本上是一樣的，即是沒有個案當事人的書面同意，機構是不會提供的。即使是法院來公文索取個案的紀錄，也是一樣需要取得個案的同意。不過在實務運作上，諮商機構收到政府機關或其他機構的公文，如果不想提供個案資料給對方，禮貌上還是要回覆。回覆的內容可以簡單的說，因為未經個案當事人的同意，不便提供個案資料。如果個案當事人是未成年人，除了徵得個案本人的同意之外，還要取得家長或監護人的書面同意，才能提供個案的資料。

當第三者來文索取個案紀錄時，即使附上個案的書面同意書，我會建議心理師要再次和個案確認，確認個案同意的內容是什麼，以及要個案思考這些內容提供之後會有什麼不良的後果，如果個案經過深思熟慮後改變想法，我們仍然可以拒絕提供給來公文的單位。一旦確認個案同意我們提供資料給對方，我習慣上會把個案簽名的個案資料授權同意書（release of information），放在個案資料的第一頁做為封面。有關個案資料授權同意書的範本，可以參閱林家興與王麗文（2003）所著的《諮商與心理治療進階》一書第 300 頁。

組織中的心理師，比較會遭遇到的問題是，非心理師背景的行政主管如果要查閱個案紀錄，我們要怎樣處理才合乎專業倫理？這是一個比較尷尬的情形。非心理師背景的人擔任諮商單位的主管，要求看個案紀錄的時候，做為部屬的心理師實在很難拒絕，因為主管綜理全單位的業務，負有諮商單位業務成敗的責任。在這種情形下，我會建議主管節制自己的權限，不要查閱個案資料，並且告訴主管，如果個案發生重大的危機事件，我們會主動向他報告，讓他可以向上級交代。我們也可以提醒主管，他對於個案的隱私資料知道愈少愈好，任何有關個案的事情，他可以說不知道，然後由心理師幫他直接處理。

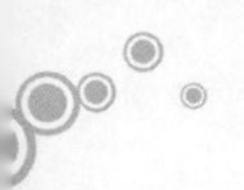

案例 8-2 法院行文學校提供個案紀錄

小麗為小學五年級女生，由導師轉介至輔導室。導師因有一天小麗未到學校，詢問之後才發現小麗是前一天傍晚下樓倒垃圾時，被酒醉的鄰居強行帶進房間過夜，並加以性侵害。父母報警處理，然後帶小麗去醫院驗傷，警方將加害人逮捕，全案由家庭暴力暨性侵害防治中心接手處理。後來檢察官起訴加害人，法院行文來學校，要求提供小麗的品行紀錄，以做為審理的參考。

問題 1：法院來文要求學校提供個案的書面資料，心理師應如何處理較為適當？

回　應：心理師可以和個案與家長討論，是否願意提供諮商紀錄給法院、提供哪些資料，以及提供諮商紀錄可能的後果和對個案的影響。經過充分討論和取得個案和家長的同意後，心理師可以根據討論的結果，提供諮商紀錄給法院，並且附上個案和家長的同意書。

問題 2：如果小麗家長不同意，而法院書記官堅持要學校配合，心理師應如何處理？

回　應：如果個案或家長不同意，心理師可以以公文回覆，並在公文裡說明，因為沒有獲得個案或家長的同意，不便提供諮商紀錄。在實務上，法院書記官收到學校同意或不同意提供諮商紀錄的公文之後，就會照程序繼續進行，通常不會勉強學校，以不符合倫理的方式提供諮商紀錄。

個案紀錄的保存與管理

根據《心理師法》第 25 條，心理諮商所和心理治療所應妥善保管個案紀錄，其他諮商機構也同樣負有保管個案紀錄的職責。諮商機構應將個案紀錄歸檔在可以上鎖的檔案室或檔案櫃，下班之後檔案室（櫃）即應上鎖。不論開案中或結案後的個案紀錄，都要在下班後集中歸檔到檔案室（櫃），不應該留在心理師的辦公室（桌）。有些心理師認為自己的個案紀錄想要自己保管，這樣做雖然對他個人很方便，可是機構或其他人需要使用這份個案紀錄時，往往會有找不到的困擾。

雖然多數個案是接受個別諮商或心理治療，但是有些個案除了心理師之外，可能還會有其他專業人員參與協同輔導，例如：個案管理員、團體治療師、施測心理測驗的心理師等，因此，由個別治療師保管個案紀錄的方式，比較不方便治療團隊的協同合作。

當一個個案由兩個專業人員提供服務時，個案紀錄要分開寫還是共用紀錄紙？實務上的作法有兩種可供參考採用：第一種方式為共用紀錄紙，每個接觸個案的專業人員，依照服務時間的順序撰寫個案紀錄；第二種方式為共用資料夾，但是沒有共用紀錄紙，也就是同一份資料夾內包括兩種紀錄紙，例如：個別諮商紀錄紙和個案管理紀錄紙，採用這種方式的專業人員可以獨立撰寫紀錄。

臺灣有很多所謂的行動心理師，行動心理師執行業務的時候，他們的個案紀錄要保存在哪裡呢？這個問題可以由個案的歸屬來區分：屬於機構的個案，個案紀錄應該歸檔在機構，例如：行動心理師到學校提供學生心理諮商之後，所撰寫的個案紀錄應該放在學校輔導中心（處）（室）；屬於行動心理師自己的個案，其個案紀錄應該由行動心理師負責保管。那些沒有自己辦公室的行動心理師，對於個案紀錄的保管要更加小心，應避免讓其他無關的人有接觸個案紀錄的機會，以維護個案的隱私。

隨著工作與職場的電腦資訊化，個案紀錄也主動或被動的面臨電腦資訊化的問題。首先，個案紀錄一定要用手寫嗎？我認為手寫的個案紀錄比電腦打字的個案紀錄不容易複製和傳遞，如果可以選擇的話，我會建議使用手寫的個案紀錄。

接著，是有關個案資料系統電腦化的問題。我們不得不承認電腦化的個案資料系統有其資料彙整和儲存的功能，個案資料系統甚至可以包括預約和派案，以及統計報表的製作等，顯然有其方便的地方；心理師需要在電腦的便利性和個案資料保密性之間做明智的選擇。如果有可能的話，我會建議比較不涉及個案隱私的資料，可以加以數位化處理和保存，但是對於比較涉及個案隱私的資料，如晤談紀錄，最好還是維持手寫的方式撰寫，並以紙本的方式保存。

有關個案的心理測驗結果要如何保存和管理呢？由於心理測驗資料的解釋和使用，涉及非常專業的訓練和經驗，但我們可以把心理測驗和晤談紀錄歸檔在一起嗎？我認為一般客觀性的心理測驗資料，或許可以和晤談紀錄歸檔在一起，但是投射性的心理測驗資料，尤其是投射性測驗的原始資料，應該由心理科（師）自行保管，不適合和一般個案紀錄歸檔到病歷室。心理衡鑑報告通常會和個案紀錄一樣歸檔。

個案資料並不限於晤談紀錄和心理測驗，有關個案的作品、信件、日記等，要如何保存和管理呢？平面的資料（如信件和日記）或許可以和晤談紀錄歸檔在一起，但是立體的作品或尺寸較大的圖畫等，要如何保存呢？我建議在個案結案的時候，將個案的作品歸還給個案，如此可以減少資料保管的問題。或者也可以和個案討論，那些個案不願意帶走的作品要如何處理，是轉送他人、銷毀，還是丟棄？任何不適合歸檔的個案資料，心理師都可以比照作品來處理。

案例討論

案例 8-3　準備詳細的個案資料提供研討會使用

假如你是服務於某高中的專任輔導教師，你的主任是一位非常認真負責的主管，當你向他表示希望召開一次個案研討會，來探討如何處理手上一個棘手的個案。主任聽了非常支持你，並且希望你擴大舉行，要你邀請校內各處室組長以上的行政主管及各班導師一起參加，並且為每一位老師影印詳細的個案資料，包括晤談紀錄，為了增加個案研討會的視聽效果，他希望你在個案不知情的情況下，把晤談過程全程錄音、錄影，以便在研討會時重現你與個案諮商的過程。

問題 1：案例中的實務情境涉及哪些諮商專業倫理的議題？
問題 2：如何處理案例中的情況，最能合乎諮商專業的倫理？
問題 3：如果因為現實的原因，你別無選擇地要接受主任的要求，在處理過程中你要注意什麼，才能使你可以兼顧行政要求與專業倫理？

案例 8-4　當評鑑委員要求調閱諮商紀錄時

某諮商機構接受評鑑時，評鑑委員要求查閱個案紀錄，機構心理師即將紀錄中可辨識的姓名劃掉才交給評鑑委員看，這樣做是否符合專業保密的守則呢？機構心理師是否需要徵求個案的同意？如果個案不同意其諮商紀錄被調閱，心理師該怎麼辦？是否可以據此回覆評鑑委員？

案例 8-5　應轉介者的要求撰寫詳細的諮商紀錄

廖心理師是一位行動心理師，為了爭取更多的派案機會，他會配合轉介者（如觀護人和社工員）的要求，撰寫詳細的諮商紀錄。根據經驗，他如果把交給轉介者的紀錄寫得很簡略，他們就會要求他寫得詳細一點，因為他們很想知道個案的晤談內容和接受諮商的狀況。有一次，廖心理師在諮商紀錄中，詳細描述某受保護管束個案的晤談態度是很被動、不講話、經常趴在桌子上，對心理諮商很抗拒。不久之後，個案向廖心理師抱怨，觀護人看了諮商紀錄後，罵他抗拒輔導，不服從法官的命令，要他小心。廖心理師沒有想到觀護人會根據晤談紀錄的內容去責備個案，導致個案更加不信任他。

問題 1：個案紀錄寫得愈詳細，專業保密愈困難，如果再加上個案紀錄被不當使用，就會傷害諮商關係。可是如果不配合觀護人或社工員要求詳細的晤談紀錄，又會影響轉介關係。此時心理師要如何因應？

問題 2：廖心理師為了讓觀護人和社工員了解個案參加諮商的情形，仔細的描寫個案參與晤談的歷程，你認為是否不妥？如果你在初談時，即充分告知個案，你會和觀護人或社工員分享晤談資料，這樣是否比較符合倫理？

第九章

團體諮商的倫理議題

本章所討論的團體包括各種類型和功能的團體，如治療團體、諮商團體、成長團體、心理教育團體和工作團體，雖然這些團體在成員、目的、焦點、方法，以及領導者有所區別，但是領導者都面對類似的倫理議題，包括：領導者的訓練、團體成員的篩選與知後同意、參加團體的風險、團體中的保密問題，以及團體的結束等，這些都是本章要討論的內容。為方便行文，除非在討論特定的團體類型，本章將以團體諮商泛稱各類型的團體。

領導者的訓練

根據 Barlow（2008）的研究，團體諮商在各種場域都有逐漸被增加使用的趨勢，而且團體諮商被許多的研究證實和個別諮商一樣具有治療效果，在某些變項上甚至更為有效。因此，心理師需要受過特定的訓練，以便去帶領團體，去評估某些個案或許更適合接受團體諮商。另外，心理師也需要知道團體諮商的社區資源。

心理師培育系所通常都會開設一兩門團體諮商的課程，但是學生不一定會選修，即使學生選修一兩門團體諮商的課程，是否就具備合格團體領導者的能力呢？根據美國團體工作專家學會（Association for Specialists in Group Work, 2000）所制定的團體治療師訓練標準，有效能的團體治療師要具備兩個層次的能力：一是核心知識，另一是技術能力。該學會認為，團體治療師的訓練課程要包括至少十小時（建議二十小時）的團體觀察和團體參與的經驗，而這只是團體治療的基本知能。接著，要在工作團體、心理教育團體、諮商團體和治療團體當中，選一、兩種團體類型接受進一步的訓練，並且要在督導下學習帶領這些團體。

除了一般課程，Corey等人（2011）認為，團體治療師的訓練最好包括：參加自我探索團體、接受個人治療，以及接受督導等。透過參加自我探索團體，心理師可以擴充自我覺察，體驗自我對他人的影響，可以有機會去體驗作為團體成員的掙扎。有些不適合在團體中處理的個人議題，心理師可以透過個人治療來處理自己的反移情感覺、盲點和偏見，以及如何有效地在團體中運用自己。在學習帶領團體的時候，我們都需要被督導，但是接受團體督導比個別督導好。Christensen與Kline（2000）認為，在訓練團體領導者的時候，團體督導比個別督導更適合，因為團體督導具有下列幾項優點：

1. 增進團體治療的知識和技術。
2. 可以在安全的、支持的環境裡練習團體技術。
3. 整合團體理論和實務。
4. 豐富的理解團體動力的模式。
5. 有機會去測試自己的假設。
6. 透過與他人的連結而成長。
7. 有機會做自我揭露。
8. 提供和接受回饋。
9. 督導可以示範帶領團體的專業倫理。

根據美國團體工作專家學會（Association for Specialist in Group Work, 2000）所制定的團體工作者訓練的專業標準（Professional standards for the training of group workers），團體治療師應具備下列幾項能力：

1. 了解各類團體的功能和轉介標準，以便可以適當的轉介個案。
2. 具備團體動力和團體治療的基礎知識。
3. 了解團體領導者的個人特質對團體的影響，以及領導者如何應用倫理守則在團體中的情境。
4. 熟悉團體動力和效果的研究文獻。
5. 了解團體的歷程階段和成員角色。

6. 了解團體對成員的利弊風險，以及篩選團體成員的標準。

7. 熟知團體工作的定義、目的和四種類型。

8. 重視評量在團體歷程中的角色。

團體領導者在運用團體技術時，應該避免：（1）使用不熟悉的技術；（2）使用技術來提升自己的能力；（3）使用技術的目的只是為了製造情緒的張力，以及（4）使用技術來壓迫成員（Corey et al., 2011）。團體領導者除了要適當的使用團體技術，並且也要有能力處理團體技術導致成員高張的情緒宣洩，這是因為團體技術的使用很容易誘發情緒宣洩。在使用團體技術時，心理師要經常問自己：我使用這個技術主要是為了成員的需求？還是為了自己的需求？

使用團體技術的時候，心理師必須要保留充分的時間，來處理成員高張的情緒；引發成員高張的情緒而不處理或沒有足夠的時間處理，都是不負責，也是不符合專業倫理的。心理師使用團體技術，除了要保留足夠的時間做處理，也要評估團體的空間是否具備隱私和舒適的條件，在開放或狹窄的空間使用團體技術，可能會傷害到成員的隱私或身心安全。為了避免團體技術的誤用，心理師最好先在團體中以成員或協同治療師的角色，體驗這些團體技術及其對成員的影響。運用自己所熟悉的團體技術，避免超出自己的能力範圍，才是符合專業倫理的作為。

團體治療師有很多時候會和協同治療師一起工作，兩人協同工作的關係可以增進團體歷程，也可以使團體歷程變得更複雜。如果兩人可以互補和分工合作的話，就可以做為團體成員的楷模，並增進團體的效果，領導者和協同領導者在良好的協同關係之下，也可以分攤責任和互相支持。

使用協同領導者雖然有上述優點，但是也有它的缺點，包括：兩人的關係問題、不良的溝通、彼此的競爭，以及過度依賴協同領導者等。做為領導者需要費心去兼顧個人的發展、協同領導者的發展，以及整個團體的發展。這樣做雖然是個挑戰，但卻是成功帶領團體的關鍵（Luke & Hackney, 2007）。

案例 9-1　諮商新手帶領震災創傷團體

大葉是輔導研究所碩士班新生，入學一週後，發生了九二一大地震。當時，他選修團體輔導的課程，任課老師希望修課同學都能積極投入災後輔導工作。大葉與另一位同學分配到同一組，必須一起到災區某國小帶領一個哀傷小團體。大葉與同學在大學時皆非就讀輔導相關科系，專業能力明顯不足，且二人從來沒有帶團體的經驗，加上地震發生時的恐懼亦令獨居的大葉揮之不去，尤其害怕晚上一個人的獨處。

在第五次團體進行時，團體中的成員小萱表達對已逝家人的思念，並擔心再次發生地震，特別是對夜晚的餘震感到不安與恐懼，整個團體陷入一片沉寂。大葉面對這樣的靜寂，心中不自覺慌了，腦海中浮現完形治療的「空椅法」，便即興演出。小萱與已逝家人的對話不僅讓小萱的情緒一發不可收拾，也讓所有成員的情緒失控，當天的團體就在一陣混亂中度過。

當天的團體經驗，大葉深覺自己的狀態並不適合帶領團體，包括專業能力與心理狀況，大葉擔心自己的情緒隨時可能崩潰，決定與任課老師討論能否有人接手這個團體。

問題1：大葉並未接受過足夠的團體領導者訓練，就貿然地帶領哀傷團體，此明顯不適合，如果造成成員傷害是大葉的責任？還是任課老師的責任？有沒有更好的方式？

回　應：我覺得任課老師有責任在事前評估學生是否具備足夠的團體輔導能力，不宜讓先備專業知能不足，或情緒狀況不穩定的學生，去社區帶領臨床個案。任課老師有倫理的責任保護學生和個案，避免學生和個案遭受傷害。任課老師可以提供學生所需要的行前講習，對於諮商新手參與社區諮商工作，任課老師需要親自或安排適當的人選擔任學生的督導，以確保團體輔導服務的品質，並且協助學生發展專業知能。

問題2：案例中的團體對於成員的篩選多以「事件」為標準，班級導師也依學生家中是否遭逢變故來決定參加成員，成員多未被充分告知團體目的，也不知道自己有選擇參加與否的權利。招募未成年學生參加團體，誰有權為他們做決定？導師、輔導老師，還是家長？

回　應：從法律和專業倫理的觀點，我認為家長才有權利決定讓未成年子女參加團體輔導。諮商新手如同心理師一樣，應該充分告知導師和學生有關團體輔導的相關訊息，邀請有意願的學生參加，而不是由導師指派或規定。諮商新手可以製作合適的家長同意書，請有意願參加團體輔導的學生，帶回家請家長簽名同意；同意書上最好有提供團體帶領者的姓名和聯絡電話，以方便家長有疑問時可以詢問。

團體成員的篩選

心理師在接受團體成員之前要先做好成員的篩選，並不是每個人都適合參加團體，甚至有些人參加團體的結果反而受到傷害，因此，篩選適當的人參加團體是心理師的責任。但是篩選團體成員並非很容易，除非有很清楚的篩選標準，否則也很難做篩選；在實務上，當報名團體的人數很少時，也很難做篩選。有些心理師可能會因為麻煩、沒有時間，或其他原因而不做篩選。

在篩選門診密集性治療團體成員的時候，Yalom（2005）建議要排除下列的病人，包括：罹患腦傷、妄想症、慮病症、急性藥酒癮症、急性精神病，以及反社會人格障礙的患者。至於排入的標準，他認為個案參加團體的動機最重要，在人際關係上有困難的人，例如：孤單寂寞、有困難開始或維繫親密關係、感覺不被愛、害怕自我肯定，以及有依賴議題的人，都很適合參加團體治療。此外，感覺生活沒有意義、罹患廣泛性焦慮症、追尋自我認同、害怕成功，以及強迫性工作的人，也都可以從團體治療中獲得幫助。

雖然倫理守則並沒有強制心理師要篩選成員，但是我認為心理師最好還是要篩選一下成員比較好，不論用何種方式，如面談或書面評估，都可以盡量讓適合的人參加團體。在做篩選的時候，應該要以個案的福祉，而非以心理師的舒適度做為主要的考量。

參加團體的風險

參加團體諮商比個別諮商存在更多的風險，這是因為團體諮商具有下列不同於個別諮商的特點（Welfel, 2012）：

1. 個案被鼓勵在團體中不僅與心理師，也與非專業人員分享自己的隱私，在這種情況下分享個人隱私或秘密，會有被揭露的風險，而且團體成員對待個人隱私的態度也可能不像心理師那麼同理和不評價，甚至會做不適當的使用。因此，唯有當成員認為團體是可以信任，而且是有幫助的前提下，才會積極地參與。
2. 個別諮商和團體諮商在治療性改變的動力上是不同的，在個別諮商的情況下，諮商關係加上心理師的介入會產生治療性改變，但在團體諮商的情況下，治療性的改變來自於團體成員的支持和協助，更甚於來自心理師的幫助；有時候成員的回饋反而比心理師的回饋更具有影響力。
3. 心理師對於發生於團體中和團體外事件的掌控力比個別諮商還少。因為心理師較難預測成員對成員的行為反應，而不容易掌握成員之間的互動和關係，例如：成員可能會在團體外繼續討論團體中發生的事情。
4. 團體諮商比個別諮商更有影響力，但有可能是比個別諮商更好或更壞的影響。Kottler（1994）認為，團體諮商所產生的情緒張力比個別諮商大，因此，會比個別諮商更具風險，心理師要以更審慎而符合倫理的態度來運用團體諮商。

美國諮商學會（ACA, 2005）的倫理守則指出：「團體諮商師要採取合理的措施去保護個案，避免受到身體、情緒或心理的創傷」（A.8.b）。臺灣有關團體諮商的倫理守則，詳如表 9-1 所示。

表 9-1　有關團體諮商的倫理守則

- 諮商師領導諮商團體時，應審慎甄選成員，以符合團體的性質、目的及成員的需要，並維護其他成員的權益。運用團體諮商技術及領導活動時，應考量自己的專業知能、技術及活動的危險性，做好適當的安全措施，以保護成員免受身心的傷害。（「諮商專業倫理守則」2.2.4.f)
- 團體諮商：領導諮商團體時，輔諮人員應告知成員保密的重要性及限制，隨時提醒成員保密的責任，並為自己設定公開隱私的界線。（「輔導與諮商專業倫理守則」2.3.7)

團體領導者在預防有傷害性的團體經驗上扮演重要的角色。Smokowski 等人（2001）認為，團體領導者的行為和團體諮商的結果有密切的關係，他們根據研究歸納出有傷害性的團體經驗之領導者因素，包括：缺乏領導者支持、攻擊和面質的領導風格、太早揭露的壓力、被動的領導風格、不適當的運用領導者的權力和影響、較少接受多元觀點、團體目標不清楚、有強迫成員參與的負面期待，以及鼓勵過度的面質等。Smokowski 等人認為，過度面質和過度被動的領導風格，很容易引發有傷害性的團體經驗。根據 Corey 等人（2011）的歸納，成員參加團體的可能風險如下：

1. 成員可能會因為參加團體而干擾他們的生活。
2. 團體成員被鼓勵完全坦承開放，個人隱私因而被妥協。
3. 成員不想談某些事情的意願應被尊重，但有時候會因為團體的壓力而做出不適當的揭露。
4. 在團體中，個案有成為代罪羔羊的風險，團體中有的成員會被其他成員不當的怪罪或指責。
5. 團體成員彼此面質並無不可，但還是會有不當被面質或攻擊的風險。
6. 雖然心理師會再三強調團體保密的重要性，但是很難保證成員在團體外不會討論團體中發生的事情或其他成員的隱私。

預防心理風險的方式有二：一是使用團體諮商同意書，心理師把成員的權利和責任，以及應遵守的團體規則等事項寫在同意書上，並要求成員簽名遵守；二是加強領導者的訓練，有效能的領導者會負起倫理的責任，來預防成員遭受到不必要的傷害。

知後同意

由於團體諮商比個別諮商更具風險，知後同意的運用更顯得重要。和個別諮商一樣，心理師在團體開始之前，要對團體成員先進行知後同意，充分讓團體成員在事前知道什麼是團體諮商？團體諮商可以幫助成員什麼？團體成員的權利和責任是什麼？充分告知團體諮商的相關資訊，有助於成員決定是否參加。心理師可以使用知後同意書或書面專業揭露，來增進成員對團體的了解。書面資料可以包括：團體的性質、團體的時間和地點、領導者的資歷、團體會使用的技術、成員的權利和責任、參加團體的益處和風險、費用，以及保密的限制等。

大多數民眾都沒有個別諮商或團體諮商的經驗，因此，在成員參加團體之前，若能夠先做成員教育，便可以讓成員更知道怎麼參與團體，以及從團體諮商中獲得更多的效果。成員教育或行前說明的內容，包括：團體的目標、團體的歷程、團體期望成員的行為、領導者和成員的權利和責任，以及保密的限制等。這些行前說明有助於澄清成員的不當期待，以及增進成員適應團體的互動。行前說明符合倫理守則所謂的知後同意，在團體進行之前不告訴成員任何有關團體的相關事宜，是違反專業倫理的。Corey 等人（2011）給團體成員的行前說明包括下列幾個事項：

1. 探索成員對團體的期望。
2. 澄清團體的目標。
3. 討論團體的運作細節。
4. 討論如何從團體中獲得最大的幫助。
5. 說明團體的價值和限制。
6. 參加團體可能的風險，以及如何降低風險。
7. 澄清成員對團體的誤解，以及可能的心理障礙，例如：害怕分享、擔心家醜外揚等。

如果一個團體是鼓勵情緒表達，那麼成員應該事先被告知參加團體會經歷張力很大的情緒經驗，以便在充分告知之後，進行明智的決定是否要參加。此外，有關團體的實務面，例如：費用、時間、地點、聚會次數和頻率等，也要事先向團體成員做說明。如果有協同領導者或其他見習人員在場，也要向成員說明他們的角色和資歷。由於團體凝聚力是有效團體的一項很重要特徵，因此領導者有必要告知團體成員按時出席和積極參與團體，是使團體發揮效果的重要因素。

雖然成員有權利選擇中途離開團體，但是我們還是盡量鼓勵那些因為團體動力和成員人際議題而想退出的成員留下來，以便可以在團體中處理其在團體中的人際困難。如果該成員還是想要離開，我們建議他在離開前的最後一次，可以和團體成員說明他想要中途退出的理由，這樣做有助於幫助這位成員和團體說再見，減少因為成員中途退出對團體凝聚力造成負面的影響，以及增進團體對留下來成員的治療效果。

案例 9-2　人際加油站團體輔導

田老師是某國中輔導教師，同時在職就讀諮輔所碩士班，他在學校帶領了一個小團體，主要是想對將來要做的碩士論文進行前導研究。他設計的人際加油站團體輔導方案，透過焦點解決短期諮商的架構進行小團體輔導，以幫助人際關係不良的國中生能正向看待自己，並增進人際關係。他也使用社交量表篩選出排斥型的八位同學參加這個小團體。

田老師在招募成員時，因為擔心傷害同學，並沒有告知他們是被班上排斥的同學，也沒有事先告知要以此團體進行研究，更沒徵詢成員家長的同意，但有一一徵詢成員同意參加此團體。

在一次團體討論中，有一位成員提到其交友經驗，他們流行一個「遊戲」——拿美工刀輕輕在手臂或身上刻劃圖案，除了好玩還有紋身的效果，輔導老師基於保密，並沒有告知學校或家長。

問題 1：輔導老師因為擔心傷害同學而沒有告知成員篩選的原因和進行研究的目的，是否有違專業倫理？

回　應：如果告知成員篩選的原因和研究目的，並不會影響成員的權益和研究的進行，我認為最好還是要告知成員，讓成員可以有充分的資訊決定是否要參加團體輔導。

問題 2：田老師從自己任教輔導活動課班上的同學招募團體成員，是否有違反雙重關係的倫理守則？

回　應：田老師使用任教班級的學生進行團體輔導研究，我覺得是屬於雙重關係，如果有可能的話，我會建議田老師招募非任教班級的學生參加團體輔導，才可以避免課程老師、研究者和團體領導者的多重角色。因為多重關係勢必會干擾團體輔導和研究的品質。

問題 3：團體成員分享玩美工刀刻劃手臂的「遊戲」事件，是否屬於需要通報或告知家長的自傷行為？還是屬於專業保密的範圍？

回　應：這個問題要看輔導老師的評估結果和發生的時間點而定，如果評估結果認為這是發生在團體輔導之前的事件，為了增進團體的信任感和向心力，或許暫時不需要告訴家長或導師。如果評估結果認為成員正在進行或即將進行玩美工刀刻劃手臂的「遊戲」，並且有傷害生命的危險性，這個時候輔導老師便需要告訴家長或導師，以便採取適當的措施來預防成員自我傷害。

非自願個案

參加團體諮商必須是出於個案的自願，這是基本的專業倫理，而且自願接受諮商是團體諮商的第一步。在實務上，並非每個人都是自願參加團體，當個案被有關單位或重要他人要求參加團體諮商時，心理師要盡可能讓成員充分了解團體諮商的相關事宜，包括他們的權利和責任。如果有兩個或兩個以上的團體時，我們可以尊重個案選擇要參加哪一個團體。

非自願個案參加團體諮商之前，以及在團體初期，如果有機會讓他們表達參加團體的感覺，包括：挫折、失去選擇的自由、對團體的害怕和保留等，將可以降低他們對團體的抗拒，增加對團體的合作。心理師接受被法院或社會局要求參加團體諮商的非自願個案時，一定要事先告知個案他們在團體的表現以及是否進步等，都會回報給轉介單位，例如：個案的出席次數、參與程度，以及改善情形等。心理師這樣做才符合專業倫理，也讓非自願個案在知情之後，決定要怎麼參與團體，和參與到什麼程度等。

不論是自願或非自願成員，他們是否有權利選擇在任何時候離開團體呢？心理師最好在團體的第一次聚會時，告訴大家有關中途離開團體的程序，例如：成員在離開前一定要在團體中和大家說明離開的原因，以表示對大家的尊重。當成員無故離開時，其他成員一定會感覺困惑和胡思亂想，如果一個成員因為誤會而離開，卻沒有機會得到澄清，這對團體的凝聚力是不利的，因為有些成員可能會認為是否因為自己的某些言行而造成其他成員的離開。無論如何，成員有權利選擇中途離開團體，心理師也要留意避免用不當的方法或壓力去留住成員。

團體中的保密議題

在個別諮商的時候，心理師可以做到完全的保密，而在團體諮商中，即使心理師有倫理和法律上的保密責任，但是團體成員並沒有這樣的責任。因此，心理師在團體一開始的時候，就要告知團體成員保密的重要性和必要性，以及保密的限制和不保密的風險等。

雖然大家都知道參加團體諮商時，很難保證大家都會保密，但是心理師可以透過教育成員的方式，幫助成員學習保密，例如：不要和團體外的人討論團體中發生的事情，特別是那些屬於個人隱私的事情。成員於離開團體後通常會有想和人分享團體經驗的衝動，心理師可以教育成員，只要分享自己的心得和經驗即可，不要去談論其他成員的隱私，就不會有揭露他人隱私的問題。心理師也要再三提醒成員，不要和團體外的人討論團體內發生的事情，並且告訴成員保密彼此的隱私，此有助於團體的互信和凝聚力，最後大家可以得到團體諮商最大的幫助。

團體心理師也要告知成員保密的限制和例外，例如：當成員想要傷害自己或他人的時候，或成員涉及兒童虐待、老人虐待或性侵害等依法應通報的事項時。心理師除了以口頭的方式告知成員這些保密的例外，也可以同時使用書面的方式告訴成員哪些事情是不能保密的，如此坦承的告知成員有關保密的範圍和例外，會有助於團體的信任。

在矯正機構、保護機構或精神科住院機構帶領團體諮商的時候，心理師通常會把成員在團體中的表現記錄在病歷上，讓其他工作人員了解個案的行為表現。因此，心理師有責任事先告知成員，他會如何的做紀錄、如何的與工作人員分享成員在團體中的行為表現。

雖然團體成員不像領導者那樣受到倫理守則和法律條文有關專業保密的規範，領導者還是要盡可能的去教育和鼓勵團體成員有關保密其他成員隱私的重要性。領導者要在知後同意或行前說明、第一次團體聚會時，以及在整個團體歷程中不定期的提醒成員，有關團體保密的必要性和重要性，特別是當領導者聽到成員講述一些非常隱私的事情之後，再度提醒保密是非常重要的事情。此外，領導者可使用角色扮演或錄影方式，讓一位成員扮演一位朋友並詢問：「你們團體有哪些人參加？」然後由另一位成員回答，透過這種演練方式可增進成員保密的能力。

團體諮商的其他倫理議題

1. 團體成員的社交活動

究竟團體成員在團體以外的時間進行社交活動，是有助於還是有害於團體的歷程和成效呢？領導者對於部分成員在團體以外的時間聚會或交談，是要採取鼓勵或禁止的態度呢？如果有部分成員自成小圈圈，在團體以外的時間去談論那些更適合在團體中討論的事情，而領導者沒有加以處理的話，這種現象一定會對團體的歷程和效果造成不利的影響。領導者如果知道部分成員有上述現象，應該把這個問題帶回團體討論，並且教導成員節制在團體外的時間自行聚會討論團體的事情。

我很認同 Yalom（2005）所說的一句話：「團體諮商是用來教導成員如何發展親密關係，而不是用來提供親密關係」；他又說：「成員有責任把在團體外聚會的訊息帶回團體」。任何團體外的聚會基本上都是不利於團體的歷程和效果，因此應該被限制，如果成員有事情都拿到團體外去討論，那麼團體的功能也就無法發揮了。心理師最好在團體一開始的時候，就要告訴成員不要在團體外聚會，以及在團體外聚會的缺點和傷害，這樣做多少可以預防成員在團體外進行社交活動。

2. 多重關係

領導者應避免和團體成員有任何其他關係，例如：社交的、個人的、生意的或其他關係。當團體成員懷疑，團體中某一個人或某幾個人和領導者有特別關係時，一定會損害團體的凝聚力和對領導者的信任，結果就會降低團體的成效。

心理師同時提供個別諮商和團體諮商給個案，也是一種多重關係的倫理議題。

對於心理師同時提供個別諮商和團體諮商給個案，Lakin（1994）認為有下列幾項倫理問題：

（1）難以保密的風險：心理師會很難記得，個案說的事情是在個別諮商還是在團體諮商中分享的。

（2）個案與心理師的個別諮商關係會和團體諮商中的手足競爭產生干擾，也會增加心理師對個案的反移情風險。

（3）同時接受心理師的個別諮商和團體諮商，勢必增加個案對心理師的依賴，以及心理師誤用治療力量的風險。

（4）如果是屬於付費的諮商服務，同時提供個別諮商和團體諮商給個案，可能會讓心理師看不到個案的真正需求。

因此，我不建議心理師同時提供個別諮商和團體諮商給個案，如果心理師在諮詢督導或資深同儕後，認為沒有其他更好的選擇時，只能把這樣的安排當作最後不得已的選項。

3. 多元文化

那些適用於個別諮商的多元文化議題，也都適用於團體諮商，因此，團體領導者對成員的多元背景要有敏感度，除了自己要尊重多元文化背景的成員，也要協助成員培養多元文化的敏感度。心理師如果聽到或看到某些成員歧視其他文化背景成員的言行時，有責任介入並阻止成員歧視他人的言行。在培養多元文化上，領導者以身作則表現尊重不同文化背景的成員，對成員是一種很好的行為楷模。

團體的結束

天下無不散的宴席，團體諮商也是如此，再美好的團體也會有結束的時候。團體結束也是團體歷程的重要階段，好的團體結束有助於成員統整學習經驗，並且和其他成員好好說再見。團體結束的時候，如果心理師處理的不好，會讓成員有未完成事務的遺憾，而引發生活中的失落經驗。因此，心理師有責任保留足夠的時間做結束團體的工作，讓成員有機會處理分離的情緒，學習好好說再見，並且把團體諮商的學習經驗類化到團體以外的地方。

團體的結束是一個關鍵的階段，團體成員消極的要學習如何處理分離的議題，積極的要學習如何統整團體中的學習經驗，並應用到團體以外的地方。面臨團體結束的事實可能會引發成員過去未處理的失落議題，因此心理師有責任協助成員探索團體結束的感覺和想法，以及學習如何說再見。領導者可以藉此機會鼓勵成員分享參加團體的學習心得和個人成長，以及對未來的期望和規劃等。對於那些有困難說再見或者有分離議題的成員，領導者可以給予鼓勵和協助，這樣的處理有助於避免製造更多的未完成事件和失落議題。

團體結束之後，如果領導者或者成員想要繼續聚會，是否適當呢？我認為心理師可以評估是否適合或需要安排團體的追蹤聚會（follow-up meeting）。Corey與Corey（2006）認為，在團體結束一個月、三個月或一年之後，再邀請團體成員回來聚會，具有相當的治療價值。如果由領導者經過評估並主持的團體追蹤聚會，應該是很好的作法，那些任由成員自由組織而沒有領導者參加的聚會，其效益就比較難以評估。

案例討論

案例 9-3 帶領病友支持團體的問題

趙心理師在某家醫院帶領一個「脊髓損傷病友支持團體」，該團體有五位成人病友。這些病友平日出入移動皆需要照顧者（病友家屬）幫忙推行輪椅，當病友遲到、早退或身體有特殊狀況時，其照顧者常會有目睹或打斷團體進行的狀況發生，而病友家屬常在團體結束後詢問並討論團體內容。趙心理師在提醒了幾次保密原則後，發現有兩、三位照顧者與成員私下討論該團體中其他成員的狀況一再地發生，因此不知道該怎麼辦才好。

問題 1：在照顧者不免要出入團體的狀況下，心理師應如何兼顧團體的保密原則與成員的最大利益？

問題 2：如果趙心理師也邀請病友的照顧者一起加入團體，你認為是否可以改善上述問題？讓照顧者加入病友支持團體的利弊為何？

案例 9-4　令人不舒服的團體經驗

小花為心輔所的碩一研究生，因為修習團體諮商的課程需要，她和班上另一位同學小草決定自費參加一個為期十次的體驗性自我探索團體，期能藉此增長與累積此方面的相關經驗。

第一次團體，小花便注意到團體中的A成員經常在他人提出重要議題，或眾人就他所提出的問題回應時，會開始出一些怪聲，學嬰兒般低聲啜泣或不斷的喘氣吸引他人的注意。當A成員出現這些退化行為時，領導者告訴其他成員，希望大家一起幫助，去抱抱她，用手心貼在她的背給她力量。一開始成員不覺有異，僅認為這或許是團體諮商的一部分，所以很願意配合，但後來領導者又利用A成員請假時，請大家從這次團體開始，必須對彼此表現出熱情、溫暖且有感情的歡迎行為，因為A成員的問題之一就是「無法與人親近」。領導者覺得這樣做對A成員及其他人都會有幫助，所以他們開始執行這項方案。小花和小草對領導者的這些規定感到疑惑，也曾聽到其他成員私下抱怨對A成員的不滿，以及被忽略的感受，但只見成員日漸流失，卻始終沒有人將心中的不滿在團體中提出來。

問題 1：你認為案例中的領導者，在帶領團體時，有哪些不適當的行為和作法，導致成員不舒服，甚至成員逐漸流失？

問題 2：團體領導者使用肢體碰觸有關的諮商技術時，應該怎樣做較能符合專業倫理？

案例 9-5　當事人同時參加團體輔導與個別諮商

錢小姐，24歲，大學畢業，未婚，年幼時曾遭到親戚的性侵害，在其內心蒙上一層陰影，持續影響其兩性關係和工作效能，因此決定報名參加某諮商機構辦理的長期性成長團體。在某次團體中，透過團體領導者黃心理師的引導和協助，錢小姐順利地面對和探討幼年時的傷害，因而讓錢小姐有了面對自己的力量，進而想要尋求個別心理諮商。

由於錢小姐對黃心理師有足夠的信任感，且認為其已了解大概狀況，是一位能夠幫助她的心理師，便與黃心理師進行個別心理諮商。黃心理師亦認為，團體輔導和個別諮商同時進行可以給當事人最佳的幫助。

但在團體中，黃心理師有時會稍微提到錢小姐在個別諮商中說過的話（較無關緊要的，如錢小姐上次個別諮商時也提到她常做惡夢），或者邀請錢小姐說說個別諮商的感覺（若錢小姐沒說，亦不勉強），如此團體中的成員便知道錢小姐正在做個別諮商的事情。

問題 1：黃心理師同時提供團體輔導和個別諮商給錢小姐，是否符合倫理守則？此一問題是否可能因心理師的諮商風格、理論學派不同而有差異？

問題 2：黃心理師於團體中提及錢小姐個別諮商時的狀況或邀請其分享，是否符合專業倫理？

第十章

心理衡鑑的倫理議題

心理衡鑑是心理師的主要業務之一，本章將探討心理師從事心理衡鑑的倫理議題，包括：心理衡鑑的能力、專業保密、知後同意，以及測驗安全等，也會探討心理衡鑑幾個特殊的倫理問題，例如：測驗的誤用、簡版的使用、教練的影響、旁觀者在場的干擾，以及費用的問題等。

心理衡鑑概述

心理衡鑑、測驗和診斷（以下統稱心理衡鑑）目前已廣泛地被使用在各級學校、醫療院所，以及職涯機構等。心理衡鑑的實施攸關民眾的權益和福祉，衡鑑的結果可能會改變個案的人生，一個心理衡鑑可能會決定個案是否獲得工作、兒童監護權、殘障證明，或是否能從強制住院中獲得釋放（Pope & Vasquez, 2011）。

心理衡鑑一直是心理師最重要的職能之一，Fagan 與 Wise（2002）指出，美國的學校心理師有一半的時間用在心理衡鑑。臺灣的臨床心理師每週從事心理衡鑑的時間平均是 12.24 小時，約占工作時間的 22.15%（許秋田等人，2009）；臺灣的諮商心理師當中估計有 56.77%每週從事心理測驗和衡鑑，平均時間是 2.09 小時，約占工作時間的 5.13%（林家興，2014）。

Meyer 等人（1998, 2001）曾針對心理衡鑑的效益進行文獻探討，結果顯示心理衡鑑的測驗效度很強，和醫學檢驗的效度相當，因此心理衡鑑有助於治療結果，而且比只依賴面談的臨床人員擁有個案更完整的資料和了解。心理衡鑑的效果值（effect sizes）和醫學檢驗相當，具有良好信效度的心理測驗可以協助心理師以有結構的方式，評量個案主訴問題的多元面向。

雖然心理衡鑑具有上述的效益，但心理師在臨床工作上使用心理測驗的比例卻有減少的趨勢（Eisman et al., 2000; Piotrowski et al., 1998）。Piotrowski 等人（1998）的調查指出，在他們的研究對象中，有75%的心理師表示在過去五年由於管理式照護（managed care）的限制，而減少執行心理測驗或使用較少的測驗。被減少使用的測驗，包括：「羅夏克墨漬測驗」（Rorschach Inkblot Test）、「主題統覺測驗」（TAT）、「明尼蘇達多向人格測驗」（MMPI），以及「魏氏智力測驗」（Wechsler Scales）等，減少使用這些測驗的原因是：測驗成本的增加和保險給付的減少。這些測驗由於費時、成本貴，以及對醫事人員的效益小，而逐漸被減少使用。心理測驗在臺灣是否存在被減少使用的現象，是一個值得調查研究的問題。

心理測驗和心理衡鑑是兩個意義不同的概念：心理測驗是指針對某一個測驗的施測、計分和結果解釋的行為，測驗主要是評量心理功能的某一面向，如認知能力、記憶或人格特質；相對的，心理衡鑑是心理師為了要回答轉介問題，透過多種測驗的使用，以及轉介問題的病史、臨床觀察和晤談，來了解當事人，並提供衡鑑結果給當事人和轉介者的臨床工作。因此，在探討心理衡鑑的專業倫理之前，本章首先說明心理衡鑑的模式。

心理衡鑑的模式

Goldfinger 與 Pomerantz（2010）整理出心理衡鑑的模式如圖 10-1 所示。

圖 10-1　心理衡鑑的模式

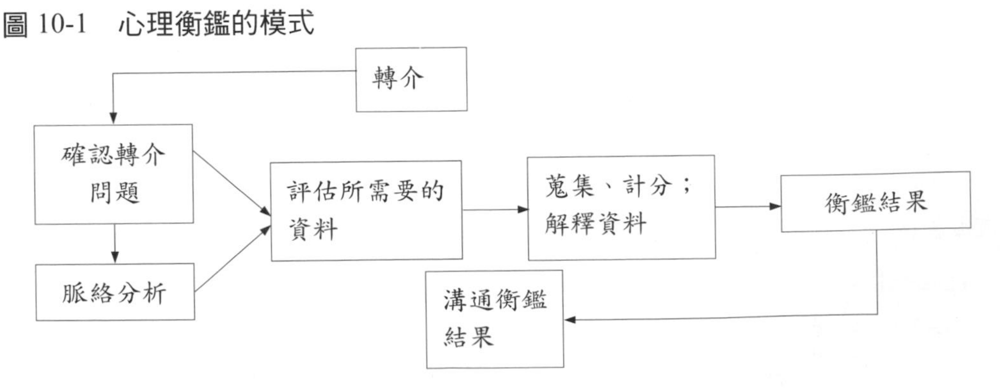

註：引自 Goldfinger 與 Pomerantz（2010）。

心理衡鑑模式的內容說明如下：

1. **確認轉介問題**：心理師在接到衡鑑轉介之後，需要先確認轉介者希望我們幫忙回答的問題是什麼，若需要的話，我們可以詢問轉介者，以便進一步釐清轉介問題。
2. **轉介的情境脈絡**：心理師在進行心理衡鑑之前，需要針對與個案相關的情境因素，包括：是誰轉介、是誰支付衡鑑費用、衡鑑結果要回饋給誰、轉介的問題是什麼、個案的因素有哪些、心理師的因素又有哪些，以及系統議題是什麼等進行了解。心理師可以使用脈絡分析表，如表10-1所示（Goldfinger & Pomerantz, 2010），以便可以清楚掌握所有可能的情境因素。
3. **回答轉介問題需要哪些資料**：心理師回答轉介問題時需要多元的資料，包括：臨床晤談和觀察、蒐集個案的病史和病歷，以及相關的心理測驗。
4. **蒐集這些資料**：心理師通常會先和個案進行當面晤談，並根據轉介問題選擇幾個適當的心理測驗施測。心理師應選用具有信效度，且具有實證研究支持的測驗，也要避免使用過時的測驗，只要有新版的測驗出版，並且獲得足夠的實證研究支持，心理師便要花時間去學習新版的測驗，避免因為熟悉舊版而繼續使用。

   心理師也要依照標準程序實施心理測驗，包括：不要改變或縮短測驗指導語、親自施測，以及不可以任意讓個案把測驗帶回家做。讓個案帶回家做的心理測驗，心理師無法親自看到個案在什麼環境之下完成測驗，是否有受到環境或他人的協助或影響；只要心理測驗不是在心理師監督之下完成的，就很難說符合標準程序。即使在心理師的辦公室實施心理測驗，心理師也不應該讓家屬陪伴在個案旁邊，因為個案回答測驗時很容易受到家屬的影響。

   心理師同時也要交代心理測驗的實施是否有受到任何因素的干擾，而影響了測驗的效度，例如：測驗室的燈光不足、頻繁的被打斷、吵雜的環境、個案受到服用藥物的影響等。心理師也要留意個案的測驗反應是否有受到中文不是母語的影響。心理師的個案如果不懂中文，需要使用翻譯時，應聘請專業或與個案無關的第三者擔任翻譯，若使用家屬擔任翻譯，通常會

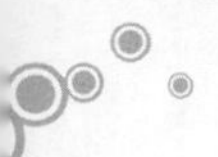

表 10-1 心理衡鑑轉介的脈絡分析表

一、轉介和經費來源
1. 轉介者
2. 職業
3. 任職機構
4. 對心理衡鑑的了解程度
5. 誰支付衡鑑費用
二、回饋衡鑑結果的對象
1. 主要對象
2. 次要對象
三、轉介問題
1. 外顯的問題
2. 內隱的問題
四、個案因素
1. 接受衡鑑的障礙
2. 對接受衡鑑的態度
3. 相關文化議題
五、心理師因素
1. 預期的挑戰
2. 對衡鑑的感覺和想法
3. 信心程度
4. 焦慮程度
5. 需要學習的部分
6. 如何獲得此學習
六、系統議題
1. 與轉介個案有關的系統議題還有哪些？
2. 系統議題之間的關係如何？
3. 系統議題如何影響心理衡鑑？

註：引自 Goldfinger 與 Pomerantz（2010）。

損害心理測驗的效度。

5. **分析和統整這些資料來回答轉介問題**：心理師不能依賴單一心理測驗的結果就下結論，而必須蒐集多元的資料，包括測驗和非測驗資料，進行交叉驗證，再下結論和診斷。
6. **溝通衡鑑結果**：心理師施測結束之後，可以根據所蒐集的資料提出衡鑑發現和下結論。做結論一定要有所依據，不能過度推論、誇大或淡化衡鑑的發現。心理師下結論的態度要像科學家一樣，有幾分證據說幾分話，且最好使用機率的方式報告衡鑑結果，避免使用太強烈或太武斷的論述，例如：「衡鑑結果顯示，個案是一位精神分裂症患者」是過於簡化或定論的寫法；「目前的衡鑑結果顯示，個案呈現類似精神分裂症患者的症狀特徵」則比較適當而符合實際狀況（Goldfinger & Pomerantz, 2010）。心理師在解釋衡鑑結果時，要考慮衡鑑時的脈絡因素，包括任何影響衡鑑結果的情境因素，例如：個案在情境、個人、語言和文化上的個別差異。心理師有倫理的責任必須向個案或轉介者提供衡鑑結果的回饋，除非心理師已事先表示衡鑑結果並不會告訴個案，例如：原本就是作為組織諮詢、員工招募、安全檢查或司法衡鑑，以及其他第三者付費的衡鑑。心理師回饋衡鑑結果的方式，包括：書面報告和口頭報告，並且要使用個案和轉介者可以了解的語言和方式，以有助於他們的了解。

心理衡鑑的專業倫理

以下討論心理衡鑑的一般議題（包括：能力、專業保密、知後同意，以及測驗安全），接著討論幾個特定議題（包括：測驗的誤用、使用簡版、教練的影響、旁觀者在場的影響，以及心理衡鑑的費用）。臺灣有關心理衡鑑的倫理守則，詳見表 10-2 所示。

心理衡鑑的能力

心理師從事心理衡鑑時首先應具備合格的能力，其養成教育應包括心理衡鑑的課程和臨床訓練。心理師應具備下列幾項知識和能力（Goldfinger & Pomerantz, 2010）：

1. 測驗和評量理論。
2. 不同特定測驗的施測、計分和解釋。
3. 人格、發展和變態心理學的理論。

表 10-2　臺灣有關心理衡鑑的倫理守則

- 心理師在實施心理衡鑑工作前，當事人（或其法定代理人或其監護人）得要求以其理解的語言，獲知衡鑑的性質、目的及其結果的參考價值與限制。心理師唯有在釐清當事人對心理衡鑑所提之全部疑問，並獲得其同意之後，始得進行衡鑑工作。（「心理學專業人員倫理準則」柒之二）
- 心理師在解釋心理衡鑑結果時，應力求客觀正確，並審慎配合其他資料及其他有效證據，以嚴謹的推論撰寫成衡鑑報告，提出有助於當事人的建議。（「心理學專業人員倫理準則」柒之三）
- 諮商心理師實施心理評估或衡鑑工具時，應具備充份的專業知能和訓練背景。實施心理評估與衡鑑之前，諮商心理師應告知當事人評估與衡鑑的性質、目的及結果的運用，尊重其自主決定權。諮商心理師運用心理評估與心理衡鑑資料時，應力求客觀、正確及完整，並避免偏見、成見、誤解及不實的報告。（「諮商心理師專業倫理守則」第 13 條）
- 諮商心理師撰寫心理評估與心理衡鑑報告時，須考慮當事人的個別差異、施測環境及工具特性、參照基準等因素，並指出該評估與衡鑑工具信度及效度的限制。（「諮商心理師專業倫理守則」第 17 條）
- 在使用心理衡鑑工具時，臨床心理師應具備適當的專業知識，以科學的態度保障心理衡鑑結果的可靠性和真實性。（「臨床心理師倫理規範」第四條）
- 在解釋心理衡鑑結果時，臨床心理師應力求客觀正確，並審慎配合其他資料，撰寫心理衡鑑報告。（「臨床心理師倫理規範」第五條）

4. 了解心理衡鑑的目的和脈絡，如司法衡鑑的法律議題，學習衡鑑中的特殊教育議題。
5. 會操作臨床晤談（clinical interview）和心理健康檢查（mental status examination）。
6. 在觀察個案的行為時，知道要觀察什麼。
7. 了解心理衡鑑相關的法律和倫理規範。

在心理衡鑑的實習訓練方面，相對於臨床心理師，諮商心理師仍有加強的空間，例如：在醫院和社區機構實習的諮商心理師，較少有機會從事心理衡鑑的實務訓練；在大學諮商中心實習的諮商心理師，雖然有較多的機會從事心理測驗，但是屬於心理衡鑑的實務訓練還是不夠。我建議實習心理師不論在哪一個場域實習，都應該包括心理衡鑑，至少要培養足夠的能力，才可以從事《心理師法》第 14 條第 1 項第 1 款「一般心理狀態與功能之心理衡鑑」的業務。

心理衡鑑的範圍很廣，包括：一般心理衡鑑、司法心理衡鑑、學習衡鑑、神經心理衡鑑，以及工業與組織衡鑑等。擁有心理學碩士學位，完成心理師實習，甚至取得心理師執照，並不表示就具備所有心理衡鑑的能力。Hall 與 Hare-Mustin（1983）曾經報告過一個違反衡鑑倫理的案例：有一位心理師向 APA 倫理委員會檢舉，說另一位心理師沒有接受過心理衡鑑的教育或訓練，不具備心理衡鑑的能力，但卻經常從事兒童監護權的衡鑑。APA 倫理委員會根據調查報告，裁定該心理師違反心理衡鑑能力的倫理守則，要求該心理師要在一位心理衡鑑專長的心理師督導之下工作一年，才可以獨立從事心理衡鑑工作。

心理衡鑑需要能力，不能只是心理師自己聲稱的，必須經過正式課程的訓練，以及督導下的臨床經驗。這項倫理守則同樣適用於不包含測驗的個案評估和診斷。心理師如果被申訴從事心理衡鑑超出其能力，他可以提出下列文件來佐證自己的能力，例如：有關心理測驗與衡鑑的相關修課成績單、心理衡鑑報告作業、接受心理衡鑑督導的證明、參加各種心理衡鑑工具講習的證明，以及從事心理衡鑑的工作證明，再由倫理委員會或相關單位進行審查。除了上述佐證文件，心理師應該對心理評量、統計、資料驗證，以及研究方法具有基本的了解（Pope & Vasquez, 2011）。

因為心理衡鑑的領域很大，分工很細，心理師應該在其受過訓練，並在督導下實習過，或透過繼續教育，在衡鑑能力範圍內執業。由於心理測驗有數百種，用來評量智力、成就、人格特質、行為模式、神經心理、憂鬱、焦慮，以及很多其他的心理功能和疾病，要每一位心理師都要精熟所有的測驗，幾乎是不可能的事情。因此，每位心理師只會專長某些測驗，而非對所有測驗都具有勝任的能力，例如：有人專長兒童智力的衡鑑、有人專長成人職能的衡鑑、有人專長老人認知功能的衡鑑等。

心理師要有能力根據轉介問題選擇適當測驗的能力，在選擇心理測驗時，必須評估該測驗的信效度是否足夠，以及是否具備個案適用的常模。心理師只要選擇可以回答轉介問題的測驗，因為心理測驗如同醫師的身體檢查，是對個案隱私的侵犯。因此，心理師不應該為施測而施測，或因為機構要求而對每個個案都要施測，這樣做不僅對個案無益，反而會侵犯個案的隱私（Miller & Evans, 2004）。

心理師不宜依賴單一測驗進行心理衡鑑，應該統整測驗資料和非測驗資料。測驗資料包括：智力測驗、人格測驗、性向測驗、成就測驗、興趣測驗、行為評量，以及神經心理測驗等；非測驗資料包括：晤談資料、行為觀察、發展史、病歷、體檢報告，以及學校或工作資料等。心理師除了與個案面談，也可以視需要面談個案的重要他人、檢視文件，以及觀察個案與重要他人的互動等。心理師如果使用實習心理師、助理或電腦協助施測，便有責任督導他們依照標準程序和倫理守則施測和計分。

在臺灣，心理師由於個人興趣、臨床訓練和專長發展的不同，有的偏好諮商與心理治療，有的偏好測驗與心理衡鑑。從專業倫理和個案福祉的觀點來說，這兩類心理師可以發展彼此合作、相互轉介的夥伴關係，例如：專長心理諮商的心理師若認為個案可透過心理衡鑑的協助來了解智力、人格、性向或神經心理的需要，就可以轉介給自己合作的衡鑑心理師，可能是同一機構或不同機構的心理師。同樣的，專長測驗與心理衡鑑的心理師，如果認為個案有需要透過諮商與心理治療，進一步針對自我概念、人際困擾、家庭問題、職涯發展或心理問題做處理和改善時，可以轉介給機構內或機構外的治療專長心理師。

當心理師接到心理衡鑑的轉介，如果是超過自己的能力時，心理師可以透過工作坊的訓練、尋求督導的指導、專家諮詢，以及其他在職訓練，來提升自己在某一特定心理功能或疾病的衡鑑能力。除了具備衡鑑能力，心理師在專業倫理上，還要透過在職訓練和繼續教育，以維持其能力。

專業保密

心理師不僅在從事諮商與心理治療時要保密，從事測驗與心理衡鑑時也是如此，亦即心理師從臨床晤談和觀察、從心理測驗，以及從其他各種來源取得個案的隱私資料時，有倫理上的責任加以保密。心理師在受理衡鑑轉介時，也要即早告知衡鑑保密的限制，因為一般民眾可能會誤以為和心理師晤談或測驗的結果都是絕對保密的，但事實並非如此。如同諮商保密的限制，衡鑑保密的限制包括：個案想要傷害自己或他人、涉及兒童虐待、家庭暴力或性侵害，以及法院的命令等。

在心理衡鑑時，有些心理師會使用錄音或錄影機，以方便記錄個案的晤談內容和測驗反應；如果心理師衡鑑時會使用錄音或錄影機，事先要徵求個案的同意。不過，心理師也要評估使用錄音或錄影機的利弊，使用錄音或錄影機雖然有利於個案言行的記錄，但是也會讓個案難以暢所欲言。心理師可以充分告知使用錄音或錄影機的好處和理由，好讓個案可以放心的暢所欲言。

此外，心理師在撰寫衡鑑報告時，也要注意保密的問題。心理師的報告不應該包括那些和轉介問題無關的資訊，例如：心理師在衡鑑 9 歲兒童的學習障礙問題時，雖然兒童在晤談時說了很多家長的財務問題，經常聽到父母為錢爭吵的事情，但這些和轉介問題無直接關係的資訊，心理師不適合寫進衡鑑報告裡。如果心理師認為，因為父母的爭吵和財務問題而導致兒童焦慮，影響兒童在校的學習和衡鑑的表現，則衡鑑報告可以把兒童學習問題的直接原因（焦慮）寫進去，但是仍不適合把父母的爭吵和財務問題寫進去（Goldfinger & Pomerantz, 2010）。

專業保密的重要是不言而喻的，在充分保密之下，個案才會信任心理師，並積極參與心理衡鑑。心理師如果需要把衡鑑結果或報告告知第三者，如保險公司、雇主、學校或法院時，應事先徵求個案同意。心理師在個案同意下提供衡鑑結果給第三者時，要非常審慎的判斷，且應該只提供第三者詢問或所需要的資料，而非把整份病歷或報告複印給第三者，以免損害個案的隱私權益。除非徵求個案和測驗出版社的同意，心理師不應該把測驗試題或測驗的原始資料提供給第三者。

知後同意

心理衡鑑的知後同意是指，心理師在事前充分告知接受衡鑑的當事人，有關衡鑑的理由和目的、衡鑑資料的用途、衡鑑的後果和利弊得失、衡鑑結果會告訴誰，以及告訴哪些內容等。心理師知後同意的內容還包括衡鑑的程序、時間和費用等。心理衡鑑的知後同意涉及個案的下列三個條件：

1. **個案是自願的**：接受心理衡鑑不是被強迫或被不當影響的。
2. **個案是有能力做同意的成年人**：兒童、青少年和無行為能力的成人個案，則需要進一步獲得家長或監護人的知後同意。

3. **個案是被充分告知的**：在合理的程度內，心理師應充分告知心理衡鑑相關的訊息，以幫助個案做決定是否要接受心理衡鑑，包括：個案可以拒絕或中途退出衡鑑，以及個案是否會被告知衡鑑結果等。

心理師在進行知後同意時，要給予個案充分的時間詢問和接受回答。而且，知後同意的實施，往往不是一次就可以完成，多數時候它是一個過程，也就是隨著衡鑑的進展，個案可能會想到一些問題，或心理師覺得在個案有了先備知識或經驗之後，再進一步告知相關的資訊。有時候要回答個案一個簡單的問題，如衡鑑要做多久？或你要聯絡哪些第三者？心理師一下子會很難回答一個確切的時間和人數。在實務上，心理師可能會根據上個測驗或晤談的情形，才能判斷是否要使用某一個測驗或聯繫某一位第三者。因此，知後同意的實施，不是一次就可以完成，往往需要在衡鑑歷程中適時提供說明和回答。

心理師要知道，有些個案可能會由於禮貌或擔心，很快就點頭同意接受衡鑑，而有些個案可能會聽不懂衡鑑的專門術語，因此，心理師有必要使用個案可以聽懂的方式進行說明。心理衡鑑的知後同意，不僅包括衡鑑過程的說明，而且也包括衡鑑結果的解釋，以及誰可以接觸測驗資料（test data）和衡鑑報告。測驗資料是指測驗的原始資料，衡鑑報告是心理師根據測驗資料的統整、分析和解釋而撰寫的報告；衡鑑報告不一定包括測驗資料，心理師也可以僅根據臨床晤談和觀察，撰寫衡鑑報告。心理師可以根據倫理守則和法律規定來判斷，如果個案或其他人來索取個案的資料，是否要提供，以及提供到什麼程度：是全部的測驗資料和衡鑑報告，還是只要衡鑑報告，還是只要報告摘要，還是根本不提供。

Welfel（2012）建議心理師在衡鑑結束之後，安排一次回饋時間（feedback session），其目的有二：（1）回饋時間提供個案一個機會，可針對不正確或誤導的衡鑑結論提出回應；（2）回饋時間對個案乃具有治療效果，有助於症狀緩解和改善個案與心理師的和睦關係。心理師在回饋衡鑑結果給個案時，應該留意個案可以理解和吸收的程度，因為衡鑑涉及高深的心理計量和專有名詞，心理師應使用個案可以了解的語言，提供摘要或重點說明即可，避免呈現複雜的原始資料和統計圖表。為了評估個案對心理衡鑑了解的程度，心理師也可以請個案複述我們告訴他的話。

測驗安全

心理師有責任維護測驗工具的安全，不會外流測驗資料，包括：施測手冊、試題、答案、刺激圖卡等。當這些資料外流，特別是被有心人拿去作為補習或教練的材料時，將會嚴重破壞測驗的信效度和公平性。至於測驗的原始資料，包括：個案在試題作答的原始分數和量尺分數、刺激圖卡的反應，以及心理師的行為觀察和晤談資料等，也是心理師要保密的資料，這些是屬於個案提供的隱私資料，其他人想要檢視或取得這些資料，心理師應該先徵求個案的同意。除非有理由認為個案會誤用、曲解這些資料，或提供這些資料會對個案造成傷害，否則個案可以要求檢視這些資料。美國心理學會（APA）早期的倫理守則規定，只有受過衡鑑訓練的人才可以檢視這些資料，但是 2002 年以後的倫理守則，則放寬至即使沒有受過衡鑑訓練的個案也可以檢視，這種轉變是基於社會對個案自主權的更加尊重。

心理師在實施心理衡鑑時，除了要遵循施測的標準程序，也要確保測驗的安全。測驗安全有助於獲得個案真實的、未經演練的、代表個案測驗當時的行為樣本。如果個案曾經做過相同的測驗、了解測驗的試題，以及了解測驗的計分和解釋，將會降低測驗結果的效度，會使這份測驗結果變得不可靠，而失去價值。測驗試題的流失即是典型的測驗不安全，會導致整個有效測驗無法使用，這也是對民眾權益和福祉的最大傷害（Miller & Evans, 2004）。

為了維護測驗的安全，美國心理學會（APA）在 1950 年訂定測驗使用者資格的分級制度，將測驗使用者的資格分為 A、B、C 三級。雖然美國心理學會（APA）在 1974 年停止這個分級制度，但是美國多數的測驗出版社仍然持續使用這個分級制度（Drummond & Jones, 2010）。在臺灣，測驗相關的出版社也都比照美國的測驗公司訂有使用者資格分級表，我將它們彙整在表 10-3 所示，提供給讀者參考。對於沒有心理測驗專業背景者，如果需要使用某些測驗，可以接受出版該測驗的公司所安排的測驗研習，通過考核者將發給研習證書，以作為專業證明。

中國行為科學社（2022）為確保測驗安全，對於購買該公司測驗工具時，會要求申購人符合「教育與心理測驗規範」上規定的資格，並同意遵守下列幾項保護測驗的基本規則：（1）不得對不適合的個人施測不必要的測驗；（2）不得讓受試者事前獲知測驗答案；（3）測驗使用者必須嚴守《著作權法》，不得以任何形式重製、影印或翻印答案紙、測驗題本或指導手冊；（4）測驗器材僅供合格並同意保護測驗的人員使用；（5）測驗題本與器材不得轉賣或轉借。

表 10-3　美國與臺灣的測驗使用者資格分級表

級別	A 級	B 級	C 級
美國心理學會（APA）的分級	測驗使用者不需要有研究所層級測驗相關課程的訓練，即可使用的測驗，使用者可能具有心理、人類服務、教育或相關領域的學士學位，或接受過衡鑑相關的訓練，或有實習使用測驗的經驗。	使用者通常具有心理、諮商、教育或相關領域的碩士學位，有證照表示具有使用測驗的訓練和經驗，以及是否為某專業學會的會員。	使用者除具備 B 級資格，還需具有心理相關領域的博士學位，具有心理師執照，或在執照心理師督導之下工作的研究生。
中國行為科學社的分級	無嚴格限制，唯宜於相關領域專業人員之指導下使用。	具有心理、特教、輔導相關領域之學士學位，並擔任輔導教師、特教教師、醫療人員、學術研究人員及工商企業之人力資源部主管。	具有心理、特教、輔導等相關領域之碩士或以上學位者，或具該測驗之專業研習證書，或領有執業執照之心理師。
心理出版社的分級	具有專業資格之心理師、職能治療師、物理治療師、語言治療師、特教老師或具該測驗研習證書者，可使用其專業領域之測驗。	社會服務及心理諮商機構社工師、大學心理、輔導或相關科系畢業且有修過心理測驗與教育統計，或具該測驗研習證書者。	幼兒園教師（可在具有特教或測驗專業人士督導之下使用）。

心理測驗的誤用

Camara（1997）指出，心理衡鑑工具和結果被誤用的情況，包括：輔導學生如何準備測驗、測驗作弊、測驗服務機構雇人去偷抄測驗題庫的試題、提供真實的試題給學生和職員練習、未授權的延長測驗時間、竄改測驗分數，以及違反測驗倫理等。由於心理測驗有被誤用的可能性，因此，心理師有責任去監督測驗的正確使用，包括督導下的實習心理師、助理人員等。

使用簡版

在 Thompson 等人（2004）調查的美國心理師樣本中，有 77%到 90%的人實施「魏氏智力測驗」（Wechsler Scales）時會使用簡版（short forms）。使用簡版的「魏氏智力測驗」或其他測驗，做為智力鑑定、特殊教育分類，以及心理疾病診斷是否有倫理上的疑義呢？在臺灣，心理師使用簡版「魏氏智力測驗」和其他測驗的情形是否普遍仍不得而知，有待進一步的調查。

心理師為了縮短施測時間而使用簡版，是否會影響心理衡鑑的品質，而損害當事人的權益呢？Crespi 與 Politikos（2005）建議，專業學會應該訂定使用簡版心理測驗的執業準則，包括：

1. 區別心理篩檢和心理衡鑑的不同目的。
2. 簡版測驗可使用在特定場域的議題，如學習障礙、神經心理缺陷或是否有能力出庭受審等。
3. 心理衡鑑的哪一些向度可以使用簡版，如認知、人格、神經心理等。
4. 簡版心理測驗在心理計量上的限制。

教練的影響

Victor 與 Abeles（2004）指出，有些律師會教練（coach）他們的當事人，如何回答心理測驗的問題，以便可以在傷害賠償或身心殘障的訴訟時，得到有利的判決。Wetter 與 Corrigan（1995）以律師和法學院學生為調查對象，研究結果發現，有 75%的律師平均會花二十五至六十分鐘的時間告訴當事人會接受什麼測驗，以及如何作答，並有 44%的律師會想知道心理師會使用什麼測驗去衡鑑他們的當事人。

律師指導當事人如何回答心理測驗，勢必會影響心理衡鑑結果的正確性。其實律師只要告訴當事人配合心理師的指導語，盡力去回答即可，不應過度指導當事人改變他們的穿著、儀容、說話方式和行為，更不應該教導當事人作假或以不實的方式作答。

Victor 與 Abeles（2004）針對教練是否會影響個案在心理衡鑑上的表現，以及心理師是否可以偵測出來，進行文獻探討，認為教練的確會影響個案在智力、學術性向，以及性向測驗上的表現，並在律師教練之下，會影響個案在神經認知和一般心理功能的測驗表現。律師教練個案的目的，主要是想要影響個案在腦傷與心理疾病的心理衡鑑結果。Suhr 與 Gunstad（2000）使用強迫選擇題作為偵測工具，沒有被教練的詐病者（malingerers）有 31%會被偵測到，有被教練的詐病者只有 6%會被偵測到。當使用更特定的教練技術時，54%被教練和 86%未被教練的詐病者會被偵測出來（DiCarlo et al., 2000）。

心理師有倫理上的責任去維護心理測驗的正確性和公正性，因此，任何人若刻意去教練個案如何作答，導致不正確、不公正的衡鑑結果，都是不符合專業倫理的。心理師在進行心理衡鑑時，只能根據有信效度的測驗結果，在進行解釋時，要一併考慮到情境和脈絡因素，律師教練個案去作答測驗，即是一種心理師在解釋測驗結果時，要考慮的重要情境因素。律師或任何人不適當的教練個案，對心理師想要以倫理而誠實的方式進行心理衡鑑是一項挑戰。心理師一定要認識這個問題的存在，並設法降低教練對個案的影響，或研發更有效的偵測方法。

旁觀者在場的影響

在實施心理測驗的時候，心理師使用錄音或錄影機，或有人在旁邊觀察，都會影響個案的身心反應和測驗結果（Pope & Vasquez, 2011）。許多研究文獻（American Academy of Clinical Neuropsychology, 2001; Lynch & McCaffrey, 2004; McSweeny et al., 1998）指出，旁觀者在場會影響神經心理測驗的結果。針對這個問題，APA Committee on Psychological Tests and Assessment（2007）認為，心理師可以有五種選擇：

1. 在旁觀者在場的情況下實施心理測驗。
2. 實施心理測驗時，盡量減少旁觀者對施測的干擾和影響。
3. 選擇使用那些不容易受到旁觀者在場影響的心理測驗。
4. 請求旁觀者不要在場。
5. 若旁觀者堅持在場，而且明顯干擾心理測驗時，心理師得婉拒施測。

心理衡鑑的費用

有些學者（Shapiro, 1990）認為，心理師實施司法心理衡鑑時，採用視情況付費（contingence fee），例如：收費多少是依判決結果而定，則是違反專業倫理。也就是說，心理師如果依照平常的收費標準實施心理衡鑑，是符合專業倫理的，但如果是依判決結果而定，例如：勝訴多收一點，敗訴則少收一點或不收費，則是不符合倫理的，因為這樣一來，心理師就會很容易受到財務的因素而影響專業判斷。另外，心理師從事兒童監護權的心理衡鑑時，要同時評估衝突的父母雙方，如果只評估一方，而沒有評估另一方時，所做的衡鑑結果將是不公平，因此也是不符合專業倫理的。

美國管理式醫療照護機構通常只給付最多兩個小時的心理衡鑑服務項目（Camara et al., 2000），這樣的給付時數低於心理師實際工作的時數（平均四小時），而且保險公司通常不給付心理測驗的計分、解釋，以及撰寫報告的時間，也不給付將測驗結果回饋給個案的時間。由於測驗的偏低給付，帶給心理師一個倫理上的挑戰。心理衡鑑專業倫理一再要求心理師進行完整的心理衡鑑，不要只做單一測驗，並且要把測驗結果回饋給個案，而倫理守則要求心理師提供高品質的服務，但是心理師維持高品質的心理衡鑑服務，卻無法得到相對的、合理的保險給付。

在美國，由於心理測驗的成本提高，加上頻繁的修訂，對私人開業的心理師以及偏遠地區的心理機構，都是一項財務和倫理上的挑戰。在有限的預算下，心理師可以因為新版的測驗太貴而使用舊版嗎？可以採用有著作權疑慮的測驗嗎？心理師適合以提高測驗費用來彌補測驗成本嗎？面對上述問題，Turchik 等人

（2007）的建議如下：

1. 心理師或機構應先盤點機構內的心理測驗有哪些，並使這些測驗容易被辨識、被找到，以及被使用，且可以刪除重複購置的測驗，或刪除測量同一特質或構念的測驗。
2. 記錄每種測驗使用的頻率，避免購置極少使用的測驗修訂版。
3. 移除過時的測驗，依照適當的方式將他們儲存或銷毀。
4. 尋找較便宜並可替代的測驗，例如：購置一次付清即可永久使用的測驗，以及使用屬於政府機構發行的免費測驗，如酒癮篩檢量表等。
5. 也可以從心理測驗相關文獻中，尋找良好信效度，而且免費使用的測驗，例如：Tests in Print 和 Mental Measurement Yearbook。
6. 從各主要測驗出版公司的目錄上，比較同類測驗之間的價格，再購買它們當中最便宜的測驗。
7. 如果有某些用量很大的測驗，可以洽詢測驗出版公司是否有大量購買的優惠。
8. 也可以考慮購置電腦輔助施測和計分的測驗，可以節省工作人員的時間。

綜合上述的討論可知，心理衡鑑是心理師的主要業務之一，因此心理師從事心理衡鑑需要具備合格的能力，在實施心理衡鑑之前，要先做好知後同意，告訴個案衡鑑的保密範圍和限制，並且懂得根據轉介問題慎選適當的測驗工具和衡鑑方法，再根據標準程序和多元評量的原理進行心理衡鑑，在統整衡鑑結果之後，以容易理解的語言和方式回饋給個案，以促進個案的最佳利益。

案例討論

案例 10-1 擔心兒子的智力問題

王太太的兒子原本功課很好，升上小三之後，考試成績卻大幅滑落，王太太擔心兒子是不是智力有問題，跟不上中年級的教材，還是因為夫妻最近經常為錢吵架而影響了小孩。王太太以電話預約某心理諮商所的高心理師，幫小孩做智力測驗。高心理師在電話中告訴王太太，要安排兩次的時間，每次一小時，第一次是做測驗，第二次是解釋測驗結果。高心理師選擇「托尼非語文智力測驗」，並依照標準程序施測。

問題 1：你認為王太太的主訴問題是什麼？高心理師的心理衡鑑有回答到王太太的問題嗎？

問題 2：你認為高心理師安排一次施測和一次解釋測驗結果，是否符合執業標準？

問題 3：如果你是案例中的心理師，你會如何進行心理衡鑑，以符合多元向度的衡鑑原則？

案例 10-2　人格障礙的衡鑑轉介單

莊心理師接到醫師的衡鑑轉介單，轉介單上提到轉介的問題是：林姓住院病人在住院期間不遵循醫囑，行為經常干擾病房的管理，因此懷疑他是否有人格障礙的問題。

問題 1：如果你是莊心理師，你是否會找醫師進一步澄清轉介問題？為什麼會或不會？

問題 2：如果你是莊心理師，在進行心理衡鑑之前，你會如何進行病人的知後同意？

問題 3：如果你是莊心理師，你會如何進行心理衡鑑，會使用哪些測驗？

案例 10-3　律師轉介個案做心理衡鑑

劉心理師接到律師轉介一位因車禍導致腦部受傷的個案，為了了解腦部功能的受傷程度，以做為理賠的依據，需要做神經心理衡鑑。劉心理師認為這個機會難得，可以增加收入，而且她也很熟悉「魏氏成人智力測驗」，於是他根據臨床晤談、病歷資料，以及「魏氏成人智力測驗」結果等，完成了一份神經心理衡鑑報告。

問題 1：你認為劉心理師的心理衡鑑涉及哪些倫理或法律議題？

問題 2：你認為劉心理師的執業是否超出能力範圍？

問題 3：如果你是案例中的心理師，你會如何處理律師的心理衡鑑轉介，才能符合專業倫理？

第十一章

在學校執業的倫理議題

有許多心理師以專任或兼任的方式在各級學校執業，心理師在學校執業經常面臨一些倫理議題，例如：兒童諮商的能力、諮商未成年人需要取得家長的知後同意、保密的限制、多重關係、非自願個案、法律通報，以及權益促進等。本章將以上述議題做為討論的內容。

心理師在組織中執業

有許多心理師是在組織中執業，例如：學校組織、政府組織、企業組織等，凡是在組織中執業的心理師，相較於在社區中執業的心理師，必然會面臨到更多的倫理議題。限於篇幅，本章將以學校為例，說明在組織中執業的相關倫理議題。凡是以組織員工或學校師生為服務對象的心理師，很容易就會遭遇到本章所討論的倫理議題。

心理師在學校任職，服務的對象包括：學生、教師、行政人員，以及家長等，由於心理師本身也是學校教職員的成員，如果其他教職員來求助心理師，便和心理師產生雙重關係，形成既是同事又是諮商的關係；如果心理師在學校要上課，授課班級的學生來求助心理師，便和心理師產生雙重關係，形成既是師生關係又是諮商的關係。

傳統的諮商觀點認為，兒童的問題來自兒童本身，因此心理師只要和兒童工作即可。現代的生態觀點則認為，兒童的問題不僅來自兒童本身，而且也來自其生活的家庭和學校，因此心理師在學校執業會變得比較複雜，不僅要跟兒童工作，也需要跟他的父母、老師、學校主管，以及其他專業人員工作。一旦心理師在學校的角色愈多元，就愈會增加諮商角色的難度，以及倫理上的困境。

具備學校諮商能力

心理師執業不得超出其能力範圍，因此以下首先討論專業能力的倫理議題。以成人諮商為訓練內容的心理師，從事兒童與青少年諮商工作時，便應該接受兒童與青少年諮商的專長訓練和接受督導。同樣的，以兒童諮商為訓練內容的心理師，在從事大學生的諮商工作時，便應該接受大學生或成人諮商的專長訓練和接受督導。一般成人諮商的訓練著重在語言溝通，所以想要從事兒童與青少年諮商的心理師，需要學習遊戲治療、藝術治療、休閒治療等非語言的諮商方法，而且也要熟悉兒童發展的任務和各種議題，以及兒童與青少年的相關法規和社會福利資源。

Gersch 與 Dhomhnail（2005）認為，心理師和兒童與青少年工作時，若表現出下列行為，便有執業疏失的可能性：

1. 執業超出自己的能力範圍。
2. 未徵得家長或監護人的同意，對兒童與青少年實施心理諮商與心理衡鑑。
3. 因身心壓力或生病，執業未達專業標準。
4. 未徵得家長或監護人同意，向其他人洩漏個案或家長的隱私。
5. 以隨便的態度進行心理測驗的施測、計分或解釋。
6. 使用語言或其他方式造成兒童與青少年不當的身心壓力。
7. 未能傾聽兒童與青少年個案的心事。
8. 和兒童與青少年個案發展個人關係來滿足自己的需要。
9. 未能即時完成書信、公文或報告。

為預防執業疏失，在中小學執業的心理師應該接受兒童與青少年諮商的專長訓練，並且在日後透過繼續教育以維持專業能力。在中小學服務的心理師和輔導老師普遍都存在督導不足的問題，根據Page等人（2001）的調查，在美國的學校諮商師，只有 13%接受個別的臨床督導，只有 10%接受團體督導。在臺灣的中小學心理師和輔導老師也有類似的問題，多數的輔導老師和心理師有督導需求，但卻沒有接受個別或團體督導。

知後同意

在學校執業的心理師於進行知後同意的時候，必須考慮到個案的年齡是否屬於無行為能力的未成年人，未成年人通常沒有能力行使知後同意，需要透過家長或監護人來行使。我國《民法》第 12 條規定：「滿 18 歲為成年」；《刑法》第 18 條規定：「未滿 14 歲人之行為，不罰。14 歲以上未滿 18 歲人之行為，得減輕其刑」；《兒童及少年福利與權益保障法》第 2 條規定：「本法所稱兒童及少年，指未滿 18 歲之人；所稱兒童，指未滿 12 歲之人；所稱少年，指 12 歲以上未滿 18 歲之人」。因此，有關未成年的定義，根據《民法》、《刑法》和《兒童及少年福利與權益保障法》都是 18 歲。

在實務上，心理師要提供諮商服務給 18 歲以下的個案，需要家長或監護人的知後同意；換句話說，年滿 18 歲的人才能行使知後同意，有能力自行決定接受醫療或諮商與心理治療的服務。在倫理上，針對未成年人提供諮商與心理治療，心理師應該同時取得未成年人和家長的知後同意。由於未成年人通常沒有能力行使知後同意，美國心理學會（APA）的倫理守則（3.10.b）提供心理師下列幾項指導原則：（1）提供當事人適當的說明；（2）徵求當事人的同意；（3）考慮當事人的需求和最佳利益，以及（4）取得法律授權者的同意。心理師鼓勵未成年人參與諮商計畫的討論，可以增加當事人的自主性，在當事人積極參與諮商時，諮商改變的可能性會顯著提高。

學校取得家長的知後同意有兩種方式：一種是在新生入學時，校方可請家長簽署一張同意書，同意讓學生接受學校所提供的各項服務，包括：個別諮商、團體輔導、心理測驗、衛生保健等；第二種方式是當學生需要心理諮商時，才請家長或監護人針對是否接受學校安排的心理諮商簽署知後同意書。

心理師要有效的諮商未成年人，一定要與家長一起工作，並要尊重家長或監護人的權利和責任，且和他們建立夥伴關係，以促進學生的最大發展。心理師可以養成一個工作習慣，那就是在第一次會談時，邀請家長或監護人和子女一起出席，一方面可以一起做知後同意的溝通，另一方面可以觀察親子互動，以及兒童在家長面前的行為表現。透過第一次會談的機會，心理師建立三方互信是很重要的事情。

由於入班觀察時，心理師並沒有直接與個案有互動或交談，因此入班觀察可以說是屬於灰色地帶的情況，如果可能，心理師可以先徵求家長的同意，如果不可行，心理師可先入班觀察，再判斷是否需要徵求家長的同意做進一步的評估和諮商。Corey等人（2011）認為，心理師提供諮商與心理治療給沒有家長同意的未成年人時，要考慮下列幾個事項：

1. 未成年人的能力和身心成熟程度。
2. 不提供諮商給未成年的後果和風險是什麼？
3. 未成年人需要諮商，但是會被家長拒絕的機率有多少？
4. 諮商未經家長同意的未成年人之相關法律有哪些？
5. 心理師提供諮商給未經家長同意的未成年人時，要熟悉相關法律，並且諮詢相關專業人員。

輔導老師難以執行知後同意的問題

洪莉竹（2008）以中學輔導人員為研究對象，探討其專業倫理的困境，其中專業倫理的困境之一是難以執行知後同意。該研究指出，學校是教育場所，學校輔導人員負有教育職責。研究受訪者認為，面對需要輔導的學生，要遵守知後同意有實務上的困難。如果當事人不願意接受輔導，輔導人員就可以不管嗎？即使輔導人員願意尊重當事人意願停止諮商，導師或其他人員有可能要求輔導必須繼續，或因此斷定輔導沒有效能，輔導人員為此時常面臨強大的衝突與壓力。

上述研究的部分受訪者認為，多數學生並不了解輔導／諮商是什麼，以及有哪些幫助，若徵求他們同意，他們未必能夠為自己做恰當的決定。為了協助學生，學校輔導人員要進行心理測驗、班級輔導、小團體輔導、個別諮商等許多工作，若事事都要徵求當事人的同意，學校的輔導工作可能都難以進行，在面對家長時亦是如此。該研究部分受訪者指出，平日聯絡家長並不容易，如果凡事都要經過家長同意，一來會耽誤處理時效，二來許多工作可能都無法進行，例如：召開個案會議，其原意是為了整合校內外資源以協助該生，若是來不及聯絡家長，或是家長不同意召開個案會議，是否就該停止會議，讓輔導工作延宕？

針對上述洪莉竹（2008）的研究發現，我覺得有許多可以討論和斟酌的地方。首先，我們要討論「誰」需要徵求個案和家長的知後同意，其次是請個案和家長同意「什麼」？因為洪莉竹的研究對象包括輔導教師、輔導組長，以及輔導主任，每個人的角色不同，和個案的關係也不同，如果不是以心理師提供個案心理諮商服務的角色和關係，基本上是不需要取得個案和家長的知後同意，即可從事他們份內屬於非心理諮商的業務。因此，任何提供心理諮商服務給個案的輔導老師，即應遵循專業倫理進行知後同意的程序。

其次，該研究部分受訪者提到，如果當事人不願意接受輔導，輔導人員就可以不管嗎？學校協助學生的人員有很多，包括不同角色的老師，例如：導師、科任教師、輔導老師、各處室主任、組長等。如果個案和家長知後拒絕心理諮商的服務，輔導老師應該欣然接受，且不宜進行不符專業倫理的強制輔導，那麼這些學生該怎麼辦呢？我認為可以徵求個案和家長的同意，由其他老師或人員給予協助，如果個案和家長拒絕學校任何人員的任何協助，我們應予尊重，拒絕學校提供輔導的後果，自然由個案和家長自己負責。

第三，該研究部分受訪者提到，多數學生並不了解輔導或諮商是什麼，以及有哪些幫助，若徵求他們同意，他們未必能夠為自己做恰當的決定。由於學生尚未成年，對於心理諮商的一知半解是很可能的，這個時候，輔導老師便要設法以學生能夠理解的語言和方式，說明心理諮商的涵義、程序和方式，然後在學生對心理諮商有所了解之後，再徵求他們的同意。如果經過上述的說明，學生仍然無法理解心理諮商是什麼及有什麼幫助，輔導老師更需要向家長進行知後同意，以符合專業倫理守則，並尊重個案和家長的意願。

最後，該研究部分受訪者提到，平日聯絡家長並不容易，如果凡事都要經過家長同意，一來會耽誤處理時效，二來許多工作可能都無法進行。由於輔導老師平常處理的多數學生並非危機個案，因此還是會有足夠的時間進行知後同意，尊重個案和家長的意願是輔導老師的基本素養。至於事出緊急的危機個案，輔導老師可以先行處理，再於事後向家長說明，並進行知後同意。危機過去之後，如果個案和家長知後拒絕心理諮商服務，輔導老師應予尊重。

案例 11-1　幻想要殺死母親的個案

謝同學為高二女生，主訴是情緒低落、不想上學、緊張、失眠。來談時個案已經在某醫院精神科就醫並服藥中，初診為憂鬱症。案父是計程車司機，案母為家庭主婦，有一就讀國二的妹妹和就讀小二的弟弟。謝同學於高一下學期主動找輔導教師諮商，高二時該輔導教師轉任他校，因此個案轉由林心理師繼續輔導。

在個案與林心理師的固定晤談期間，有時個案會在晚上十點多打電話給前任輔導教師。前任輔導教師覺得很困擾，因此連繫林心理師，表達當初在接案後遇到寒假，而停止諮商，擔心假期中有緊急事件要聯絡，才給個案手機號碼。目前與個案已經結束諮商關係，但是個案在心情低落找不到人求助時，就會打電話給前任輔導教師。

個案曾經告訴前任輔導教師，妹妹被母親用手指刺傷下體、用針刺手指肉、用水管打、罰跪一整晚，以及用電蚊拍電妹妹，但是案母不會虐待個案及弟弟。

在一次晤談中，個案說她曾在門診時告訴醫生：「我想殺死我母親」，但個案埋怨醫生都沒有回應。林心理師邀請個案多說一點，個案說，自己在房間時，心裡浮現自己拿一把槍對著母親的頭射下去的畫面，接著又出現雙手勒死母親的畫面，之後個案走進浴室，找到母親的牙刷，將牙刷丟向大樓窗外，牙刷像跳樓般墜落到地上：「我將她殺死了」。

問題 1：輔導教師擔心個案在寒暑假會有緊急事件需要聯絡，而把自己的手機號碼給個案，這是否適當？是否有更好的處理方式？

回　應：即使考慮寒暑假期間有緊急事件要聯絡，我也會建議輔導教師不要把私人手機號碼給個案，我覺得輔導教師把私人手機號碼給個案，便是一種界線跨越，有意無意的暗示個案可以在下班時找他。對於下班後或寒暑假需要緊急聯絡的個案，我會建議輔導教師只留學校的電話號碼給個案，並且教導個案在緊急的時候，可以求助校安中心、緊急醫療網或醫院急診室。

問題 2：個案在晤談中描述殺死母親的幻想，輔導教師是否要告知個案父母或有關單位？如何處理個案的殺人意念和幻想比較適當？

回　應：這是屬於臨床的問題，輔導教師若評估個案沒有殺人的危險性，認為個案不會把幻想行動化，就可以不需要告訴家長或有關單位。輔導教師可以在諮商關係中協助個案處理傷害他人的意念和幻想，處理殺人意念和幻想的方式，包括：要個案承諾不會實際去做；如果個案有殺人的衝動時，承諾會找輔導教師或其他老師幫忙；以及協助個案以安全的替代方式表達其殺人意念和幻想等。

問題 3：個案轉學或畢業離校後，若頻頻想和前任輔導教師聯繫及要求繼續諮商關係，該輔導教師可以如何處理？

回　應：輔導教師輔導離校的個案，可能牽涉到輔導權責的問題，我會建議輔導教師告知個案，個案一旦離校後，便要結束諮商關係，個案如果有需要諮商的困擾時，應該尋求就讀學校輔導教師的幫忙。如果個案無法節制自己的慾望和衝動，不斷的在離校後找原輔導教師求助，我建議原輔導教師要以溫和而堅定的說話方式，告訴個案自己不會再和他談話，必要的時候通知個案就讀學校的輔導教師，一起想辦法處理個案的問題。

問題 4：根據個案的陳述，受虐的不是案主，輔導教師是否就不需要通報？

回　應：有關個案陳述案妹被案母虐待的事情，我認為輔導教師可以評估案妹被虐待的真實性，並以電話諮詢 113 婦幼保護專線的社工，再決定是否需要通報。

保密的限制

心理師和兒童工作時，經常要面對如何平衡或兼顧兒童個案的保密和家長知悉兒童諮商內容的權利。心理師可以在初次晤談時，徵求家長的同意，不要詢問心理師有關兒童諮商的內容，因為心理師如果要向家長彙報諮商的內容，久而久之會引起兒童對心理師的不信任，認為心理師在背後告訴家長有關兒童的秘密。家長比較會擔心的是，萬一發生重大的事件，他都不知道那怎麼可以。在這種情況下，心理師可以告訴家長，如果兒童發生重大的事情，例如：傷害自己或他人時，心理師一定會盡早告訴家長，免得家長擔心。雖然兒童在倫理上享有保密的權利，但是在法律上，家長的權利仍然超越子女的權利。

心理師在中小學經常辦理團體輔導的活動，在保密的倫理議題上，團體輔導又比個別諮商要複雜。心理師在帶領團體輔導之前，首先面臨的倫理議題是：招募兒童與青少年成為團體成員應該徵得家長或監護人的同意，並且會面臨家長或監護人有知道其子女在團體裡說了什麼的權利。因此，心理師應在事前徵求家長或監護人的同意，放棄他們這方面的權利，讓兒童與青少年可以更自在的在團體中分享自己的問題和隱私，以獲得團體輔導的幫助。此外，心理師也需要敏感於兒童保密能力的問題。由於兒童與青少年在了解和維持團體保密上會有困難，他們很容易受到同儕壓力而揭露團體中發生的事情。因此，心理師可以在篩選成員時，評估他們了解和維護團體保密的能力，也可以在事後教導成員如何拒絕同儕壓力，以維護其他成員的隱私。

案例 11-2 大人都是騙人的

簡同學，女生，就讀高三，因為情緒緊張、害怕、手足無措，急著找導師，經導師陪同求助輔導教師。在輔導教師晤談評估之後，建議簡同學就醫並希望通知家長，簡同學反對通知家長，但同意放學後與同學一起到醫院門診就醫，接受藥物治療（抗焦慮劑、助眠劑）。

簡同學一再表示很難信任他人，最近發現輔導教師所提到的事情，她確定只告訴醫師，簡同學認為一定是醫師講出去，認為大人都是騙人的，講是一套，做又是另一套。

問題 1：當個案轉介至醫療機構，醫師與輔導教師要如何合作，而雙方的保密原則為何？

回　應：有些個案對於隱私保密非常重視，輔導教師和醫師、導師、家長協同輔導個案時，需要留意保密的問題。我建議輔導教師可以徵求個案的同意，讓輔導教師可以和醫師分享個案的訊息，以便可以有效的幫助個案。如果個案不同意，或只同意分享部分內容，輔導教師應予尊重。

問題2：在家長不知情，且個案不想讓家長知道的情況下，學生自行至精神科就醫，輔導教師應如何處理？

回　應：未成年學生就醫時，最好由家長或親友陪同，如果個案不肯讓父母知道，也可以詢問個案是否有自己比較信任的長輩或親友可以陪同就醫。輔導教師只有在緊急的時候，因為臨時聯絡不到家長，而且也向學校主管報備之後，才適合陪個案就醫。如果個案的年齡和心智比較成熟，讓個案由同學陪同就醫，我想也是可以接受的方式。

多重關係

心理師在學校執業，可能要服務學校裡的各種成員，包括：學生、家長、教職員工，以及行政人員等。心理師應避免在學校扮演下列的角色，例如：訓導人員、授課教師、導護人員，或任何其他可能和心理師角色衝突的工作，這樣做的目的在於維持心理師單純的諮商角色，如果心理師從事屬於初級預防的教育活動，將會使其單純的諮商角色受到妥協，以致於增加多重關係的倫理困擾。以下舉出幾種多重關係的情況做進一步的討論，包括：諮商授課班級的學生、與個案的肢體接觸、家庭訪視，以及轉介個案接受校外諮商服務。

心理師在學校最好不要授課，這樣可以和學生個案保持單純的諮商關係，如果在學校授課的話，一旦要去諮商授課班級的學生時，就會形成師生關係和諮商關係的雙重關係問題。即使心理師自己可以維持良好的界線，清楚知道自己是在教學還是在諮商，但是學生個案對於雙重關係一定會感到困惑，個案不知道若把心中負面的想法與情緒表達出來，會不會受到糾正或處罰，由於這種雙重關係的存在，使得心理諮商的效果受到限制。另外一種困擾是，心理師對於個案的態度和對於班級的態度如表現出不一致的現象，易造成班級管理和個案諮商的困難。如果心理師一定要授課的話，最好徵求校方的同意，不接受授課班級的同學作為個案，該班級中有需要心理諮商的學生可以去求助其他心理師或輔導老師。

在性騷擾頻傳的現代社會，要不要和個案有身體的接觸，是一個值得討論的議題。原則上，心理師是否可以肢體接觸個案，主要是看當時的脈絡。不同的心理師對這個問題有不同的看法，有的認為完全不可以肢體接觸個案，有的則認為非「性」的身體接觸，如擁抱、拍肩膀等，可以提供個案所需要的情緒支持和確認。有的心理師認為以身體接觸個案應僅限於手部、背部和肩膀，即使短暫的身體接觸也可以產生很大的影響力。心理師和兒童與青少年工作，應該審慎從事，不可以利用他們對心理師的信任，而去占他們的便宜，亦不可以用身體接觸來滿足自己的需要。在學校裡，有些兒童因為醫療的原因，需要他人協助去服藥、使用呼吸器、施打因素林（insulin）或按摩等，心理師也要考慮這些協助是否更適合由護理師或其他人來做，一方面可以避免執業超出能力，以及可能的肢體接觸等倫理疑義。

心理師在學校執業，有時候會有需要前往個案的家庭進行訪視，在實施家庭訪視時，最好兩人一組，使用上班時間，並且向學校輔導中心或輔導室報備。心理師訪視學生家庭時，不宜一對一與兒童單獨在家裡，特別是在臥室裡相處，最好旁邊有另一位同事或兒童家長在場。家長不應該把兒童單獨留在家裡讓專業人員（包含心理師）照顧，因為一旦兒童發生任何意外問題或性騷擾，事情就會講不清楚，徒增學校和家庭的困擾。

在各級學校執業的心理師有時候會碰到一些需要轉介校外諮商的個案，例如：有的學校限制六次的諮商，當個案用完六次諮商之後，想要繼續和心理師諮商時，心理師是否可以把這樣的個案轉介到自己收費的諮商機構？將在學校接的免費個案轉介到自己校外收費的心理諮商所，是有倫理爭議的，除非這是屬於緊急的情況，或個案只需要有限次數的諮商即可結案，並且徵求單位主管和個案的同意；為了個案的最佳利益，請校方容許這種例外的處理方式，才比較符合倫理的作法。

案例 11-3　個案喜歡到輔導室借東西、閒聊和看書

丁老師是高職的輔導老師，從事學生輔導工作時有下列三項經常感到困擾的問題，不知道該怎麼辦才好？

問題1：大部分的個案都會依照約定好的時間，固定與丁老師晤談，但是有少部分的個案卻無法依照約定好的時間與他晤談，當他不在輔導室的時候，這些個案會直接找主任談，後來有點混淆不知道這些個案該由誰來接？

回　應：我認為個案或許不知道心理諮商是要固定找一位輔導老師談的，輔導老師也應該要有心理諮商須固定一位老師的基本概念。因此，每當個案在預約時間之外來找丁老師時，其他輔導老師或主任，應該提醒個案需依照和丁老師約好的時間來輔導室晤談。如果個案想要臨時找其他人晤談，除非緊急情況，否則其他輔導老師或主任應該予以婉拒，請個案固定和一位輔導老師晤談，以免混淆一對一的諮商關係，造成不知道個案應該由誰接的困擾。

問題2：丁老師的學校輔導室為鼓勵學生來輔導室，提供學生針線包、借電話、借文具、借書、看書、喝茶和聊天等服務。少部分個案經常在下課和沒課的時候，進出輔導室借東西、聊天和看書，讓輔導關係變得比較複雜，這樣是否有違反專業倫理？

回　應：開放輔導室作為學生休閒娛樂或K書中心，便是一種界線跨越，會淡化輔導室的專業性而變成學生服務室。這種鼓勵學生來輔導室的作法，對不提供心理諮商的學校或許還可以，但對想要提供心理諮商的輔導老師，就會有多重關係和界線模糊的問題，並且會降低心理諮商的效果。

問題3：丁老師說，作為一個輔導老師，是不是要理性一點比較好，以免違反專業倫理？曾經有一位個案，因為來晤談時穿的很單薄，那天天氣很冷，丁老師將自己的外套借給他，之後他遲遲沒有把外套拿來還，丁老師主動發單子找他，他也一直沒來。後來有一次他到輔導室，丁老師問了衣服的事，才發現兩人之間的關係好像不一樣了，諮商似乎很難繼續，所以丁老師很困惑：輔導老師是不是要理性一點比較好？

回　應：我認為輔導老師把外套借給個案穿回家，也是一種界線跨越，不利於單純的諮商關係。遇到類似的個案，我會建議輔導室準備一些多餘的學生外套，臨時提供給怕冷的同學穿，輔導老師應避免把自己的私人外套借給學生穿，如此作法會讓個案有很多的想像。

案例 11-4 心理師拒絕參加學校的初級心理衛生活動

某校施心理師認為自己的角色和業務是提供心理諮商直接服務，基於專業倫理的考量，不能夠配合家訪業務，也不能協助教學工作。在學校辦理心理衛生活動時，曾邀請心理師出席，以增加師生對心理師的認識。但心理師參加幾次後，表示心理衛生活動屬一級預防工作，且全校師生已知道心理師的存在，而以此拒絕參與後續的心理衛生活動。輔導主任認為該心理師以專業自恃，僅進行諮商晤談，不像輔導老師那樣會配合學校，在輔導主任比較聘用輔導老師和與心理師的相處經驗後，認為輔導老師比心理師好用，也向縣府學生輔導諮商中心作此反應。

問題 1：施心理師基於專業倫理，只願意提供心理諮商服務，不願意配合學校做學生家庭訪視或擔任教學工作，也不願意參加初級心理衛生活動，你認為施心理師的專業堅持是否適當？

回 應：我覺得施心理師可能把避免多重關係當作倫理規定，以致於在工作時缺少彈性，如果把避免多重關係當作原則，可能會比較好。另外，一般的輔導主任可能不了解多重關係不利於心理諮商的倫理意識，因此我會建議施心理師協助輔導主任了解心理師參加非諮商工作的利弊得失，以及和個案形成多重關係的擔心。必要時透過實際多重關係的案例，讓輔導主任和學校老師了解心理師參加初級心理衛生工作，會如何的影響諮商關係，以及降低諮商成效。

問題 2：如果你是案例中的心理師，你會如何和學校合作，可以兼顧專業倫理和學校的需求？

回 應：我會評估學校輔導室的功能，以及輔導主任和學校老師對於諮商專業和專業倫理的了解程度，然後在可能的範圍內依照專業倫理守則提供心理諮商服務。當輔導主任希望我配合學校訪視學生、擔任教學，或參加初級預防工作，我會嘗試向輔導主任說明，我的諮商者角色不適合做這些非諮商業務，這並不是我不願意配合，而是配合的結果會不利於我對個案的諮商服務，而且也會有違反專業倫理的疑慮，希望輔導主任可以尊重。如果輔導主任還是堅持我去做這些非諮商業務，我會讓輔導主任知道多重關係會降低諮商效果的後果，而希望輔導主任可以共同承擔。

非自願個案

心理師提供心理諮商應徵得個案的同意，不可以強制個案進行諮商，這是基本的倫理守則。但是在學校執業的心理師可能會接到一些非自願個案的轉介，這種情形並不少見，例如：被學務處或導師規定接受諮商的學生，或是父母因為孩子行為叛逆難以管教，而要求孩子去接受心理諮商等。對於非自願個案，心理師所要做的工作，便是教育個案正確認識心理諮商，以及鼓勵個案嘗試先接受心理諮商一段時間，再決定是否真的不需要心理諮商。

教育個案正確認識心理諮商是一件很重要的工作，也是每一位心理師隨時隨地都可以做的事情。幫助非自願接受心理諮商的個案，在經過心理師的說明和鼓勵之後，轉變成自願求助心理諮商的個案，是幫助非自願個案的首要工作，也是不可缺少的步驟。

如果可能，心理師可以提供一些不同的心理師人選或服務項目給非自願的個案做選擇，例如：個別諮商、團體輔導、心理測驗等，雖然個案一定要接受諮商，但是對於找誰做諮商，以及做哪一種諮商，我們還是可以尊重個案的選擇；當個案愈是在有選擇的情況下接受諮商，個案的參與程度和輔導成效也會比較好。如果個案不喜歡學校的心理師或輔導老師，也可以容許他選擇校外的心理師。

強制通報的倫理議題

與在社區執業的心理師相比，在學校執業的心理師更有可能會因為法律和教育行政命令的關係，需要進行較多的通報工作，然而強制通報應該要有清楚的法律依據，否則反而會有違反保密的倫理責任。當未成年個案在諮商中談到有關有意私奔、逃家、墮胎、自殺、嚴重犯罪行為、濫用藥物等時，心理師是否就要告訴家長、學校或通報社會局呢？

現行法律並未明文規定，心理師知悉上述學生行為問題即要通報他人，只是在倫理上，心理師需要判斷是否需要告訴個案的家長或監護人，除非教育部另有行政命令需要通報校安中心，否則心理師應該尊重個案的隱私予以保密。心理師是否要告訴家長，最好先和學生當事人討論，並徵求其同意。如果當事人不同意，也應教育當事人學習尊重家長的權利，共同商量如何告訴家長、告訴多少，以及告訴時機和方式等。

我國涉及強制通報的法律有下列四個：《兒童及少年福利與權益保障法》、《家庭暴力防治法》、《兒童及少年性剝削防制條例》、《性侵害犯罪防治法》等。以下說明這些法律和強制通報有關的條文，讓心理師做為是否通報的依據。

《兒童及少年福利與權益保障法》第 53 條提到：醫事人員、社會工作人員、教育人員等，於執行業務時知悉兒童及少年有下列情形（包括：施用毒品；出入賭博、色情、暴力等場所；遭受遺棄、身心虐待；讓 6 歲以下兒童獨處；兒童生命、身體或自由有立即之危險或有危險之虞者）之一者，應立即向直轄市、縣（市）主管機關通報，至遲不得超過二十四小時。第 100 條提到：醫事人員、社會工作人員、教育人員等違反第 53 條第 1 項規定而無正當理由者，處新臺幣六千元以上六萬元以下罰鍰。

《家庭暴力防治法》第 50 條提到：醫事人員、社會工作人員、教育人員等，在執行職務時知有疑似家庭暴力，應立即通報當地主管機關，至遲不得逾二十四小時。第 62 條提到：違反第 50 條第 1 項規定者，由直轄市、縣（市）主管機關處新臺幣六千元以上三萬元以下罰鍰。但醫事人員為避免被害人身體緊急危難而違反者，不罰。

《兒童及少年性剝削防制條例》第 7 條提到：「醫事人員、社會工作人員、教育人員……，知有本條例應保護之兒童或少年，……應即向當地直轄市、縣（市）主管機關或第五條所定機關或人員報告。……」第 46 條提到：「違反第七條第一項規定者，處新臺幣六千元以上三萬元以下罰鍰。」

《性侵害犯罪防治法》第 8 條提到：醫事人員、社工人員、教育人員等，於執行職務時知有疑似性侵害犯罪情事者，應立即向當地直轄市、縣（市）主管機關通報，至遲不得超過二十四小時。

上述這四個法律雖然都有強制通報的規定，但是只有《性侵害犯罪防治法》沒有提到未通報的罰則，因此心理師在知悉或懷疑成年人個案涉及性侵害時，是否需要通報主管機關，應該兼顧與尊重當事人的意願。

在學校執業的輔導老師和心理師，可能會受到教育部校園安全通報的行政命令之規範，對於下列幾項校園安全事項需要進行通報：（1）學生意外事件；（2）校園安全維護事件；（3）學生暴力與不當行為；（4）輔導衝突事件；（5）兒童及少年保護違反事件；（6）性侵害、性騷擾、性霸凌；（7）中輟生；（8）吸食毒品，以及（9）少女未婚懷孕等。由此可知，在學校接受心理諮商的學生個案，由於教育部的校園安全通報規範，享有較少的專業保密。同樣的，輔導老師和心理師在進行通報時，應該提供最少而必要的資訊，以維護個案的隱私。

權益促進

兒童與青少年由於權力位階較低，而且能力有限，比較沒有辦法維護自己的權益，心理師有倫理的責任去幫兒童與青少年發聲。當兒童與青少年和其他人或單位存在利益衝突的時候，心理師可以替其爭取最佳利益。對於那些處於不利處境的兒童與青少年，心理師可以幫忙轉介個案所需要的社會福利和醫療資源。心理師如果發現學校有訂定一些不利於兒童與青少年身心發展的規定，可以透過適當程序，建請校方修訂這些規定。

案例討論

案例 11-5　一對不斷爭吵的母女

學生諮商中心的潘心理師，有個個案為國三女生，父母離婚，與母親住在一起，不想上學，想在家自己念書，和母親無法溝通，曾經有自傷行為，有時會很晚打電話給潘心理師，哭訴與母親爭吵的事情，潘心理師通常會進行電話諮商，希望可以解除個案的心理壓力。

案母會私下打電話給潘心理師，希望潘心理師可以勸個案上學，或是抱怨她不知如何與個案溝通，兩人會不斷的爭吵與妥協。潘心理師持續與個案諮商，討論主題是個案的生活規劃，以幫助她自我了解。

潘心理師常接到案母的電話，案母會希望了解心理師與個案的諮商內容，潘心理師通常會稍做說明，並給母親建議，此諮商關係持續到個案畢業而自然結束。

問題 1：心理師是否適宜告訴個案自己家裡的電話號碼？如果個案或家屬向心理師要家裡的電話號碼，心理師應如何處理？

問題 2：若心理師答應母親，為避免個案反彈，暫時隱瞞心理師與母親接觸的事實，是否合乎專業倫理？

問題 3：心理師面對案母想要了解個案諮商的內容，心理師應如何處理，才可符合專業倫理？

問題 4：心理師是否適合同時提供個案和母親心理諮商？

案例 11-6 疑似被性侵害的女生

個案為國三女生，因疑似曾懷孕墮胎，導師轉介給學生諮商中心的心理師，請心理師協助了解事實真相。

在心理師和個案晤談一段時間後，個案才承認在國二時和朋友到一位國三男生家玩耍，當朋友外出買東西時，個案和男生發生了性關係並事後懷孕。個案於暑假中在表哥的陪同下到私人醫院墮胎，個案的父母完全不知道此事。

在輔導過程中，心理師無法判斷個案是否被性侵害，但是個案表示這件不愉快的事情已經過去了，該男生也因搬家而不知去向，她要求心理師不要告訴父母，也不要去通報。

問題 1：在晤談中得知個案曾發生性行為與墮胎的事情，心理師適合通報校方或主動告知家長嗎？

問題 2：如果懷疑個案被性侵害，而且已發生一年了，心理師有通報的責任嗎？如果個案童年被性侵害，事發時間超過十年，也要通報嗎？

問題 3：在未成年個案不願意追究的情況下，心理師是否應尊重個案就讓此事過去？如果個案已成年，處理方式是否會有所不同？

問題 4：面對導師請求心理師幫忙，透過諮商輔導去查證個案是否發生性行為或墮胎，心理師應如何處理才適當？

案例 11-7　幫派大哥要帶女友去墮胎

個案為高一男生，因為重讀，年齡比同學大兩歲。心理師聽說他要帶女朋友去墮胎，便主動邀請他來諮商會談。個案自述為某幫派副堂主，目前有案底在身，在學校他並不隱瞞自己的身分。

個案與女友交往約半年，女友是高三生，18 歲，兩人已找過某合格婦產科門診，並選定施行流產手術的時間。這是女生第三次墮胎，個案並不覺得這是問題，因曾有三個女孩為他墮胎過，他認為女友已 18 歲，他沒有法律責任。

在會談過程中，心理師試圖引導個案對生命的尊重，並透過個案邀請其女友一同會談，女友罵個案笨蛋，豈可相信別人。

問題 1：心理師企圖引導個案接受生命的價值，教導個案新的且合適的生活觀，這樣做是否符合專業倫理？

問題 2：個案參加幫派或帶女友去墮胎，心理師是否應該告知個案的父母或導師？

問題 3：由於個案具有幫派的身分，輔導主任要心理師通知少年警察隊，但心理師認為應該保密，你認為誰的作法比較適當？

案例 11-8　個案在晤談中透露被性侵害的事情

個案為國二女生，因情緒低落和表示自殺意念，而被轉介到輔導室。在心理師和個案晤談多次之後，有一天突然哭訴曾和學校某男老師一起出遊，上賓館發生性關係的事情。事情發生已一年多，但是沒有人知道，該男老師之後又陸續要求個案共同出遊，且要求拍攝其裸照。個案開始覺得受騙，對男老師產生恨意。

第一學期，心理師因事先未告知保密的例外，又因個案強烈表達若被家人知道此事就要去自殺，又評估事發已經一年，且兩人目前皆無來往，又因加害人為學校同事，只好答應個案暫時不告訴其他人，等一段時間再說。

第二學期，個案告訴心理師，該加害人目前正轉移目標到其他女同學身上。男老師又開始邀約其他人出遊。最後心理師說服學生，願意寫下事發經過，並做好心理準備，請家長到校，說明事實經過，並通報性侵害防治中心。

問題1：第一學期，心理師因顧慮個案會自殺，而未告知家長或通報有關單位，是否有違倫理守則或相關法律？

問題2：第一學期，心理師曾匿名諮詢性侵害防治中心該如何處理，中心人員說要勸導個案出來舉發才能處理，但個案不願意，心理師該怎麼辦才好？

問題3：第二學期，當個案同意告知家長且通報性侵害防治中心時，心理師是否適合協助調查及蒐證工作？

案例 11-9 青少年個案的性行為

莊老師是學生諮商中心的心理師，阿雄是國二男生，身體發育較同年齡的男生來得成熟，很受女生歡迎，且對於「性」的興趣很高，因為加入幫派、在校抽菸、打架，而接受莊老師的輔導。

小珍是國一女生，長得端莊可愛，功課中上，個性活潑主動，人緣很好。阿雄和小珍經由朋友介紹認識，阿雄很喜歡小珍，要求小珍當他的女友。小珍因為帶手機到校被抓，阿雄替她頂罪，所以很感謝阿雄，決定當阿雄的女友。因學校禁止學生談戀愛，兩人多在校外見面。有一天，阿雄在學校很想見小珍，於是在快要上課時叫小珍到某間廁所去，兩人在廁所中親吻，阿雄不僅撫摸小珍的身體，還要求小珍撫摸他的下體，被巡邏的生教組長發現，將兩人帶至訓導處，經雙方家長到校處理，兩人承諾分手，不再見面，且小珍之後由家長接送上下學。

不過，幾天後阿雄威脅學弟幫他與小珍傳信，放學後兩人在學校附近見面，阿雄不僅親吻小珍且要求上床，被小珍拒絕。小珍當天放學後，因擔心家人責罵不敢回家，故在外遊蕩，整夜未歸。

問題 1：阿雄與小珍之間的親吻與撫摸，算不算性侵害？小珍表示親吻與後來的見面都是自願的，且對於這段感情充滿甜蜜與好奇。此時，心理師需要通報有關單位嗎？

問題 2：在晤談中，阿雄表示，自己每天都要看 A 片自慰，無法停止。莊老師自認對於男性「自慰與性衝動」的相關知識不了解，因此轉介阿雄去看精神科，醫師也表示，此一問題非其所長。後來，阿雄每週都會固定去找志工媽媽談話。請問，本案涉及何種倫理議題？如何處理最為適當？

案例 11-10　如何協助自殺型個案

小君是一個國三的女生，某次段考的下午在班級教室內用美工刀片割劃內側手腕，約有十幾道傷痕，在被同班女同學發現，奪下刀片後告知導師。導師在知會家長後，便轉介給學生諮商中心的心理師葉老師。

葉老師在與小君的晤談過程中，發現小君常在網路上瀏覽自殺的相關討論，並在討論自殺的網站上（部落格）與其他成員互相分享自殺的方式與計畫。葉老師便在徵得小君的同意下，除了知會主任、導師之外，並與家長說明小君的情況。而家長及導師給的回應則是，小君是擅於欺騙他人的，經常將自殺掛在嘴邊以引人注意，不過他們仍會注意小君的情況。

之後，葉老師與小君訂立不自殺契約，小君允諾。但是小君仍會在晤談室經常與葉老師詳細說明自己近日的自殺計畫，例如：時間、地點、方式，以及網友的建議。但在確認小君實際執行的可能性時，小君則說自己暫時不會自殺，因為她會遵守承諾。葉老師與主任做此狀況的討論時，主任說明之前已經對家長提出預警，所以不需要再做重複的告知。

而後在與小君的晤談將近結案時，小君在臨走前向葉老師表達自己很希望能擁有葉老師桌上的小盆栽，希望葉老師能夠送給她。

問題 1：當個案經常性的在晤談中談論自己的自殺計畫，而在晤談後卻又說不會自殺，但因為個案所提及的計畫相當確實且周密（可行性高），在之前雖已有預警的情況下，是否仍應持續告知相關人員（家長、導師等）？

問題 2：針對自殺型個案，心理師如何在晤談中釐清過度反應，以及未能適當反應的界線？

問題 3：當個案在結案時表達希望能擁有心理師的物品，且說明此物品可提供自己在心靈上的幫助時，心理師該怎麼做比較恰當？

第十二章

在社區執業的倫理議題

隨著《心理師法》的通過，有愈來愈多的心理師在學校以外的地方執業，包括：非營利的社區機構、心理諮商所、心理治療所，以及醫療院所等，即使在學校專任的心理師，也有很多人在社區機構兼職。本章將討論在社區機構以收費方式執業的相關倫理議題，例如：廣告行銷、辦公空間與工作人員、在媒體上發言與行為、收費與付費問題、轉介費與拆帳的問題、在醫院執業的倫理問題，以及諮詢的倫理議題等。

廣告行銷

在社區執業的心理師個人和團體，其營運的經費來源主要是靠個案的付費，因此，社區機構需要透過廣告行銷來吸引個案上門接受心理專業服務。但是，社區機構從事心理諮商的廣告行銷，往往受到相關醫療法規的限制，例如：《心理師法》第 27 條明文規定：

「心理治療所或心理諮商所之廣告內容，以下列事項為限：

一、心理治療所或心理諮商所之名稱、開業執照字號、地址、電話及交通路線。

二、臨床心理師、諮商心理師之姓名及其證書字號。

三、業務項目。

四、其他經中央主管機關公告容許登載或宣播之事項。

非心理治療所或心理諮商所，不得為心理治療或心理諮商廣告。」

早期美國的專業倫理守則會限制心理師刊登廣告的內容，專業學會認為，心理師不能像其他服務業或商品大做廣告和宣傳。直到 1980 年代後期，美國聯邦貿易委員會（Federal Trade Commission, FTC）提出反駁，並且和美國心理學會（APA）針對限制廣告的內容展開論戰（Koocher, 1994）。美國聯邦貿易委員會強調言論自由和自由貿易的重要性，美國心理學會（APA）則強調保護消費大眾的權益和維護心理師專業的社會聲望。後來，在美國聯邦貿易委員會揚言要告上法院的壓力下，美國心理學會（APA）決定修改倫理守則，大幅度地擴大心理師可以刊登廣告的內容，而只剩兩項限制：一是心理師不得作不實的廣告；二是心理師不得使用個案的證詞作廣告，這兩類廣告被認為屬於違反專業倫理的行為。

過去，心理衛生專業人員認為刊登廣告會降低他們的形象、尊嚴和公信力，但是這種看法並沒有得到實證研究的支持（Hite & Clawson, 1989）。此外，心理師可不可以販售商品，如紓壓等心理健康產品？基本上，只要心理師販售和其專業一致的產品，應該是可以的，但是向個案推銷維他命、珠寶或清潔用品等和心理專業不相關的產品，可能就會影響心理師與個案單純的專業關係和形象。

心理師如果要刊登廣告，最好先回答下列幾個問題（Welfel, 2012），以檢視是否符合專業倫理：

1. 我的廣告內容是否不實？
2. 我的學經歷和證照的資料是否正確？
3. 我的這份廣告是否能幫助民眾取得服務，並提升心理專業的公信力？
4. 我的廣告是否包括個案的作證內容？
5. 我的同儕是否會認同我的廣告內容？
6. 我是否盡力要求所有參與廣告工作的人都能夠遵守有關廣告的倫理守則？

有幾項廣告內容在倫理守則中並沒有提到，但是 Shead 與 Dobson（2004）認為心理師一定不可以做，那就是：（1）聲稱自己有特殊的能力；（2）聲稱自己的服務比他人的好；（3）訴諸個案的恐懼作為求助的理由，以及（4）保證諮商一定有效，上述這些都是違反專業倫理的廣告內容。有一種行銷方式是「首次面談免費」，心理師使用「首次面談免費」來招攬個案是否符合專業倫理呢？只要心理師沒有勉強個案繼續付費諮商，應該是可以的，應該不屬於《心理師法》第28 條所謂的「以不正當方法招攬業務」。

在臺灣，由於《心理師法》對於心理師刊登廣告的規定明顯比倫理守則還嚴苛，心理師在刊登廣告的時候，需要兼顧到倫理守則和醫療法規寬嚴不一的規範，我認為在適當的時機，可以透過全國聯合會和立法委員去修改《心理師法》第 27 條，鬆綁對心理師過於嚴苛的廣告限制，以符合言論自由和自由貿易的精神。

辦公空間與工作人員

諮商機構在規劃辦公空間和雇用工作人員時，一定要考慮到專業倫理的問題，例如：個案進出機構的入口和出口要分開，使前一小時個案離開的時候，不會遇見下一小時的個案；如果機構只有一個出入口的時候，宜盡量錯開等候時間，避免同一個時間有很多個案在等候區等候。等候區的設計要盡量讓等候的個案有隱私的空間，避免讓個案面對面等候的尷尬場面。機構的接待人員在講電話的時候或位置，要避免讓等候的個案或訪客可以直接聽到接待人員講電話的聲音，如果接電話的工作人員把想要預約諮商的個案姓名和問題，一邊複述一邊記錄，讓等候區的人聽到，就會有保密不佳的問題。

機構應在每個晤談室設置心理師可以使用的緊急按鈕，以便在遇到暴力或緊急個案時，可以按鈕讓櫃檯或其他同事知道，並前來提供必要的協助。緊急按鈕可以裝在心理師辦公桌的下方，可以讓心理師按鈕時不會驚動到個案。與人共用晤談室的心理師，需要留意個案的隱私和紀錄的保存，例如：使用不同的檔案櫃和電話等。機構要盡量提供殘障人士方便出入的空間和設施，例如：使用一樓或電梯大樓的辦公室。晤談室的隔音要良好，避免讓門外面的人可以輕易聽到心理師和個案的談話聲音。

心理師或諮商機構如果雇用非專業人員，包括：秘書、助理、行政人員、志工、清潔人員等，應該提供專業倫理的在職訓練，並督導所屬人員遵守專業倫理，包括遵守保密的規定。必要的時候，諮商機構可以使用專業保密切結書或在聘雇合約書上載明所有工作人員要遵守專業倫理的規定，以及工作人員若違反專業倫理守則情節重大時將會被解雇等。諮商機構應盡可能不要雇用短期工作的臨時人員或工讀生，因為這些短期工作人員可能在受到充分的倫理訓練之前就要離職。

心理師可以把相關證照文書掛在辦公室嗎？答案是可以的。根據《心理師法》第24條：「心理治療所或心理諮商所應將其開業執照、收費標準及所屬臨床心理師、諮商心理師之臨床心理師證書、諮商心理師證書，揭示於明顯處。」且心理師在執業時，要配戴執業執照。這些規定有助於個案辨識諮商機構是合格的開業機構，以及提供專業服務的是合格的心理師。至於其他學經歷證明的文書，例如：學位證書、公會會員證書、專長訓練證書或各種研習證書等，這些文書只要是真實的，就沒有違反專業倫理廣告不實的問題。

在媒體上發言與行為

近年來，心理師經常接受媒體記者的採訪，尤其是當社會上發生心理衛生新聞事件時，例如：名人自殺、重大災難等，記者就會請心理師發表看法和建議。心理師的媒體發言如果基於提供民眾心理健康教育，以及提升心理師專業的社會聲望，通常是合乎專業倫理的。但心理師在媒體上發言如果涉及下列幾個情形，就會有違反專業倫理的疑義：（1）使用不實的學經歷和職稱，例如：聲稱自己是醫師；（2）宣傳未經研究證實的治療方法；（3）只根據部分資訊和直覺就做結論，以及（4）試圖在媒體上做諮商治療，而不是做教育宣導。

心理師可以在媒體上，例如：電視節目，提供現場的諮商和心理治療嗎？以大陸知名的上海電視臺生活時尚頻道「心靈花園」為例（羅梅英，2007），該節目邀請心理諮詢師將心理諮商個案的真實故事搬到電視上，雖然製造很好的節目效果，並且得到很高的收視率，問題是心理諮詢師在電視上提供民眾心理諮商，是否有專業倫理的疑義？

另外，在臺灣有心理師使用生理回饋儀，在電視的綜藝節目中對藝人進行測謊，製造節目的高潮。由於使用生理回饋儀有侵犯個人隱私的疑慮，心理師在電視娛樂節目上使用生理回饋儀做為娛樂之用，顯然不符合專業形象，而且有侵犯個人隱私的問題，因此受到心理師公會的關切。

美國知名的電視喜劇影集「網路治療」（Web Therapy）（IMDd, 2014），從2008年9月22日首播，到2013年總共播出99集。該影集由Lisa Kudrow主演網路治療師Dr. Fiona Wallice，其演技獲得好評。該影集以喜劇手法描述網路治療所面臨的各種趣聞和困境，可以做為網路治療師的借鏡。

案例 12-1　媒體心理師

趙心理師在公立機構工作多年後，決定離職而自行創業，他以高格調與專業的自費美式心理諮商為標榜，強調環境的奢華、舒適與隱密。為了促進業務增長，趙心理師經常接受媒體採訪或者上談話性的節目，其中免不了有許多記者或主持人要趙心理師分享自己與個案走出憂鬱的真實經驗。由於在趙心理師的個案當中，有許多人是已經康復的公眾人物，因此也會隨同趙心理師在媒體上現身說法與宣導心理健康的概念，趙心理師在透過媒體的廣泛報導後，知名度大幅提升。

問題 1：心理師接受媒體採訪或上談話性節目，要如何拿捏分寸，以維護個案的隱私？

回　應：我認為只要心理師在媒體上提供有助於民眾心理健康的衛教宣導，以及有助於提升心理師整體的專業形象，我覺得都是好事，也是符合專業倫理的作法。心理師在媒體上發言，最重要的就是不可以揭露個案的隱私，只能以通案的方式做衛教宣導，而不可以使用個案做宣導。

問題 2：心理師邀請個案陪同接受採訪或上談話性節目，可能涉及使用個案的證詞做廣告的問題，你認為是否有違反專業倫理？

回　應：趙心理師邀請個案陪同上電視談話性節目，或接受媒體採訪，我覺得要謹慎處理，避免讓觀眾誤以為心理師使用個案作證來宣傳自己的心理諮商所。如果心理師使用個案證詞來廣告自己的心理諮商所，便有違反專業倫理的疑慮，且心理師也不可以在電視節目上提供民眾心理諮商服務。

問題 3：心理師揭露自己罹患心理疾病的真實經驗，你認為是否適當？

回　應：如果心理師揭露自己的生病經驗，有助於民眾心理健康的衛教宣導，以及有助於提升心理師整體的專業形象，我覺得並無不可。

收費與付費問題

心理師提供心理諮商服務給個案，並向個案收取諮商費用，通常是諮商愈多次，個案要付的諮商費用就愈多，因此心理師和個案在諮商費用上存在著利益衝突。以下將討論幾種涉及專業倫理的情況，透過這些討論希望有助於心理師以更符合倫理的態度處理收費問題。臺灣有關諮商收費的倫理守則，詳如表 12-1 所示。

表 12-1 有關諮商收費的倫理守則

- 免費諮商：服務於機構的輔諮人員為機構內人員諮商，不得額外收費。（「輔導與諮商專業倫理守則」2.5.1）
- 訂定收費標準：輔諮人員訂定專業服務之收費標準時應考量當事人之經濟狀況與所屬地區物價及生活水準，容有彈性的付費措施或適宜的轉介安排。（「輔導與諮商專業倫理守則」2.5.6）
- 預先聲明：實施專業服務前，輔諮人員應向當事人說明專業服務的收費規定。（「輔導與諮商專業倫理守則」2.5.7）
- 諮商心理師應先向當事人說明諮商專業服務的收費規定。（「諮商心理師專業倫理守則」第 11 條）

心理師若提供個案不需要的心理諮商，這是違反倫理守則的。心理師執業時如果評估個案已經不需要諮商，或者無法從心理諮商中獲益，這個時候心理師便要和個案進行適當的結案，不宜因為心理師需要金錢，而個案想要有人可以聊天，而繼續提供不需要的諮商服務。

心理師若告訴個案，如果個案願意預付十次的諮商費用，可以享受九折優惠，這樣做是否違反倫理守則？心理師如果事先充分向個案說明，並徵求個案的同意，可以說是符合專業倫理。但是根據臺北市衛生局的案例（臺北市政府法務局，2012），臺北市有一間醫美診所，被民眾向臺北市政府投訴，指診所預收醫療費用，卻無預警倒閉，經臺北市衛生局查證屬實，裁處負責醫師五萬元罰鍰，結果負責醫師不服，提起訴願；臺北市訴願會審議後，認為衛生局的裁處並沒有違法不當，駁回訴願。臺北市衛生局認為，訂立預約治療項目的收費就是屬於擅自設立名目，已經違反《醫療法》，因此心理師如果想要向民眾預收心理諮商費用，可能有被投訴和處罰的風險。

個案若經常在約好晤談時間後，既沒有提前取消，也沒有出席，心理師為協助個案培養自我負責的行為，經過個案同意之後，如果個案再次發生約好時間，卻不取消也不出席，將要照付一次的諮商費用；在心理師沒有提供諮商卻向個案收取費用的情況下，你認為是否違反專業倫理？倫理上，只要心理師和個案經過充分溝通，並且經過個案的知後同意，心理師並沒有違反專業倫理的問題。但是，衛生主管機關可能會認為心理師巧立名目向個案收費，因此，心理師沒有提供諮商卻向個案收費，也可能會有被申訴和裁罰的風險。

在第三者，如社會局、健保局、法院或企業雇主等，替個案支付諮商費用的情況下，心理師不可以再向個案收費。當第三者付費的次數結束之後，個案如果想要繼續諮商，是否可以自己付費繼續看心理師呢？由於這種涉及第三者付費的情況，心理師不僅要徵得個案的事先同意，也要徵得第三者的同意，只要三方在充分溝通和維護個案最佳利益的前提下進行，應該是符合專業倫理的。

當個案積欠諮商費，且很久都沒有繳交所欠的諮商費時，心理師是否可以聘請催收債務公司去向個案討債或向法院提告呢？如果心理師會使用討債公司或向法院提告的情況，心理師應該在初次晤談時充分告知，並徵求個案同意後再實施，不宜在沒有知後同意的情況下實施。使用討債公司或向法院提告，可能會影響某些個案是否願意繼續接受諮商服務，而事先的知後同意可以維護個案的權益。

在積欠諮商費的情況下，個案要心理師提供紀錄給其他諮商機構或醫療機構時，心理師是否可以拒絕？根據美國心理學會（APA）的倫理守則（6.03），在非緊急醫療的情況下，心理師可以要求個案繳清積欠的費用後再提供諮商紀錄，但是在緊急醫療的情況下，心理師不可以因個案欠繳費用而拒絕提供諮商紀錄。

多數的倫理守則會鼓勵心理師提撥部分時間從事義診服務，以促進弱勢族群的公共福利，以及鼓勵心理師在訂定費率時，要考量個案的經濟能力。有些心理師或諮商機構會採用「依能力付費」（sliding scale）的收費辦法，以減輕低收入的家庭和個案之負擔。所謂依能力付費是指，心理師或諮商機構根據個案的家庭人口數和家庭每月總收入，訂定的一張收費標準表，表 12-2 便是一張根據依能力付費辦法設計的收費標準表，這是虛擬的範例，請讀者參考。

表 12-2 仁愛諮商中心的收費標準（依能力付費範例）

人數	1	2	3	4	5	6	7	＞7
收入								
＜20,000	500	500	400	400	300	300	200	200
20,001-40,000	700	700	600	600	500	500	400	400
40,001-60,000	900	900	800	800	700	700	600	600
60,001-80,000	1,200	1,200	1,100	1,100	1,000	1,000	900	900
80,001-100,000	1,600	1,600	1,500	1,500	1,400	1,400	1,300	1,300
100,001-150,000	2,000	2,000	1,900	1,900	1,800	1,800	1,700	1,700
150,001-200,000	2,500	2,500	2,400	2,400	2,300	2,300	2,200	2,200
＞200,000	3,000	3,000	2,900	2,900	2,800	2,800	2,700	2,700

註：人數＝家庭總人口數；收入＝每月家庭總收入；人數與收入的交叉＝諮商費。

使用依能力付費的方式，讓低收入的家庭可以享受到心理諮商的服務，但並不是沒有法律上的問題，在美國有些州的法律規定，專業人員不可以提供同樣的服務，卻收取不同的價格，例如：對自費的個案使用較低的收費標準，對保險公司或政府使用較高的收費標準。有些州的法律規定，當醫療人員向有保險的個案收費時，除了向保險公司收取一定比例的醫療給付（通常是全額的八成），也要向個案收取自付額（通常是全額的兩成）。

費用是一個較為敏感的話題，心理師應該審慎處理，以避免讓個案覺得不公平、被欺騙或被差別待遇。採用依能力付費的方式，對低收入的家庭是一個不錯的方式，但是卻不利於高收入的個案。此外，諮商機構安排實習心理師以較低的收費標準去提供諮商服務，是否會讓低收入的個案得到品質較差的服務呢？這是值得思考的倫理議題。我建議心理師採用一個固定的收費標準，對於低收入的個案或學生個案，心理師可以私下酌情給予折扣優惠，這樣可以避免公開使用依能力付費所產生的差別待遇問題。

心理師一旦訂定一個固定的收費標準，就盡量不要任意漲價或調整價格，以避免引起個案的不舒服和不必要的誤會。特別是對於舊個案，心理師最好還是依照第一次晤談的收費標準收費，這種作法有助於個案持續回來看原來的心理師。如果諮商費用會有調整的可能性，心理師應該在初次晤談時，事先提醒個案收費標準會定期或不定期調整。如果心理師會使用討債公司向欠款的個案催收諮商費用，也應該在初次晤談時做此說明，並請個案在書面同意書上簽名，以避免日後的爭論和誤會。

使用寄帳單的方式收費，或使用信封和個案通信時，諮商機構應該留意信封可能會揭露收信人是諮商機構個案的問題，而這也是諮商機構要留意的保密問題，為了保密個案的隱私，諮商機構和個案通信或寄帳單時，可以使用沒有機構名稱，只有機構地址的信封。

心理師申請保險給付和向個案收費時，應避免下列幾項不實或不當收費（Cottone & Tarvydas, 2007）：

1. 為了遷就醫療保險給付，應個案要求或自行將非醫療項目，例如：婚姻諮商、生涯諮商，改用心理治療申請保險給付。個案如果有這種要求時，心理師應予婉拒。
2. 向保險機構申請沒有提供服務的治療項目，例如：心理師並沒有做個別智力測驗，卻申報此項目，心理師應避免這種不實的申報行為。
3. 向保險機構申請給付之後，再向個案重複收費。如果是收取個案的自付額，則不在此限。
4. 心理師將實習心理師或助理人員所提供的諮商服務，向保險機構申報為自己提供的服務。
5. 過度診斷（overdiagonsis）個案的心理問題，以便符合保險給付的規定，向保險機構申請給付。過度診斷是違反專業倫理的行為，會讓個案可能因此終身背負一個不正確的醫療診斷，而影響其權益，例如：被保險的資格等。

個案爽約時，心理師可以向保險公司或政府機構收費嗎？一般是不行的，因為保險公司和政府機構通常是不會給付沒有提供的服務。在這種情形下，心理師可以直接向個案收費嗎？心理師向個案收費可能沒有專業倫理的問題，但是衛生主管機構可能會認為這是巧立名目的收費，而予不准。

心理師可以向個案收取電話聯繫的費用嗎？在實務上，經常有個案在固定晤談以外的時間打電話諮詢心理師，或者心理師打電話給個案提供額外的服務。心理師如果要向個案收取電話聯繫的費用，應該事先徵求個案同意，並且把電話聯繫的收費標準說清楚。任何因為收費有爭議，導致諮商關係緊張的事件，很可能是心理師沒有做好充分的告知所引起的。

心理師一旦和個案建立專業的諮商關係，就不可以無故中斷諮商服務，如果心理師因為休假、生病、換工作、退休或個案沒有能力支付諮商費用等需要中斷諮商服務時，也應該做好適當的轉介，否則會有遺棄個案的倫理疑義。根據美國心理學會（APA）的倫理守則（10.10），在下列三種情況之下，心理師可以和個案結案：（1）當心理治療很明顯是無效，或個案不需要，或繼續治療會有害時，心理師便要結束治療；（2）當心理師受到個案或個案重要他人的威脅或傷害時，可以結束治療，以及（3）當個案沒有能力支付治療費用時，心理師可以結束治療。不過倫理守則也提醒心理師，在適當的時候，心理師要在結束治療前提供結束前的諮商，並建議其他替代的心理師人選。

個人執業的心理師要事先想好一些代理心理師的人選，以備不時之需，特別是當心理師意外死亡或變成殘障時，才可讓遭受失去心理師的個案有適當的代理人可以繼續照顧。諮商機構的心理師也要提供那些因為心理師驟然離職或過世，而造成失落或困惑的個案所需要的諮商服務，以降低心理師離開對個案的傷害。

轉介費和拆帳的問題

多數的專業倫理守則，包括醫師、律師，都禁止收受個案轉介費或拆帳（fee splitting）。所謂個案轉介費是指，心理師依人頭支付轉介者一筆金額，或者心理師轉介個案給其他專業人員時，向對方收取轉介費。倫理守則明確禁止的理由是認為這種方法不利於個案的福祉，因為心理師收受轉介費的動機主要是來自於自己的利益，而非個案的最佳利益。

當心理師執業登記或支援報備在一家諮商機構接案時，諮商機構經心理師同意，從每次晤談的諮商費用中抽取兩成的行政管理費，以做為派案的行政費用，這種情形算不算個案轉介費或拆帳？以我熟知的財團法人華人心理治療研究發展基金會（以下簡稱華心）為例，華心會派案給在那裡執業登記和支援報備的心理師，並且提供場地、水電和行政服務，這種情形不屬於違反專業倫理的轉介費。一般學者（Canter et al., 1994）認為，只要諮商機構在轉介個案的時候，同時也提供實質的服務，例如：場地、水電或文書工作等，在這種情況下收取合理比例的費用是專業倫理可以接受的。以華心為例，華心不只是轉介個案給心理師，而且還提供場地和秘書行政服務；如果諮商機構單純轉介個案給心理師而收取轉介費的話，就會有違反專業倫理的問題。

在醫院執業的倫理問題

心理師在醫院執業時比較可能遇到的倫理問題，是有關傳染病的保密限制和醫療秘密的處理。所有醫事人員都知道保密病人隱私和病情的倫理責任，但是對於罹患傳染病，例如：感染人體免疫缺陷病毒（HIV）、肺結核（TB）或病毒性肝炎，便是保密的例外，因為保密的結果會讓其他人陷入感染的風險。心理師可以和醫療團隊一起討論有關如何處理傳染病的通報，以及和病人討論保密的限制，例如：當諮商中感染 HIV 的個案繼續和不知情的伴侶從事不安全的性行為，這個時候，心理師即面臨專業保密和公共安全的衝突。在這種情況下，如果個案拒絕告訴他的性伴侶，倫理守則會支持心理師去知會個案的性伴侶，以便可以採取安全的性行為措施，以預防感染 HIV。當然在諮商中，心理師可以和個案去探討所有的可能方式，讓個案自願向性伴侶揭露感染 HIV 的訊息。

心理師在協助個案揭露感染 HIV 的隱私時，也要同時考慮揭露的利弊和風險，因為社會對 HIV 感染者仍然存在著污名化，心理師應協助個案評估揭露的對象和程度，以及揭露隱私的長短期風險等。通常在一個長期而信任的諮商關係中，個案比較願意去向性伴侶揭露感染 HIV 的隱私，心理師如果不適當的施壓個案去做揭露，有時候反而會讓個案不願意留在諮商中繼續接受治療。

有關醫療秘密的處理也要很小心，病人一旦被診斷出罹患某些嚴重，甚至致命的診斷之後，到底要不要告訴病人或家屬，是醫事人員經常要處理的問題。尤其是某些家屬會堅持不讓病人知道真正的診斷名稱，但是基於病人有權利知道自己的疾病，心理師是否要告訴病人診斷名稱便是一個倫理的挑戰。Evans 與 Bor（2005）舉下列的例子，來說明醫院裡常見的有關是否維護醫療秘密的倫理衝突：

1. 一位病人告訴你，他不再服用醫師開的處方藥，並且不想讓醫護人員知道，可是不吃藥會導致疾病的惡化，甚至死亡，此時你該怎麼辦？
2. 一位病人不願意讓家人知道他罹患心臟病的診斷，因此他的家屬也就沒有提供他所需要的協助，包括：復健治療、情緒支持等，你是否會配合病人的要求不讓家屬知道他的診斷？
3. 家屬要求醫療團隊不要告知病人被診斷為癌症的真相，因為家屬不希望增加病人的精神壓力，你是醫療團隊的成員，家屬的要求你會配合嗎？還是你會遵循維護病人自主權的倫理守則告知病人罹患癌症的診斷，並鼓勵病人參與治療計畫？

有效的處理醫療秘密，可以改善醫療團隊、病人和家屬之間的溝通和信任。對於醫療秘密的處理，Lloyd 與 Bor（2009）提供下列幾項建議：

1. 釐清是否存在醫療秘密的問題，以及你在此問題上的角色？
2. 這個秘密是否涉及法律規範或倫理守則？
3. 和醫療團隊討論幫助保密的倫理困境，如果適當的話，也和病人討論。
4. 醫療團隊針對幫忙保密的利弊得失進行分析，並討論對病人的可能影響。
5. 病人或家屬不想揭露秘密的原因通常是害怕，心理師可以透過詢問假設性或未來取向的問題，去協助病人或家屬去想像揭露秘密的後果。
6. 如果家屬繼續來問我們有關病人的醫療秘密時，我們可以告訴病人，下次家屬來問的時候，我們會請家屬直接問病人，以免我們因洩漏病人的病情而違反倫理守則。

心理師和其他醫事人員或教育人員對於專業保密會有不同的理解，心理師的工作通常是一對一的型態，因此會理解專業保密是指對個案以外的人保密。但是在醫院或學校，工作人員通常是採團隊工作型態，因此一般醫事人員和學校人員對於專業保密的理解，是指對治療團隊或輔導團隊以外的人保密。因此，在醫院或學校執業的心理師會有困難決定是否要把個案的資訊分享給其他一起照顧個案的同事。由於不同專業人員對保密的理解有落差，導致醫事人員和教育人員對於心理師的過度保密頗有微詞。

在醫院執業的心理師應該接受適當的職前和在職訓練，以培養足夠的能力在醫院工作。醫院心理師通常要面對某些特定生理疾病的病人，心理師對這些特定疾病要具備一定的知識和能力，並永遠記得身心交互作用的現象。由於醫護人員比較沒有時間和心理學背景去處理病人的心理問題，醫院心理師可以在這方面貢獻其專業，以協助病人適應其生理疾病。心理師對於生理疾病的診斷和治療需要具備一定程度的知能，但是不能聲稱具有診斷和治療生理疾病的能力，有關生理疾病的診斷和治療，心理師應交給醫護人員去處理。心理師在進行心理衡鑑和心理治療的時候，也要同時與醫療團隊交換病人資訊，並且提醒醫護人員在診斷和治療時，把心理因素考慮進去。

案例 12-2　戴心理師的困惑？

戴心理師考上諮商心理師證照後，應徵到一家醫院去工作，有一天，她去探訪所負責的個案，此時個案剛好要上廁所，其家人皆因有事無法在旁照顧，但此個案在住院期間雙腳無力，當她進廁所尿尿時，因雙手要扶著扶手才能站立，也因此無法自行穿上紙尿褲及褲子，這時站在廁所門外等待許久的戴心理師不知道怎麼做才好？

在醫院裡，進入病房就意味著進入病人的家，至少這是病人在醫院時暫時的家。戴心理師在與病人的互動中，不斷接觸到病人及其家屬對她的熱心好意，就經常邀請戴心理師陪著病人一起吃水果，甚至一起用餐，這樣的邀請常令戴心理師感到尷尬，不知道要拒絕？還是要接受？即使是一起吃些東西，心理師也是感到焦慮。

問題 1：倘若你知道病人無力自我照顧時，你要不要進入病房協助病人穿上紙尿褲及褲子？

回　應：我覺得在醫院執業的心理師，需要觀察醫師和護理師如何處理類似的問題，並且比照辦理。經常遭遇類似問題的心理師，也許可以多了解有關病人看護的專業知能，在必要或緊急的時候可以派上用場。心理師如果不確定病人是否需要扶持或更衣，可以先徵詢病人的同意再進行。如果有更適當的人可以做病人看護的工作，心理師應該先呼叫這些人來幫忙。

問題 2：心理師做不做身體照顧？當末期病人有生理照顧需求時，心理師如何反應才是適當的？

回　應：我覺得在安寧病房工作的心理師，需要學習結合身心靈的心理諮商取向，以便可以更適當的協助病人。心理師要不要做身體照顧，這是可以討論的議題，如果這樣做對病人有益，可以增進諮商效果，並無不可。

問題 3：醫院心理師會經常面對病人及家屬的善意，一杯果汁？一起用餐？拒絕即表示保持專業界線嗎？接受即表示雙方有了雙重關係嗎？

回　應：心理師接受病人及家屬的招待，便是一種界線跨越，很容易在單純的諮商關係上，加上社交關係。我建議醫院心理師可以觀摩醫師和護理師如何處理類似的問題，心理師就可以比照辦理。原則上，我會建議心理師不要接受病人和家屬招待的飲料和食物。

諮詢的倫理議題

心理師經常擔任其他專業人員或團體組織的諮詢顧問，在從事諮詢顧問工作時也會涉及一些專業倫理議題。Welfel（2012）指出，有五項和諮詢有關的倫理議題值得注意，包括：諮詢關係、價值觀與諮詢、諮詢能力、介入方法的選擇與執行，以及諮詢費用。

諮詢關係是一種三人關係，包括：提供諮詢的人（consultant）、接受諮詢的人（consultee），以及接受諮詢者的個案系統（consultee's client system）。不同於諮商的兩人關係，例如：一家諮商機構的主管請你擔任諮詢顧問，並請你提供建議如何增進該機構心理師的業績和機構的財務，在這個情形下，諮詢顧問有責任意識到他的建議不僅直接影響機構主管，也會間接影響機構心理師和個案，因此心理師在擔任諮詢顧問的時候，有倫理的責任去兼顧三方面的利益，避免有意無意的傷害到個案的福祉。

又例如：一位被邀請去擔任組織改變的諮詢顧問，如果他透過和個別員工談話的方式來了解機構的問題，對於他會如何運用這些個別談話資料，也應該事先告知這些員工，這些個別談話的保密是有限的。心理師要留意組織中不同階層的聲音和利益，由於心理師通常是由機構的管理階層聘請的，一般員工難以介入，因此，當發生管理階層和基層員工對於組織改變有不同意見時，更要盡量教育和鼓勵管理階層去傾聽和了解基層員工的心聲。

心理師從事諮詢工作應該避免和機構的人員發展多重關係，例如：朋友或生意夥伴關係，以維持專業的客觀性和公正性。心理師也要留意自己的價值觀和企業雇主或主管的價值觀是否有衝突，例如：合作取向的心理師在擔任專制集權取向的公司主管之諮詢顧問時，心理師要有心理準備去和公司主管坦誠討論兩人價值觀衝突的問題。

心理師從事諮詢顧問工作通常是在專業發展的中期和後期，但是卻很少人有接受學校正規的諮詢訓練，為避免心理師執業超出他的能力範圍，從事諮詢工作的心理師應該透過繼續教育，去充實諮詢能力，以提供高品質的專業服務。

心理師在選擇和執行介入方案時，一定要把個案的系統放在心中，因為諮詢關係涉及三方面，心理師除了要對接受諮詢的人負責，也要思考他使用的介入方法會對個案的系統產生哪些影響，並且留意他的建議是否被誤用，例如：管理階層利用他的建議，作為解雇員工的一種工具。心理師在提供任何建議給管理階層時，除了告知建議的效益和優點外，也要同時告知他們這些建議的副作用和缺點，並且盡量協助機構預防副作用和缺點的發生，另外，心理師所建議的介入方法應該具有實證研究的基礎。

由於企業教練或組織諮詢的服務費用比較好，因此吸引很多心理師去做企業諮詢，但是心理師要避免因為拿了一筆可觀的諮詢費，便去講一些企業主管愛聽的話，而不是去做符合專業和倫理的事情。心理師應該避免私心自用，而去影響管理階層的人事任用。

其他倫理議題

心理師在社區執業還會遇到幾個值得討論的論理議題，包括：心理師對付費第三者的責任、心理師不認同行政主管的決定，以及與跨專業團隊的合作等問題。雖然諮商與心理治療本來只是心理師和個案的兩人關係，但隨著時代潮流的演變，第三者付費的情形日益增加，例如：被法院或社會局強制諮商的個案、使用健康保險給付治療的個案，以及使用員工協助方案（EAP）諮商的個案等。在這種第三者付費的情況下，心理師會面臨幾個倫理問題。強制諮商有違反專業倫理的問題，但是在實務上，法院或社會局會以個案接受諮商做為量刑或裁罰的參考，對於那些虐待兒童的父母、酒醉駕駛的司機、濫用酒精或毒品的人，都有可能被相關單位規定去接受若干時數的心理諮商。心理師有責任對這些個案做好知後同意，如果心理師認為個案不適合心理諮商，還是有責任告知轉介的第三者，並提供其他替代處遇的建議。心理師要告知個案，除了諮商還有哪些選擇、告知他保密的限制、是否會向付費第三者提供諮商紀錄或報告，以及提供這些報告的可能後果等。對於使用全民健康保險的個案，心理師有責任告知他健保局可能會知道有關個案的資訊，包括：診斷和治療內容，以及治療項目和次數的限制等。心理師可以告知個案使用健保諮商和自費諮商的利弊得失，以協助個案做明智的選擇。

心理師受雇於機構，有時候會遇到非諮商背景的雇主或行政主管，他們所制定的規章或辦法可能違反專業倫理，例如：基於成本考慮，要求每個團體諮商的個案人數多到無法維持諮商的品質，或是要求每位專任心理師每週個別諮商的時數超過一般人的身心負荷，導致心理師專業耗竭，甚至是要求心理師使用過時的心理測驗或設備，晤談室隔音很差卻不願意改善，上述這些都是令人困擾的問題，心理師有責任去教育雇主和行政主管提供有品質、符合專業倫理的服務。如果雇主或行政主管堅持不改善，心理師可以考慮換工作，也可以考慮在機構中繼續教育主管，希望有一天可以獲得組織的改變。

在醫院或學校執業的心理師，經常需要與跨專業團隊合作共事。Evans 與 Bor（2005）對心理師提供下列幾項建議，相當具有參考價值：

1. 與機構各階層的人建立工作關係，包括：醫師、護士、主任、教師、職員等。
2. 主動討論各專業人員之間如何溝通聯繫，在討論個案的諮商目標和方法上，聽取各專業人員的觀點，鼓勵醫護人員和學校人員多詢問個案的心理狀況，並提供必要的協助。
3. 在適當的時候，可以參與個案的討論會，和其他專業人員共用辦公室也可以增進彼此的溝通和合作。
4. 避免被個案分化，當個案向其他專業人員抱怨心理師的服務時，可請其他專業人員讓心理師知道。
5. 與其他專業人員溝通時，可以採用多管道的溝通方式，包括：當面簡潔的口頭報告，或是正式的書面文件。在照會單或轉介單上做回覆時，盡量包括初診評估、診斷、治療建議等，並盡量回答照會或轉介問題。心理師應盡量使用一般醫護人員和學校人員看得懂的語言，避免過度使用心理學的專有名詞。
6. 盡早與個案討論專業保密的範圍和限制，讓個案知道服務團隊的成員會討論他的事情，如果需要與服務團隊以外的人討論，應該事先徵求個案和監護人的同意，並在授權同意書上簽名。
7. 了解建立良好的團隊關係需要時間和彼此的信任，也相信各專業人員都有同樣的心願想要一起合作共事。

案例討論

案例 12-3　一次泛舟活動改變了諮商關係

大德是青少年服務中心的心理師，小仁是 15 歲的男生，因學校中輟被社會局轉介而來。由於是強制接受輔導，小仁在接受諮商時，總是流露出沒有興趣的態度，不論大德問什麼，他都說不知道、不想說、現在很想睡之類的話。大德面對這樣非自願的個案，覺得很難晤談下去，因此相當苦惱。

剛好中心最近為青少年舉辦了一場泛舟活動，大德認為這是讓小仁對中心降低防衛的好機會，便邀請他參加。由於中心人力有限，所有人都必須擔任工作人員並參加活動。在活動過程中，大德和小仁開始有了互動，彼此觀察到諮商室以外的活潑模樣。在小組競賽時，他們兩個被分配到同一組，此時小仁開始會主動跟大德聊天，甚至在活動結束時，還誇獎大德划船划得很厲害！他已經可以把大德加入成為他們團體的一員了。對小仁來說，現在的大德好像是麻吉一樣，是可以玩在一起的朋友。

與小仁關係的進展，讓大德感到興奮，但是想到下次進入諮商室時，兩人的關係應該這樣繼續嗎？目前的距離拉近，是因為大德在生活中的表現讓小仁卸下防衛，但是在諮商室中，大德能繼續用這樣的態度與小仁相處嗎？還是該拉回心理師與個案的距離呢？

此時，大德開始在關係和界線間產生了疑問，對於機構中固定會辦理的團體活動及持續的個別諮商工作，大德對自己在兩者之間的角色有些不知所措了。

問題 1：如果你是案例中的大德，面對非自願個案不配合的態度，你會如何處理？是否需要調整諮商的目標？

問題 2：如果你是案例中的大德，在青少年服務中心工作，一定要參與中心的團體活動，你是否需要調整活動的參與階段？和個案透過這樣的活動拉近關係，對諮商關係是有利還是有弊呢？若類似活動經常舉辦，你與個案的諮商關係要如何維持呢？

案例 12-4 罹患憂鬱症的就醫個案

小陳是某醫院的實習心理師，其督導醫師轉介一名被診斷有憂鬱症的大學生杜小姐成為其個案。杜小姐先前並無接受諮商的經驗，該醫院也沒有特別提供知後同意書的格式。在第一次晤談中，小陳僅告知杜小姐有關諮商進行的方式、時間、次數等訊息，並沒有說明保密的限制。到了第三次晤談，杜小姐透露常有想死的念頭（先前曾有兩次吞安眠藥自殺的紀錄），而母親對杜小姐的狀況已有所知悉，已經到其住處同住了幾天。小陳進一步評估杜小姐的自殺企圖及自殺行動落實的可能性後，認為杜小姐尚未對於自殺行動有明確的計畫，於是小陳請杜小姐承諾不會自殺，並且會在下週出席晤談，並給予機構的聯絡電話，然後讓杜小姐離開。

問題 1：如果醫院沒有書面的知後同意書，心理師在諮商初期應如何進行個案的知後同意？

問題 2：個案若有自殺意念或自傷行為，要到什麼程度或狀況下，就需要進行通報？通報的對象是誰？督導醫師、個案的家人、男朋友、學校老師、1995 生命線，還是自殺防治中心？

問題 3：在這個案例中，心理師要求個案承諾下次出席、簽訂不自殺契約，或是給予個案聯絡電話就足夠了嗎？你認為心理師還能再做什麼？

問題 4：當個案的家屬已經採取一些保護可能自殺的措施，心理師需要主動告知個案家屬相關的訊息嗎？

案例 12-5　心理師是否要出席學校的個案會議

蕭心理師是某醫院的心理師，有一次接到一位個案——剛滿 18 歲的高職男生，叫做阿成。阿成因為與班上同學起衝突，長期沒去上課，因為畢業在即，母親非常擔心，就帶阿成去醫院精神科就診，醫師於是把阿成轉介給蕭心理師做心理治療。

阿成的媽媽在第三次帶阿成到醫院時，向蕭心理師說，學校希望心理師可以開證明，證明阿成有持續每週至醫院做心理治療，於是蕭心理師開了一張證明給阿成的媽媽。不久之後，阿成媽媽又向心理師說，學校希望心理師可以提供完整的諮商紀錄。蕭心理師告訴阿成的媽媽，諮商紀錄是屬於醫院的病歷資料，不可外流。

在第四次時，阿成學校的老師打電話到醫院給蕭心理師，邀請心理師出席阿成的個案研討會，希望心理師能到場說明阿成的情況，讓阿成的科任老師多了解阿成的情況，對阿成多一些包容。蕭心理師在電話裡拒絕阿成的老師，但是之後又接到兩、三次阿成老師的電話，不斷地希望心理師能出席會議。面對學校老師的一些要求，蕭心理師感到很困擾。

問題 1：心理師可以幫個案開具心理治療證明嗎？或者心理師可以拒絕開具心理治療證明嗎？

問題 2：案例中的心理師拒絕個案家長的要求提供諮商紀錄給學校，你認為個案有權利複製諮商紀錄或病歷嗎？

問題 3：如果你是案例中的心理師，當個案的學校老師邀請你出席個案研討會，並說明個案的情況，你會如何處理？怎樣做最能符合專業倫理？

案例 12-6 安寧病房的諮商

老邱年初發現罹患末期癌症，住進了醫院的安寧中心健保病房，經醫師轉介，老邱每週一次接受心理師的心理治療。由於癌末病人的體力不佳，老邱曾於心理治療中嘔吐與上廁所，心理師會協助與攙扶，待老邱精神和體力狀況較佳時再繼續會談。由於健保病房是三人房，考量癌末病人的體力以及醫院空間使用有限，無法於諮商室會談，只能拉起病床的簾子，請老邱的家屬暫時離開。

問題 1：心理師到病房雖然有拉起病床的簾子，但其他床的病人及家屬仍會聽見，嚴重影響會談的私密性，請問你是否有更好的方式能保護病人隱私？

問題 2：在病房中，心理師與案主的身體接觸是否會破壞諮商界線？在一般諮商過程中，當案主崩潰哭泣，心理師若握住案主的手或輕拍肩膀以提供支持，是否違反肢體接觸的諮商界線？

第十三章

網路諮商與網路社交的倫理議題

生活在網路資訊時代的心理師，不論是否從事網路諮商，都要具備足夠的網路科技素養，才能處理執業相關的倫理議題。本章主要探討的是網路諮商和網路社交的倫理議題，包括它們的定義、優缺點、所涉及的倫理問題，以及符合專業倫理的執業建議。

根據 Internet World Stats（2022）的統計，在 2022 年 7 月底，全球人口當中有 69%的人使用網際網路，美國人口有 89.8%、中國人口有 69.8%、台灣人口有 94.8%是網際網路的使用者，由此可知，網際網路使用者的普遍，而且網際網路使用者還在持續增加之中。生活在網路時代，網路科技帶給我們專業工作和個人生活的方便。網路科技讓心理師和個案之間的資訊更容易交流和取得，也方便個案更容易接觸和使用心理師的服務。在個人生活方面，網路科技讓我們更方便去發展社交關係和遠距溝通，以及和他人分享生活資訊，然而，網路科技也因為它的便利性，而帶給心理師更多的風險和挑戰。

線上諮商（online counseling）的興起、心理師撰寫部落格，以及心理師加入社交網站（social networking websites）的結果，使得專業倫理和執業標準變得更加複雜，尤其是在自我揭露、知後同意、隱私保密，以及多重關係等的倫理議題上，顯得更加棘手。本章為了行文方便，將心理師撰寫部落格、加入社交網站，以及使用網路和他人互動等，通稱為線上網路社交（online social networking）。

在目前，有關網路諮商和網路社交的倫理守則和法律規範的修訂，根本趕不上電腦資訊和網路科技進步的速度，使得網路諮商和網路社交是否符合倫理都沒有一個清楚的共識。本章的討論希望提供讀者一個倫理思考的參考，希望有助於讀者以更符合倫理的方式來提供網路諮商，以及參與網路社交。

網路諮商的定義

網路治療（web therapy）或線上諮商（online counseling），本章簡稱為網路諮商。網路諮商是指，利用網際網路作為傳送諮商相關的電子訊息，可以是文字、聲音或影像等的諮商工作（鄭惠君，2011），心理師可以透過電子郵件、聊天室或互動式視訊等方式進行諮商。美國合格諮商師委員會（National Board of Certified Counselors [NBCC], 2022）指出，遠距諮商（distance counseling）可以分為下列五種方式：

1. **電話諮商**（Telephone-based counseling）：是指同步的遠距互動，資訊以聲音傳遞的諮商方式。
2. **電子郵件諮商**（E-mail-based counseling）：是指非同步的遠距互動，資訊以文字傳遞的諮商方式。
3. **聊天室諮商**（Chat-based counseling）：是指同步的遠距互動，資訊以文字傳遞的諮商方式。
4. **視訊諮商**（Video-based counseling）：是指同步的遠距互動，資訊以影像和聲音傳遞的諮商方式。
5. **社交網絡諮商**（Social network-based counseling）：是指同步或非同步的遠距互動，資訊是透過社交網站交換的諮商方式。

根據王智弘等人（2008）的歸納，網路諮商服務的型態包括以下幾種方式：（1）首頁的設置；（2）BBS 版面的建立；（3）留言板或論壇的設置；（4）電子報或電子書的提供；（5）網路行政服務的提供（如線上預約、線上報名、資料檢索等）；（6）網路心理測驗；（7）網路上直接進行的諮商服務（如電子郵件、線上交談、網路電話、即時視訊等）；（8）網路個案研討、諮詢與督導；（9）

網路教學服務；（10）網路輔導活動；（11）網路諮商專家系統，以及（12）網路虛擬實境服務等。

根據 Ragusea 與 VandeCreek（2003）的歸納，由於網路諮商的方便性，可以提供不方便就診的民眾多一種選擇，例如：住在偏遠地區的人、肢體障礙不方便出門的人、行動不便的老年人，以及社交焦慮症的患者等，網路諮商可以讓這些人在家裡接受專業服務。此外，網路諮商的匿名性，讓擔心求助心理師會被污名化的人，更願意求助。還有那些經常旅行或不喜歡定期諮商的人，也可以隨時透過網路和心理師進行諮商。

陳寶美等人（2012）綜合學者的研究文獻，歸納出網路諮商的四項優點：（1）便利性；（2）經濟性；（3）引起諮商動機；（4）資料建檔和管理；以及四項限制：（1）保密問題；（2）當事人身分確認；（3）電腦操作與知識不足，以及（4）缺乏其他溝通行為。網路資訊科技雖然可以提供遠距心理照護、電子化病歷，以及電子郵件溝通的便利，但是也同時存在下列幾個風險，包括：電子資料管理問題、個案資訊安全、未授權接觸個案資料、不適當的揭露身分資料，以及不符合倫理的網路社交行為等。網路諮商是一個新興的領域，美國心理學會（APA, 2010）所頒布的倫理守則並沒有單獨的條文來規範它，該學會認為一般的倫理守則基本上適用於各種溝通媒體，包括：面談、書信、電話、網路，以及其他電子傳輸方式。

臺灣諮商心理學會有鑑於此，2021 年在倫理守則中新增一條（第 38 條）有關網路諮詢的條文如下：「通訊服務：會員提供非面對面，通訊服務時應進行適當之知後同意程序，讓當事人瞭解：專業資格、收費方式、服務方式與時間等資訊；同時說明通訊服務之特性與服務功能之限制，以及資料保密之規定、處理與限制。」台灣輔導與諮商學會對於網路諮商所訂定的倫理守則，詳如表 13-1 所示。由於美國心理學會（APA）和臺灣的心理相關學（公）會很難針對網路諮商和網路社交訂定詳細而具有共識的倫理守則，因此，執業心理師和實習心理師在面臨網路諮商和網路社交的相關倫理疑義時，將會遭遇更多的挑戰。

表 13-1 有關網路諮商的倫理守則

8.1	資格能力：實施通訊諮商之輔諮人員，應具備諮商之專業能力以及實施通訊諮商、科技與社群媒體之特殊技巧與能力（如接受繼續教育課程）及知悉其對當事人、受訓者、受督者或其他專業人士可能造成的影響。除應熟悉電腦網路操作程序、網路媒體的特性、網路上特定的人際關係與文化、具備多元文化諮商的能力外，實施通訊諮商之輔諮人員確保諮商過程及當事人資料的保密性，且遵守相關之倫理守則與法規規範。
8.2	當事人權益：輔諮人員提供通訊諮商服務或是建置／維護專業網站，須提供申訴管道，以保障消費者及當事人權益。
8.3	知後同意：輔諮人員提供通訊諮商時應進行適當之知後同意程序，提供當事人相關資訊。當事人有權利選擇是否運用網路、科技與社群媒體進行諮商。除了一般面對面的知後同意，尚須簽署通訊諮商的知後同意。若當事人為未成年人，輔諮人員應獲得其法定代理人的同意。
8.3.1	一般資訊：輔諮人員應提供當事人有關通訊諮商專業資格、進行諮商之地點與聯絡方式、運用通訊諮商之利弊、收費方式、網路中斷、緊急事件，或無法聯繫上輔諮人員之處理方式、時差、會影響提供服務品質之文化與語言差異、保險給付、社群媒體之相關規範等資訊。
8.3.2	網路諮商特性：輔諮人員應提供有關通訊諮商的特性與型態、資料保密的規定、限制與程序，以及服務功能的限制、何種問題不適於使用通訊諮商等資訊。輔諮人員須遵守輔諮人員及當事人所在地之法律規範。輔諮人員確保當事人知悉跨越縣市或國界之法律權益或限制。
8.4	溝通落差：輔諮人員了解網路與面對面諮商之差異以及這些差異對諮商歷程的影響。輔諮人員告知當事人如何避免這些誤解，以及由於缺乏視覺與聽覺線索而產生這些誤解時可以如何處理。
8.5	心理測驗評估與診斷：輔諮人員透過通訊諮商進行原本用來做面對面的評估時，須考量其特色與限制。
8.6	紀錄與網站維護：輔諮人員依據相關法律規範儲存電子檔紀錄。輔諮人員告知當事人有關電子檔案存檔與保管之資訊，例如但不限於加密與存檔之資訊安全形式，以及檔案保存與傳輸的期限。
8.7	電腦網路的限制與顧慮：輔諮人員應對當事人說明有關網路安全與技術的限制、網路資料保密的限制。輔諮人員應定期檢視確保網站聯結正常且符合專業規範。

（「輔導與諮商專業倫理守則」8.通訊輔導諮商與社群媒體）

網路諮商和網路社交的風險

美國專業倫理專家Pop與Vasquez（2011）曾用以下的案例，來說明網路諮商和網路社交的風險：

1. C心理師請人架設電腦和諮商資訊系統，開始提供網路諮商。有一天不知何故，他的網路諮商硬體設備因為中毒而損壞，導致所儲存的個案基本資料、諮商紀錄、預約資料，以及收費紀錄等瞬間消失，造成諮商中斷、無法與個案聯繫的災難。
2. 加入社交媒體（social media）的D心理師，為了健身而報名參加肚皮舞班，在同班同學的推薦下申請加入一個肚皮舞社交網站。事後她才知道，在申請加入的時候，不小心在同意書上同意網站可以使用她的地址簿去做傳遞廣告的用途。不久之後，她地址簿上的所有親友、同事、督導、個案，甚至她的牧師、律師、醫師和指導教授，都收到肚皮舞社交網站的邀請函，並且暗示是因為 D 心理師的強烈推薦，導致 D 心理師有著無窮的困擾。
3. H心理師有一位進行網路諮商的少女個案，這位少女在家自學而且很聰明。她告訴H心理師自己的嗜好是使用錄影編輯器創作影片，然後放在網路上和人分享。H 心理師問她都是在編輯什麼樣的影片，少女說如果你真有興趣，可以上網去看。在網路諮商的時候，少女起先都不講話，後來慢慢的在晤談的時候罵 H 心理師，說「我恨你」、「你不了解我」之類的話。H 心理師晤談的時候，心裡雖然不好受，但是覺得晤談好歹開始有進展，少女只是表現出一般青少年的負向情緒。不久之後，H 心理師的同事和朋友提醒他，Youtube 上流傳著一個知名的影片，叫做「我和 H 心理師的諮商經驗」。H 心理師在 Google 打上自己的名字之後，連結到 Youtube 網站，結果讓他大吃一驚，因為這位個案把他們的諮商影片任意編輯，凸顯他是一位可笑又笨拙的治療師，例如：有一個片段的對話是少女說：「我再也受不了，我乾脆上吊死了好！」H 說：「這真是個好主意，我希望你會去做，我想現在正是結束晤談的時機。」網路上還流傳著不同版本的「我和心理師的諮商經驗」，因為無數的青少年開始模仿 H 心理師的個案。
4. J心理師設計了一個諮商網站，任何人只要登錄一個帳號和密碼，以及填寫一張申請表，即可以和他預約晤談時間。在約好的時間，J心理師會和個案同時開啟網路攝影機，開始網路諮商。J心理師後來被一位家長控告，因為他未經家長同意卻提供心理諮商給他未成年的小孩。原來他的小孩因為父母爭吵著要離婚，於是假冒自己是一位網路工程師來求助。家長透過律師要求 J 心理師提供個案評估和諮商紀錄。由於網路諮商很難判斷個案的真實身分，以及進行心理評估，心理師很容易衍生執業疏失的問題。

網路諮商的倫理議題與建議

網路諮商服務涉及的倫理議題，包括：資格能力、專業關係、知後同意、評量、診斷與技術使用、保密與預警、避免傷害、收費與廣告、多元文化與網路諮商服務公平性、網路安全、轉介服務，以及智慧財產權等（文美華等人，2009；王智弘等人，2008）。鄭惠君（2011）認為，網路諮商會遭遇的倫理議題，包括：諮商專業人員資格限制與確認的問題、諮商過程與內容保密的問題、事先告知個案的問題、科技輔助技術的問題，以及網路諮商結合實體支援的配置問題等。

以下分別從技術能力、隱私保密、緊急服務資源、個案篩選、收費、知後同意等幾個方面進行說明，並提出相關的建議（Ragusea & VandeCreek, 2003）。

技術能力

心理師從事網路諮商時，應該透過在職訓練以提高自己的電腦資訊素養，至少要有能力回答個案相關軟體的問題，知道如何快速的修復或調整所應用的軟體，以及知道如何保護個案的隱私等。心理師要熟悉所使用的溝通媒體，不論是語音、視訊或文本。每個人使用電子郵件和視訊講話會有不一樣的習慣和速度，如果寫信或講話過於衝動，很容易發生誤會。

心理師也要知道在網路諮商時，若缺乏個案文字或聲音以外的訊息，如視覺、觸覺或嗅覺，此時要進行詳細的心理評估或衡鑑是很困難的。Grohol（1999）指出，要透過網路進行心理診斷是不可能的，例如：電子郵件中無法聞到個案喝酒卻否認喝酒的酒味；電子郵件也無法捕捉到個案談論敏感話題時，身體出現的緊張不安之訊息。

除了心理師，個案也需要具備一定程度的電腦資訊素養，必要的時候，心理師可以設法把不適當的個案篩檢出來。心理師如果發現個案很容易誤解心理師的話，或很難了解個案的文字或說話，便要考慮這位個案是否適合使用網路諮商，而建議個案接受面對面的諮商。網路諮商比較不適用於語言能力差、書寫能力差，以及智力不足的個案。

隱私保密

網路諮商就如同面對面諮商一樣，同樣面臨沒有絕對保密的限制，因為網路諮商涉及的電子郵件、聊天室和數位個案檔案等，都有可能被駭客侵入或被第三者複製。因此，心理師需要懂得並使用適當的資訊安全措施，例如：安裝防火牆、防駭軟體，以及防毒軟體等。為了降低電腦被駭客或病毒入侵，心理師要養成不使用電子郵件或聊天室的時候，就關掉與網路的連線，因為保持網路連線的電腦，比較容易遭受到駭客或病毒的入侵。由於一般個案可能不會同時安裝上述三種隱私保護軟體，心理師也要適當提醒個案有關保密的限制。

心理師亦要提醒網路諮商的個案，要在一個可以獨處的房間上網，以避免家人或其他人的介入干擾。心理師要特別提醒涉及家庭暴力的個案，要預防上網時受到婚姻相對人的干擾。為確保個人隱私，個案可以將舊的網路諮商資料，如電子郵件等刪除。個案可以申請一個家人都不知道的電子郵件帳號，專門用來網路諮商時使用。心理師應該和個案討論共同使用一個電子郵件通訊時的主題，為了避免讓家人或其他人知道個案在接受網路諮商，電子郵件的主題最好愈模糊愈好。

就隱私保密而言，聊天室優於電子郵件。聊天室的優點是不留聊天紀錄，除非有人刻意複製和剪貼到別的地方，否則心理師和個案在聊天室結束諮商，離開聊天室後所有的訊息就會消失。聊天室最大的問題是身分確認，因為任何人都可以使用各種名稱加入聊天室，為便於雙方確認身分，心理師和個案可以約定一個關鍵詞或成語作為通關密語，而這個通關密語只有心理師和個案知道，每次交談的第一句話便是這個通關密語。

視訊會議雖然沒有身分辨識的問題，但是視訊資料的傳輸也有被攔截的可能性。視訊會議（如 Google Meet、Zoom）就如同電話或面談，也有可能被個案或第三者錄音的風險，如果個案想要錄音或偷偷錄音，心理師有必要和個案討論錄音的必要性和可能的風險。在傳統上，心理師使用一般未加密的電話線和個案諮商，雖然電話線有被監聽的風險，但一般心理師和個案似乎可以接受這樣的風險，同樣的，心理師和個案使用網路諮商，也要知道自己可以接受風險到什麼程度。相對於傳統有線電話，多數心理師認為透過手機進行諮商和心理治療是不安全的，因為有線電話比無線電話安全。心理師應該留意智慧型手機的保密問題，如果心理師會使用智慧型手機收寄個案的郵件，最好使用隱私設定，萬一手機落在他人手裡，可以預防個案的資料被查閱。

案例 13-1　不適當的轉寄與個案有關的電子郵件

我寄了一封有關某兒童個案的電子郵件給該個案收容機構的個案管理員，過了幾天，我卻收到一封我不認識的人寫的電子郵件。顯然這位個案管理員把我寄給他的電子郵件轉寄給其他人，其他人再轉寄出去。可是當初這封電子郵件只是要寄給個案管理員看的而已，沒有想到卻會被轉寄出去（Van Allen & Roberts, 2011）。

問題：心理師要如何預防他人不當轉寄與個案有關的電子郵件？

回應：心理師應該只和自己信任和認識的專業人員使用電子郵件傳送個案資料，心理師可以在信上註明：「本封信包含個案資料，請勿轉寄」。比較敏感的個案資料應該不要使用電子郵件傳遞，可以改用傳統郵寄或電話的方式。因為電子郵件比電話或傳統郵件更容易複製和傳遞，如果電子郵件被使用「全體回覆」轉寄，後果會更嚴重。

案例 13-2　未授權的接觸個案資料

我上班的醫院，最近有一位病人自殺，這起自殺事件很快地就傳遍醫院的病人和工作人員，在資訊室封鎖這位病人的病歷之前，有些工作人員竟然私下打開了這位病人的電子病歷，想去了解到底發生了什麼事情（Van Allen & Roberts, 2011）。

問題：使用電子病歷或諮商紀錄管理系統的醫院或諮商機構，如何預防員工未授權的接觸病歷？

回應：病人的治療團隊有必要去查閱和撰寫個案紀錄，但是非病人治療團隊的醫院工作人員卻隨時隨地可以查閱其他病人的病歷，因此，醫院應該提供在職訓練給員工，告訴員工只能看自己病人的紙本病歷和電子病歷，此外，醫院也可以安裝需要授權碼才能看到病歷的軟體。醫院或諮商機構可以使用追蹤誰查閱電子病歷的軟體，可以查出何人在何時，使用哪一部電腦查閱哪一位病人的哪一個紀錄。醫院或諮商機構也可以規定只限醫師和心理師可以查閱病人的電子病歷。

緊急服務資源

心理師在從事網路諮商時，個案身分的確認經常會是一個問題，即使心理師固定跟同一個個案諮商，也不容易確認個案所說的身分是否真實。如果個案發生緊急事件需要處理時，如自殺或殺人，會更不容易進行。有人主張網路諮商時，一定要知道個案的姓名和住址，以便在緊急事件時，可以聯繫個案所在地的醫療機構或警察局。為了辨識個案身分，有人主張網路諮商時可以透過信用卡的方式，除了信用卡號碼，還可以取得個案的姓名、住址和電話。雖然個案不至於使用假的信用卡，但是青少年有可能會使用家長的信用卡，並且聲稱自己是成年人。除非徵得家長同意，否則心理師不應該使用網路諮商來諮商兒童和青少年。為了確認身分，心理師可以請個案郵寄或傳真其他身分證明，例如：身分證、健保卡、駕駛執照等。

有的心理師認為網路諮商不能單獨實施，必須配合面談實施，或者至少初次晤談時應該要面談，這樣才容易確認身分，這種方式的缺點是比較不適用於遠距的個案。但是話說回來，只收治當地的個案，確實比較符合倫理守則和法律規範，而且在緊急的時候，又可以安排面談或轉介給醫療機構。

篩選適合網路諮商的個案

目前很少有研究報告能告訴我們，什麼類型的個案適合網路諮商，不過一般而言，下列幾種個案是不適合網路諮商的，包括：精神病患者、嚴重人格障礙患者、躁鬱症患者、有思考障礙、自殺或殺人意圖的人，這是因為網路諮商無法進行完整的評估和提供安全的保護措施。如果心理師不收治這些問題類型的個案，也應該在諮商之前讓個案知道。

收費

網路諮商的收費即使是合乎專業倫理，但是保險公司有可能不會給付。網路諮商在美國的收費標準，隨著心理師的資歷和地區而有所不同，收費方式包括按次（session）、按週或按分鐘計費。以 BetterHelp（2022）為例，每次收費 75 至 150 美元，每週收費 60 至 90 美元，每分鐘收費 1.75 至 4.99 美元。中國大陸網路諮詢的收費，會因諮詢師接案時數的多少而不同。以簡單心理（2022）平臺為例，每次收費人民幣 300 元至 1,000 元之間。台灣網路諮商的收費通常比照當面諮商收費，介於新台幣 1,200 元至 4,000 元之間。心理師在向付費第三者（如保險公司、雇主、政府機關等）收費時，應避免讓人將網路諮商誤會為面談諮商，而認為心理師有詐欺之嫌。

知後同意

網路諮商的網站，在設計網頁時，應該讓個案很容易看到網路諮商的相關資訊和知後同意的內容。最好每位個案在進入網路諮商之前，都要先閱讀和同意網路諮商的知後同意書。根據 Ragusea 與 VandeCreek（2003）的建議，知後同意書的內容包括下列各項：

1. 網路諮商的清楚描述：有些人為避免法律上的責任，會描述自己的服務是網路諮詢或心理健康教育，或是教練等。心理師如果不是在網路上提供心理治療，便要寫清楚，以免讓個案的期待落空。
2. 告知個案網路諮商仍屬於實驗性質的專業服務，這是因為網路諮商的成效還沒有獲得很多實證研究的支持。
3. 網頁上要清楚呈現治療師的學經歷和證照，以及個案可以查證的網站連結。
4. 要求個案提供身分和住址的證明文件：因為有些法律規定，醫事人員不能跨州執業，因此要求個案提供住址證明，可以進行確認，並且必要時可以轉介給個案所在地的緊急醫療資源。
5. 聲明網路諮商在個人隱私的保密是有限的：如果個案使用不安全的電腦和網路，心理師可以建議個案加強網路資訊安全。
6. 告知個案在哪些情況下，除了治療師，還有誰會閱讀個案的電子郵件，或有誰會和個案用電子郵件聯繫。
7. 心理師應告知個案大約多久會收到心理師的電子郵件回覆，以及超過多久時間沒有收到回覆，可以打哪支電話給心理師。心理師也需要和個案討論，如果個案多久沒有寫電子郵件給心理師，心理師可以如何處理。
8. 提供公會或主管機關的申訴電話和地址，以便個案有需要的時候可以使用。

社交網站的盛行

社交網站（social networking websites）或社交媒體（social media）在最近十幾年來變得非常流行和普及，特別是以娛樂和溝通為目的的社交網站。常見的社交網站，包括：Youtube、Facebook、Line、Instagram、WeChat、Twitter，以及Linkedin 等。社交網站的訂戶可以選擇上傳任何資料到網路上，訂戶的朋友也可以到訂戶的網頁上傳資料。這些可能會上傳的資料，包括：可能令人尷尬的故事、照片，以及資訊。

根據統計（We are Social, 2022），全球人口平均每天使用社交媒體的時間是 2 小時 27 分鐘，平均使用 7.5 種社交媒體。全球 13 歲以上人口使用社交媒體的比例是 74.8%。全球最常使用的社交媒體依序是：Facebook、YouTube、WhatsApp、Instagram、WeChat、TikTok 等。

社交網站不僅在國外非常普及，在臺灣也是一樣，根據 Kemp（2022）的統計，在 2022 年臺灣人口當中有 89.4%的人使用社交媒體，常用的社交媒體（使用率）依序是：YouTube（84.2%）、Facebook（68.5%）、Instagram（44.2%）、TitTok（20.6%）、Twitter（11.3%）。

一般人撰寫部落格和加入社交網站或許利多於弊，但心理師或心理學研究生撰寫部落格、加入社交網站可能就會弊多於利，這是因為心理師這個專業非常重視諮商關係和專業界線。雖然如此，心理學研究生或實習心理師加入社交網站的仍不在少數，Lehavot 等人（2010）曾以 302 名心理學研究生為調查對象，結果發現 81%的研究生有加入社交網站（如 MySpace、Facebook、Friendster、Dating Profile 等）、開設網站或撰寫部落格。在使用社交網站的研究生當中，多數人會做隱私設定，只有朋友可以看到他們的資料，但是有 15%的 MySpace 使用者、34%的 Facebook 使用者，以及 21%的其他社交網站使用者，並沒有做任何隱私設定。受訪者被問到他們的「照片」和「個人資料」不想被教授看到的比例，分別是 13%和 29%，不想被個案看到的比例是 11%和 37%。

根據 Taylor 等人（2010）調查美國臨床和諮商心理學博士生和執照心理師，發現有 77%的受訪者加入社交網站。在使用社交網站當中，有 15%的人沒有做隱私設定去保護個人資料。Lehavot 等人（2010）進一步指出，有 67%的博士生使用真實姓名加入社交網站，29%會上傳照片，有 37%的博士生會上傳不希望個案看到的個人資料。

Tunick 等人（2011）曾以兒童心理師為調查對象，發現有 65%加入社交網站，有 9%撰寫和經營部落格。加入社交網站的兒童心理師當中，有 95%加入 Facebook，有 34%加入 Linkedin，有 16%加入 MySpace。其中，有 98%會做隱私設定，有 43%的人不想讓個案看到自己的網頁；有 24%的人被個案要求加入朋友，有 3%接受個案為朋友，有 87%拒絕個案為朋友，有 10%會個別處理。在撰寫部落格的兒童心理師當中，有 36%使用假名字，有 45%會做隱私設定，有 27%的人不希望個案看到自己的部落格。

心理師的自我揭露和網路社交

心理師如果和一般網友一樣，把自己的生活照和個人資料上傳到部落格或Facebook，讓一般人（包括個案、教授、督導、雇主）在可以看到的公共網頁上，看到心理師的非專業行為，例如：喝醉酒的照片、衣冠不整或裸體的照片、有關個案的臨床討論、參與某些有社會爭議的政治、宗教或其他組織的身分等，這樣做不僅會傷害到心理師的個人形象，也會傷害到全體心理師在社會大眾心中的形象。因此，這是一件值得探討的倫理議題。

經營部落格和加入社交網站的心理師，會面臨諮商界線模糊的問題，一旦個案可以在線上和心理師互動，其諮商關係就會開始改變。但是，心理師為什麼要和個案維持清楚而良好的界線呢？這是為了催化個案的移情，避免心理師剝削個案，以及讓晤談可以聚焦在個案身上（Taylor et al., 2010）。心理師如果要在網路上自我揭露，一定要考慮周延，所上傳的資料要具備臨床上的理由，以及符合個案的最佳利益。當個案知道心理師的個人資料，例如：宗教信仰、政治傾向、道德信念、休閒嗜好、家庭和社交生活等，知道愈多就愈容易使專業界線被妥協。

缺乏人際界線的心理師很容易在情緒上傷害個案，適當的界線有助於心理師專注在治療工作及個案身上。心理師自我揭露私密的個人資料，很容易傷害到個案，特別是那些界線模糊的個案。心理師適當的自我揭露，有時有助於治療關係，但不適當的自我揭露則有害於治療關係，因此心理師需要謹慎考慮自我揭露的適當性，以及對治療關係的影響，任意或習慣性的自我揭露個人資料或反移情的感覺，則會破壞治療關係，故心理師和個案分享個人資料，一定要深思熟慮。

Zur（2009）指出，自我揭露分為三種：刻意揭露、不可避免的揭露，以及意外揭露。刻意揭露是心理師刻意說的，不可避免的揭露通常發生在諮商過程，可能是刻意或無心說的，意外揭露通常發生在諮商室以外的地方，例如：在公共場所不期而遇，或不小心說出個人的資料。心理師自我揭露的方式有很多，包括：辦公室的布置和擺飾、衣服穿著，以及參加社交網站等。心理師和個案在網路上的接觸，不論是有心或無意，都會改變諮商關係的本質。一旦個案知道了心理師的個人生活，個案可能會逐漸視心理師為朋友，而非付費聘請的專業人員。

多數心理師認為，向個案揭露自己的生活壓力、個人幻想或夢境、性或財務狀況等，都是不符合專業倫理的，也是對個案沒有幫助的事情。心理師和朋友分享自己的家庭、嗜好、生活壓力、政治主張等是很正常的事情，但是如果和個案分享這些個人資料，就會導致利益衝突，也會模糊治療關係。

心理師在網路上自我揭露時，要特別慎重，適當的揭露自己的專業背景，不僅不會傷害到個案，也會受到個案的歡迎。但是，有關心理師個人資料的揭露，就要特別小心，最好不要把個人的資料上傳到網路上；如果要上傳，就要做好隱私設定，最好是做最高等級的隱私設定，只讓少數被授權的朋友可以看到心理師的個人資料。有些網路上的個人資料在諮商關係中可能是屬於禁忌的。雖然心理師可以設定隱私來保護個人資料，使一般訪客看不到自己的網頁，但是任何人都可以透過訂戶的朋友上網去瀏覽。當個案要求加入心理師的社交網站時，不論拒絕或接受，都會是令人困擾的事情。心理師要留意有些個案會使用不同的名字加入社交網站，有些具有網路資訊安全專長的個案可能知道怎麼解除安全設定，而看到心理師的個人資料。

即使是實習心理師或心理學研究生，也要知道適合與同學、朋友交換的資訊，可能不適合讓未來的雇主、個案或督導看到。Pope 與 Vasquez（2011）曾經用 M 心理師的故事來說明這件事：M 心理師在就讀研究所的時候，是一位非常用功的學生，畢業的成績名列前茅，指導教授也幫他寫了很好的推薦信。但他申請了至少十所大學諮商中心的工作，卻連面試的機會都沒有獲得，後來，他只能找一些社區機構兼職的工作。拿到執照三年之後，才有一位在大學諮商中心工作的朋友跟他解釋，為什麼他工作找得那麼不順利，是因為他在網路上很有名，但並不是好的方面。原來 M 心理師從研究生時代到目前為止，經常在網路上批評他的同事，嘲笑他們的文章和發言，對於和他意見不同的同事和學生，尤其會尖酸刻薄的批評他們。只是 M 心理師沒有想到他在網路上的言論，也會形成專業團體和雇主對他的不良印象。

心理師加入社交網站經常面臨的挑戰之一，是當個案或前個案想要加入你的社交網站成為朋友，這種要求很常見，但是心理師要明白這種交流是雙向的。心理師一定要考慮到倫理守則中的多重關係和專業界線，和個案建立並維持網路關係是否會影響主要的諮商關係和個案的最佳利益？

面對心理師撰寫部落格和加入社交網站可能的問題和風險，不同心理師的作法因人而異。有的心理師發現，他和個案有共同的朋友，事後心理師會把網頁移除或修改網頁內容。有的心理師表示，他們不會使用真實姓名加入社交網站。有的心理師同時也在大學教書，他們很容易收到學生想要加入為朋友，而他們通常會比照個案，來處理學生的要求，亦即不會和學生在社交網站上接觸。有的心理師會先上網搜尋自己在網路上的資料有哪些，對於不適當的個人資料要設法移除，如果不能移除，也要設法加以修改，免得當個案提到這些不適當的資料時感到不知所措。

有的心理師表示，只要個案在線上想要和心理師發展網路社交，心理師要立即在下一次晤談時和個案討論，這是很重要的一件事，可以藉機澄清網路上不確定的資訊，並修補可能的關係問題。有的心理師提到，在約會網站不小心接觸到個案或個案的親友；也有心理師提到，個案在社交網站或部落格表示自殺或殺人的意念。心理師加入社交網站，無疑的要面對兩個問題：一是不小心的自我揭露，二是意外地在網路上接觸到個案。Barnett（2008）提醒心理師，加入社交網站時要注意下列幾個事項：

1. 對於想要成為你朋友的人，你要審慎思考和判斷，他們是否適合看到你的個人資料。
2. 使用某種限制或隱私設定，只讓少數適當的人可以看到你的個人資料。
3. 心理師一定要記得，個人資料一旦上傳到網路，就會被人看到，而且不可能刪除。
4. 網路關係也是一種人際關係，不要忽視其對專業關係的影響。
5. 未經個案的同意或邀請，一定不要線上搜尋個案資料。
6. 思考清楚自己的社交網站立場，以便個案詢問時，可以做適當的回答。

案例 13-3　個案要我加他為 Facebook 的朋友

個案嘗試在Facebook上找到我，並且問我是否可以加他為Facebook的朋友，我明白的告訴他，我不會把個案加入為朋友，我說如果這樣做會妥協他的隱私，也會影響我們的諮商關係（Van Allen & Roberts, 2011）。

問題：心理師要如何處理個案要求加他為 Facebook 的朋友？

回應：心理師可以在初談時或在知後同意書裡，充分告知有關社交網站互動的須知，和隱私保密的限制。心理師要提醒個案，在社交網站呈現的個人隱私可能會變成公共資訊。所有的社交網站都會預設每個帳號的圖片和文字，開放給所有的訪客瀏覽，因此，心理師要主動將預設變更為最高等級的隱私設定，只限於經過授權的人才可以瀏覽心理師的網頁。心理師也可以將個人網頁和專業網頁分開，採用不同的隱私設定，即可避免不適當的揭露個人隱私。如果覺得要維護一個隱私的部落格、社交網站或個人網頁感覺很困難的心理師，最妥當的辦法便是刪除所有網路上的個人網頁和退出社交網站。

個案搜尋心理師的資料

許多個案在求助前和諮商過程中，會在網路上搜尋心理師的資料，其主要原因是基於好奇，特別是想知道心理師的專業背景和專長等。根據 Fox（2005）的調查，在美國有八成的網友在就醫前，會先用 Google 搜尋醫師的資料。

當個案在初談或諮商時，向心理師提到，他曾經在網路上搜尋心理師時，心理師可以藉此機會，告訴個案求助心理師前，先在網路上查證心理師的專業證照和背景是一件好事，並進一步提供機會，詢問個案是否對心理師的學經歷和專業背景，還有想要問的問題，同時也可以進一步討論信任問題。

心理師如果有加入社交網站，即需要思考如何回答或處理個案或前個案希望你加入他為朋友的請求，並且探索個案想要成為朋友的動機。當個案的網路行為涉及諮商關係、信任和界線的時候，心理師需要審慎的處理，避免讓個案的網路行為損害心理師的權益和安全感。

Lehavot 等人（2010）提到一個心理師的案例如下：

「我的個案從網路上發現我的出生日、出生地、居住地址、電話號碼，以及私人的電子郵件地址。此外，這位個案還跟我的鄰居談到我。對此，我深感困擾。在諮商時，我使用人際歷程取向，和個案討論他想要多了解我的資料之涵義。這件事情仍然持續困擾我，我這位個案在六個月前結束心理治療，但是至今仍然繼續在校園跟蹤我，或開車經過我的住家。」

在上述案例中，心理師把個人隱私資料上傳在網路，容許個案可以用不適當的方式侵犯心理師的生活。這個案例提醒心理師，把個人資料上傳到網路要十分謹慎，並且要留意網路上有哪些和心理師個人有關的資料存在（Zur, 2009）。

心理師搜尋個案的資料

根據DiLillo與Gale（2011）以854名美國心理學博士生為調查對象，發現多數研究生認為使用搜尋引擎（66.9%）或社交網站（76.8%）去搜尋個案資料是不被接受的，但是在這些調查對象當中，在過去一年曾至少一次使用搜尋引擎搜尋個案資料的有 97.8%，用社交網站搜尋個案資料的有 94.4%。在 Tunick 等人（2011）的調查中，有32%的兒童心理師會搜尋和閱讀個案的部落格或社交網站，搜尋的理由，包括：好奇（18%）、臨床考慮（41%）、個案或家屬的要求（29%）、蒐集治療相關資料（9%），以及其他（3%）。在閱讀個案網頁資料的調查對象中，有20%會事後告訴個案，有40%會先徵求個案同意。

心理師會在網路上搜尋個案資料的理由，根據 DiLillo 與 Gale（2011）的調查，主要是：（1）想要多了解個案的生活狀況；（2）想要澄清或確認個案的個人資料，如電話、地址等，以及（3）想要調查諮商中出現的疑問，如確認個案所說的是否屬實、是否有自殺意念、是否濫用藥物等。多數心理師認為，在網路上搜尋個案資料是不妥的，但如果是在個案的知情同意或邀請之下，去搜尋個案資料，則比較符合專業倫理，也比較有助於諮商關係。Cliniton等人（2010）對於搜尋個案資料，提供下列幾個問題，以做為心理師自我檢視的參考：

1. 在網路上搜尋個案資料是否有很好的理由？
2. 搜尋個案資料對心理治療的利弊得失是什麼？
3. 取得個案的知後同意是否有困難？
4. 在網路上搜尋個案資料是否要與個案分享？
5. 是否一定要在網路上搜尋個案資料？

心理師在網路上搜尋個案資料，涉及下列三個倫理問題：個案隱私、自主決定，以及知後同意。若未事先徵得個案的同意，心理師在處理從第三者（包括網路搜尋）獲得的個案資料時，會變得非常棘手。心理師若未經個案同意，就從第三者取得個案資料，很容易讓個案覺得自己的隱私被侵犯，自己的自主決定權沒有被尊重。在心理師線上搜尋個案資料的理由當中，只有一個比較可以被接受的是「評估個案的風險」，例如：是否有性侵害前科。

個案在網路上搜尋心理師資料，以及心理師在網路上搜尋個案資料，都是屬於界線違反（boundary violation）的行為。心理師線上搜尋個案資料的動機或理由有二：一是好奇，二是求證。好奇個案的職業、家庭、朋友和休閒生活等，求證是指想求證個案在諮商晤談時，所說的人、事、物是否真實等，例如：查證個案是否對於酒精或藥物濫用說實話。

會上網查證的心理師，顯然對個案在諮商中的談話存疑，而想要透過其他資料來源進行核實，卻又不想公開和個案討論他的存疑。心理師的上述行為在倫理上是有爭議的，一方面心理師到網路上對個案的查證行為可能會傷害諮商關係，另一方面，可能會傷害與個案的信任關係。

根據Kelly（1998）的調查，有40%的個案會對他的心理治療師保留秘密，並且發現保留秘密可以預測較少的症狀，對於這個研究結果的解釋是：留給心理治療師好印象的個案，通常會從心理治療中獲益；因此，個案保留秘密是想要留一個好印象給心理治療師。

心理師並不是不可以在網路上搜尋個案資料，而是要先徵求個案的同意；未經個案知情或同意而取得的個案資料，會影響心理師對個案的反應，或一旦被個案知道，可能會傷害治療關係。心理師在個案知情同意或邀請之下去看個案的網路上資料，有可能增加對個案的認識，以及有助於諮商歷程。

如果個案在諮商時提到曾加入社交網站，心理師可以徵求個案的同意去看個案的網路上資料。如果個案不同意，也可以討論個案的困難，以及不想在諮商中揭露的為難之處。最理想的狀況是，心理師在個案的邀請下，兩人一起瀏覽個案的社交網站，並作為討論的主題。心理師可以透過這種方式去得到網路上的資料，做為臨床使用，來幫助個案達到治療目標，包括討論個案在諮商室外的人際行為和網路行為的不一致。

有的心理師會在網路上搜尋前個案的現況，例如：閱讀他們的部落格。心理師從網路上知道前個案的近況，可以滿足其好奇心，但是，萬一這些個案又回來諮商時，心理師便要面臨一個困擾，那就是哪些是個案告訴我的，哪些是我從網路上搜尋來的；因此網路上搜尋前個案資料，還是會影響將來和他們的諮商關係。

案例 13-4　心理師搜尋和閱讀個案的網頁

問題：許心理師經常閱讀個案的網頁或部落格，他的主要擔心是，一旦從網頁得知個案的危機訊息，那他的責任是什麼？如果他從個案的部落格得知個案要自殺或被虐待，那他是否有責任去通報？他可以主動和個案討論他從網頁上得知的擔心嗎？如果他留給個案或他人的印象是，他會閱讀他們的網頁，並且也會提供介入，萬一個案凌晨兩點半把遺書上傳到網頁，而他卻沒有看到，這樣子他有責任嗎？

回應：由於許心理師經常上網閱讀個案的網頁或部落格，導致專業界線模糊；心理師不適當的把諮商關係和臨床責任延伸到網路上，以致於產生臨床判斷的困難，以及通報責任的難以釐清。即使心理師在個案的同意或邀請之下，閱讀個案的網頁，其最好只限於在諮商時間時，一起在諮商室上網瀏覽。心理師要避免在諮商室以外的地點，諮商以外的時間，去閱讀和處理個案的網頁資料。

案例 13-5　未經同意上網搜尋個案資料

謝老師是大學諮商中心的男性實習心理師，他有一位 22 歲的男性個案小邱，小邱在某次的晤談時，有提到他的 Facebook。謝老師自己也有 Facebook 帳號，於是他就上網去看，因為小邱的Facebook帳號沒有做隱私設定，因此他可以看到小邱所有的個人資料，其中包括小邱提到他喜歡男生，這是小邱未曾在晤談中說過的事情。

問題：謝老師不知道如果告訴小邱說他看了小邱的Facebook，並且知道他的性取向，這樣做是否有違反個案對他的信任？

回應：謝老師在小邱不知情的情況下，從網路上得知小邱的個人隱私，這樣做基本上有侵犯個案隱私的嫌疑，而且不管有沒有告知小邱，都會負面影響兩人的諮商關係和信任。如果謝老師可以事先徵求小邱的同意之後，再上網去看小邱的 Facebook，就可以把自己看完小邱 Facebook 之後的疑惑或擔心，在諮商晤談時提出來和小邱討論，這樣做才有助於諮商關係，並且不會傷害到兩人的信任感。

心理師參與網路社交的建議

基本上，我會建議心理師不要撰寫部落格、不要加入社交網站，也不要搜尋個案資料，以便可以和個案維持單純的諮商關係和專業界線。但是，因為社交網站是如此的普遍，有些心理師還是很想加入社交網站，我綜合 Lannin 與 Scott（2013）以及DiLillo與Gale（2011）的文獻，提供心理師參與網路社交的建議如下：

1. 傳統的心理師在執業時，被期待去熟悉個案所生活的環境脈絡，同樣的，網路時代的心理師在執業時，也要盡可能去熟悉個案在網路環境的生活脈絡。
2. 心理師要不定期的使用自己的姓名上網搜尋，去了解網路世界裡有關自己的資訊，這樣才能知道個案在使用心理師的姓名去搜尋時，會得到什麼樣的個人和專業資料。心理師也可以使用Google alert的功能，讓網路上出現跟自己有關的資訊時，會主動提醒自己。一旦心理師發現有不適當的個人資料出現在網路上時，可以設法透過網頁管理者或上傳資料者，加以刪除或修改。

3. 心理師一定要使用最高等級的隱私設定來管理自己的個人網頁，只允許經過篩選的朋友才可以看到。必要的時候，心理師可以使用假名字去開設網路帳號，讓個案很難找到自己在網路上的個人資料，但是使用假名字也不是完全可靠，因為個人網頁可能可以透過電子郵件地址或IP地址而找到。
4. 心理師自己若不熟悉網路科技的話，可以諮詢那些具有良好網路科技素養的同事，並了解有關使用社交網站的安全須知。
5. 心理師要學習辨別什麼是隱私的個人資料（personal information），什麼是專業揭露（professional disclosure）資料，什麼是個案資料（client information），什麼是公開資料（public domain）；同時，還要學習辨別在網路上和個案接觸時，什麼是多重關係，什麼是偶然相遇。
6. 心理師在網路上要審慎發言和書寫，避免談論個案或受督者的資料，不要任意批評專業同儕或組織，也不要上傳有損心理師專業形象的照片或言論。
7. 心理師最好在知後同意的時候，告知個案不會在社交網站上，接受個案為朋友，或和個案在網路上互動；並且告知個案，沒有個案的同意或邀請，心理師不會去網路上搜尋個案的資料。
8. 心理師培育系所應該明訂規範，要求實習心理師除非經過個案同意或緊急保護個案安全時，不得在網路上搜尋個案資料。心理師培育系所的教師和實習機構督導，應該和實習心理師討論搜尋個案資料在臨床和倫理上的影響和問題，特別是涉及多重關係和界線違反的倫理問題。
9. 心理師遭遇到網路諮商的倫理疑義時，或許可以透過倫理守則的適用而得到幫助，但是倫理守則是否適用於社交網站，則比較不清楚，例如：心理師將個人資料上傳網路，使得同事、個案和潛在個案看得到；在網路上搜尋個案的個人資料；在社交網站和個案或前個案的互動等。有關這方面的倫理疑義，心理師或實習心理師可以諮詢本章的內容或專家學者。

案例討論

案例 13-6 心理師喜歡瀏覽個案的部落格

蔣心理師非常喜歡上網，除了經營自己的部落格，也會加入社交網站，像是Facebook，並會在網路上分享生活趣聞和工作感想等。蔣心理師在初談新的個案之前，會上網Google一下個案的背景，以及在社交網站留意個案的部落格和Facebook，他認為事先從網路上了解個案的背景，有助於初談評估和後續的心理諮商工作。

問題 1：你對於蔣心理師經營部落格和加入Facebook，分享個人生活與工作的心得等，你有何看法？你會不會經營部落格？會不會加入Facebook？理由為何？

問題 2：你對於蔣心理師在初談新個案之前，上網去Google個案的背景，去瀏覽個案的部落格和Facebook之作法有何看法？你自己會不會這樣做？理由為何？

案例 13-7 當事人希望能加心理師為好友

永慶，男性大學生，目前與心理師進行了六次晤談，由於在每次談話中，永慶總會提到很多不同的議題，好像很難聚焦，心理師幾次邀請永慶選擇自己當下最想談的事情，他有嘗試但還是做不到，以致於諮商歷程常處於混亂，心理師為此深感困擾。

在某次晤談時，永慶告訴心理師他終於為此狀況想到了解決方法。因為晤談一個禮拜才見面一次，每次來談時都會忘記一些原本想談的事情，因此永慶提出寫 e-mail 的辦法，讓他想到什麼覺得重要的事就寄給心理師，心理師可以等到晤談室見面時再做回應和討論。

心理師同意這麼做，後來諮商的進行確實也有幫助到個案更能聚焦談話主題。在結案後，永慶在網路上搜尋到心理師的 Facebook，並發送邀請好友的訊息，而心理師第一次時按「略過」，後來永慶又再發送一次邀請訊息，這次附上個人訊息問心理師記不記得他是誰，交代他最近的狀況，表明希望加心理師為好友，不會沒事去煩心理師。

問題 1：如果你是案例中的心理師，你會同意個案所提出的建議，在晤談之間，把想到的事情或問題 e-mail 給你？為什麼？

問題 2：如果你是案例中的心理師，你會答應加個案為好友嗎？為什麼？若不答應，你會回應個案發送過來的個人訊息嗎？

問題 3：你對於心理師使用 Facebook 或其他網路社群有何看法？心理師加入網路社群對其個案諮商可能的影響是什麼？

第十四章

執業疏失與倫理申訴

心理師在積極的提升服務品質，促進個案的權益與福祉之同時，也要避免執業疏失，因此，了解什麼是執業疏失、如何預防執業疏失，以及做好風險管理，是現代心理師很重要的功課。另外，心理師也需要了解倫理申訴的適用對象和運作程序。本章將討論執業疏失的定義、執業疏失的原因、風險管理的策略、倫理申訴的適用對象和運作程序，以及如何回應被人申訴等。

身為一位心理師，我們都不希望被個案申訴，但是我們從事諮商與心理治療工作，有時候會因為有意或無意的犯錯而導致被人申訴。心理師一旦被人申訴，不管是向公會倫理委員會、衛生主管機關或法院，整個生活秩序和心情便會大受影響。本來用來服務個案的時間，就會被迫用來應付來自公會、衛生主管機關或法院的調查或出庭。心中憤怒的感覺和被迫害的念頭便會如影隨形，而且還要擔心是否會影響自己好不容易建立起來的專業信心、知名度、自我形象，和他人的信任。因此，除了維持高品質的專業服務，心理師也需要從預防的角度，學習避免走到執業疏失和違反倫理的地步。

執業疏失的定義

何謂執業疏失（malpractice）或專業疏失（professional negligence）？執業疏失是指心理師未能提供專業服務，或提供的專業服務之品質低於一般執業標準。執業疏失基本上是一個法律概念，涉及專業人員由於工作的疏失導致當事人受到傷害或損失。心理師也如同其他的專業人員，除了遵守法律，並且要提供符合專業標準的服務，並避免因一時的疏失或不良執業，導致個案受到身心的傷害或財務上的損失。

所謂執業標準（standard of practice）是指，多數同業的心理師所表現出的服務品質、專業水準或行為規範（code of conduct）。心理師執業的方式、地點、時間、理論依據或治療技術，如果遠離多數同業所採行的執業標準，即有發生執業疏失的風險，例如：多數心理師採用個別或小團體的方式諮商，如果某心理師採用大團體的方式諮商，便是背離執業標準。又例如：多數心理師在醫療或專業大樓執業，但某心理師選擇在酒店或咖啡廳執業，便是背離執業標準。再如：多數心理師看個案的時間是從上午九點至晚上九點，但某心理師選擇在晚上九點至次日清晨六點看個案，便是背離執業標準。又如：多數心理師使用標準化心理測驗來分析個案的人格特質，但某心理師選擇使用撲克牌或塔羅牌來分析個案的人格特質，便是背離執業標準。

根據 Corey 等人（2011）綜合多位學者的見解，認為在法律上要構成執業疏失，個案必須舉證證明下列四個條件的存在：

1. **專業責任**（professional duty）：心理師和個案存在著專業關係，心理師承諾個案要提供心理健康服務。通常透過掛號、諮商紀錄、治療費收據等程序或文件，即可以證明心理師和個案存在著專業關係。
2. **違背責任**（breach of duty）：個案要證明心理師違背責任，例如：未能提供合理的照顧、未具有適當的知識技術，或判斷錯誤等。違背責任包括錯誤或不當的作為，以及應為而不為，例如：診斷錯誤或執業超出能力等。
3. **傷害**（injury）：個案要證明其在身體、關係或心理上蒙受傷害，例如：不當死亡（自殺）、損失（離婚）或身心上的痛苦。個案可以提出醫療診斷書或傷害鑑定報告，來證明所受到的傷害。
4. **因果關係**（causation）：個案要證明心理師的違背責任是造成其傷害的直接原因。

執業疏失的原因

根據學者（Bennett et al., 2006; Kirkland et al., 2004）的統計，在美國，心理師遭受執照主管機關懲戒的原因當中，最常見的是：違反性的界線、非性的多重關係、保險和收費問題、兒童監護權、違反專業保密、執業超出自己的能力範圍、治療遺棄、不當的診斷、因犯罪受刑事處分、詐欺行為、不當的個案紀錄、不當的督導、功能損壞、未完成繼續教育時數，以及以詐欺方式申請執照等。Corey 等人（2011）綜合多位學者的討論，歸納出執業疏失常見的原因如下：

1. 未取得或未記載知後同意。
2. 遺棄個案或過早結案。
3. 與個案發生性關係。
4. 明顯背離治療師的執業標準。
5. 執業超出自己的能力範圍。
6. 診斷錯誤。
7. 誘導不實的童年虐待記憶。
8. 不健康的移情關係。
9. 未能適當的處理高風險個案。

風險管理的策略

風險管理（risk management）是指，針對可能導致傷害個案的執業疏失進行辨識、評估和預防的作為，以避免被人申訴違反專業倫理或法律訴訟。提供有品質的專業服務是預防執業疏失最佳的策略，任何心理師和個案之間的誤解，都要審慎處理和化解，小的誤解如果再三發生，也會導致執業疏失而被申訴。Corey 等人（2011）彙整風險管理的幾項策略如下：

1. 參加執業法規講習或風險管理工作坊，以熟悉與執業相關的最新法規和倫理守則之修訂。

2. 使用書面的知後同意書，充分告知當事人有關專業保密的限制、打電話到個案家裡的理由、收費標準和付款方式、結案的時機和方式，以及自殺預防等，並請個案簽名同意。
3. 向個案說明專業服務的訊息時，使用個案了解的語言，並確認個案已充分了解，例如：向個案解釋診斷、治療計畫，以及治療的利弊風險等，並且記載向個案做如此的解釋。
4. 告知個案有權利隨時終止治療關係。
5. 只接受自己能力範圍內可以處理的個案，轉介那些超出自己能力範圍的個案給其他治療師。
6. 以保護治療師的方式記載個案紀錄，良好的個案紀錄不僅是良好的風險管理，也是好的專業服務。
7. 依法通報兒童虐待、老人虐待或其他家庭暴力案件。
8. 與個案保持良好的專業界線，避免與個案發展專業以外的私人或社交關係。
9. 應慎重受理多重關係的個案，並告知多重關係對雙方可能的限制和利弊，並記載受理此類個案的理由。
10. 不應與現任個案或以前的個案發展性關係，也不應與現在的受督者或學生發生性關係。
11. 和個案約好的晤談時間，一定要出席，治療師失約很容易讓個案感覺被遺棄。萬一治療師不能出席約好的晤談，一定要以電話通知個案。治療師如果有事遠行一段時間，最好事先安排代理人。
12. 對於執業遇到困難的個案或問題，可先獲得個案的知後同意，再去諮詢同事、督導或專家學者。同儕諮詢顯示治療師為追求專業品質，從諮詢他人提升能力，以增進個案的最佳福祉。
13. 參加危機個案處理的工作坊，熟悉高風險個案的評估和危機處理。
14. 當評估個案有自殺或暴力傷人的危險時，一定要採取必要步驟去保護個案和其他人，並且將此記載在病歷上。
15. 受理兒童與青少年個案時，一定要取得父母或監護人的書面知後同意。
16. 風險管理的最佳策略是去思考如何提供高品質的專業服務，其次才是思考如何降低執業風險。

三種申訴類型

目前，有三個約束心理師專業行為的機構，包括：職業公會、衛生主管機關，以及法院，因此依據受理單位，心理師被申訴的類型可分為以下三種。心理師違反法律，也可能同時違反專業倫理，因此，可能會有超過一個機關介入調查和裁罰。

1. **職業公會**：當心理師被人申訴違反專業倫理時，心理師所屬的地方公會會受理並進行調查，若調查屬實，則會給予裁罰，裁罰方式係依違反倫理情節的大小而定，裁罰方式包括：申誡、繼續教育、停權，或退會等。
2. **衛生主管機關**：當心理師被檢舉違反《心理師法》時，地方衛生主管機關便是受理單位。地方衛生主管機關在受理民眾申訴時，會先了解申訴內容：屬於倫理申訴的案件，衛生主管機關會函請地方公會處理，屬於違反法律規章的案件，則由衛生主管機關進行調查，若調查屬實，則會依據「處理違反心理師法統一裁罰基準表」進行裁罰。裁罰方式包括：罰款、停業、撤銷執照等。
3. **法院**：當心理師違反法律，包括：《民法》、《刑法》等，將由檢察官或消費者提出訴訟，再由法官審理，例如：個案認為由於心理師的執業疏失導致身心傷害，就可以向法院提出民事賠償訴訟。

倫理申訴案件的處理程序

牛格正與王智弘（2008）指出，專業倫理守則的運作有賴相關的配套措施，包括：設置倫理委員會、訂定倫理申訴案件處理程序，以及訂定倫理守則釋疑案件處理程序。倫理委員會的任務或功能，包括：倫理守則的修訂、倫理教育的推動，以及受理倫理申訴案件和倫理守則釋疑案件。以臺北市諮商心理師公會諮商倫理委員會為例，該委員會置委員七至九人，由理監事提名對諮商專業倫理有學養與經驗者，經理事會議同意後聘任之，任期與當屆理事相同。其中，任一性別委員應占全體委員人數的三分之一以上，非會員不超過全體委員人數的三分之一。委員會置主任委員一人，由委員互選擔任之。由此可知，諮商倫理委員會的組成包括男女兩性別及非會員，合計七至九人。主任委員會由委員互選，都是無給職，委員會是獨立運作，不受理事長或理監事會議的影響。

倫理申訴案件的處理程序則說明有關申訴人和被申訴人的身分資格、申訴方式和步驟，以及其他和程序有關的事項。以臺北市諮商心理師公會諮商倫理委員會為例，委員會接獲檢舉或申訴會員違反諮商倫理案件時，應於十五日內召開委員會議，以確認申訴案件是否成立。委員會議確認申訴案件成立後，應隨即指派三名委員組成調查小組進行調查，並以其中一人為召集人。在調查過程中，應秉持客觀、公正、專業之原則，給予雙方當事人充分陳述意見及答辯之機會。由此可知，倫理申訴會依照一定的時間和程序進行，並且會把審議結果知會雙方。

倫理守則釋疑案件的處理程序則和一般違反倫理的申訴無關，而是指職業公會或專業學會會員對於倫理守則的條文有內涵與適用範圍的疑義時，可以依此處理程序，向專業組織的倫理委員會提出釋疑。

心理師或個案如果認為某心理師有違反專業倫理的行為時，可以主動向該心理師所屬的地方公會提出申訴。申訴人可以是個案、心理師或任何人，不需要具備會員資格，但是被申訴人必須是受理申訴公會或學會的會員；因此，申訴人可以上網查詢心理師所屬的公會或學會，並透過該會網頁詳閱該會所訂定的倫理申訴案件處理程序，填寫該會所提供的申訴表格，以掛號郵寄方式寄到被申訴人所屬的地方公會或學會。

提到「不合乎倫理」，多數人想到的是嚴重違反倫理守則的情況，但在臨床實務上，違反倫理守則的情況大多數是不慎發生的，而且違反倫理的行為往往只有心理師自己知道，其他人不容易察覺。確保當事人權益是心理師監控自己倫理表現的最佳指標，與其去查看或宣稱他人行為違反倫理，我鼓勵心理師誠實的檢視自己的思考與行為，並可問問自己：「我的行為是否可以維護當事人的最佳權益？」、「我的行為是否符合專業倫理守則的要求？」（Corey et al., 2011）。

Welfel（2005）認為，心理師在輕微違反倫理守則時，便可以採取行為以彌補疏失。他強調，心理師要能覺察個人行動可能涉及的倫理問題是第一步，心理師若是不覺察其行為對當事人的潛在影響，這些行為可能不會被注意到，導致當事人受到傷害，例如：有經濟壓力的心理師，可能會引用理論觀點以延長治療次數，而忽略這個延長治療的決定是受到其經濟情況的影響。

當你發現同事疑似違反倫理守則的時候，你該怎麼辦？根據倫理守則，坐視同事違反倫理守則本身，就是違反倫理守則。當你發現同事從事違反倫理的行為時，你會直接提醒當事人嗎？還是會告訴他的主管或督導？違反倫理的行為要多嚴重才要舉報到專業組織和主管機關？根據「諮商心理師專業倫理守則」第4條：「諮商心理師若發現同業有違反專業倫理之情事，應予以規勸；若規勸無效，應利用適當之管道予以糾舉，以維護專業聲譽及當事人之權益」。我的建議是：你可以先採取私下、非正式的提醒或面質你的同事，如果無效，你可以進一步提醒他的機構督導或主管加以處理，如果也無效，你可以採取正式書面的方式，向其所屬的地方公會提出違反倫理守則的申訴。

如何回應被人申訴

Pope 與 Vasquez（2011）認為，治療師對於被人申訴違反倫理守則、行為規範或被人提起執業疏失的民事訴訟，心理要有所準備，但不需要過度焦慮和衝動行事。假如有一天，你被人申訴、檢舉或告訴，他們建議最好的回應如下：

1. 不要驚慌、保持冷靜，避免讓驚慌主宰你的思考和決定。
2. 視申訴類型諮詢律師或專家：有關執業疏失的民事訴訟，治療師可以請教專長為執業疏失的律師；有關違反倫理守則的申訴案件，治療師可以諮詢專長為專業倫理的督導或師長。
3. 申訴內容確實存在嗎？治療師被申訴的時候，心裡一定很生氣，但是在生氣的情緒主宰我們的思考和決定之前，我們還是要先捫心自問，我們是否做了那些被申訴的事情？當我們確實做了自我檢視之後，這些清楚的記憶和正確的資料，將有助於面對被申訴的過程。
4. 如果你是個案，你是否也會做同樣的正式申訴？如果不會的話，你被申訴的原因可能不是因為你做了違法或違反專業倫理守則的事情，而可能是你

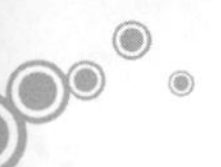

的無心疏失而犯了錯，被個案面質時，你不認錯也拒絕道歉。因為你沒有耐下心來好好澄清，以致於不斷的累積誤會，最後導致個案提出申訴。治療師進行這樣的自我提問和檢討，可能會找到個案提出申訴的原因是在於我們的態度不好影響了治療關係，而不是真正違反專業倫理或法規。當個案感受到治療師的尊重、關心和傾聽同理時，即使治療師犯錯、判斷失誤，或服務不夠水準，也比較不會激怒個案去提申訴；當治療師未能讓個案感受到上述的態度時，治療師很容易被申訴。

5. 在治療師深自反省與檢討之後，如果認為個案的申訴是屬實的，那麼治療師可以諮詢律師或專家學者，再決定是否適合承認錯誤，並向個案道歉。
6. 認知正式申訴對你的影響：任何治療師被人提出正式的申訴，或被控告執業疏失時，可能會有下列的反應，治療師宜誠實面對自己的反應，才有助於採取建設性的策略來保護自己。
   （1）擔心自己的專業知名度和生涯會受到傷害。
   （2）感覺被我們想要幫助的人背叛。
   （3）內心充滿對未來的不確定感。
   （4）反射性的自責，假設自己一定幹了很壞的事才會被申訴。
   （5）覺得很難為情，不知道親友和同儕會怎麼看自己。
   （6）自我懷疑，這個個案我做不好，其他個案可能好不到哪裡。
   （7）心情沮喪。
   （8）懷疑其他個案和同儕是否也會提出申訴。
   （9）擔心和焦慮被申訴的過程和結果，出席調查會議和交叉詰問時，誰會在場？
   （10）胡思亂想，很難專心的做其他事情。
   （11）失眠、睡不好、吃不好，不斷的擔心以後會發生什麼事。
7. 尋求幫助和支持：可以尋求律師、治療師或親友、同事的協助和支持。
8. 從被申訴這件事情可以學到什麼？危機也是轉機，被申訴有助於我們去檢視自己和機構的行政程序、工作規範、臨床技術和服務態度是否有改進的空間。

綜合上述的討論，心理師在平常執業的時候，還是要謹慎行事，除了熟悉執業的相關法規和倫理守則，也要了解執業疏失的法律要件，以及了解倫理申訴的適用對象和程序，具備這些知識有助於預防執業疏失和違反倫理守則。不過，預防執業疏失和被倫理申訴的最佳策略，還是提供高品質的心理專業服務給民眾，以及有耐心而誠懇地處理個案的抱怨，避免個案因為感覺不被尊重和憤怒，而去向主管機關或公會提出申訴。

案例討論

案例 14-1　超收諮商費用的糾紛

毛先生和女友透過網友的建議去某心理診所預約「心理需求分析」，見面時心理師請毛先生和女友閱讀和簽署心理需求分析同意書，同意書上有提到心理需求分析的費用是一千二百元，包含：諮商費和掛號費。結果晤談足足談了三個小時，他認為他們主要想談的是女友的情緒過度反應和自我傷害的問題，但是諮商的主題有95%都在討論感情問題。諮商結束後，毛先生在櫃臺結算的費用是五千三百元，他當下有種被宰了的感覺，因為心理診所在網路上和同意書上明明寫著心理需求分析的最高收費是一千二百元啊！

問題 1：本案涉及哪些倫理議題？
問題 2：諮商機構要如何處理當事人的申訴比較適當？
問題 3：本案是否涉及違反醫療法規？如《心理師法》、《醫療法》？
問題 4：諮商機構如何避免類似的申訴案件？

案例 14-2　少了心理師日子會更好？！

方小姐因為婚姻觸礁，家庭生活遇到重大變革，產生極度焦慮、憂鬱，因而踏上心理治療之路。轉眼間，五年過去了，她的焦慮、憂鬱大半被清除，因此認為心理治療是有效的。但是，方小姐心裡有個存疑，那就是心理治療雖然有效，是否需要用漫長的五年來做治療？她的前兩年療程是在醫院做的，後三年是以自費方式到心理師的心理中心做治療。自費治療一年之後，方小姐覺得自己已大部分痊癒，可以不需要再做治療，可是心理師仍不斷的鼓勵她做治療，她也因為不好意思拒絕而繼續治療。方小姐一方面想結束治療，一方面又擔心沒有心理師的陪伴，不知道是否有信心面對未來的種種變數，最後因為與心理師發生口角衝突，決定勇敢的踏出心理治療室。事後經過一段時間的沉澱之後，方小姐覺得如釋重擔，覺得自己的決定是對的，少了心理師，日子也許會更好。〔本案例修改自方可（2004）〕

問題 1：你認為案例中的心理師是否因為提供個案不需要的心理治療，而有違反專業倫理的問題？

問題 2：當個案表現出想要結束治療，又害怕停止治療，心中對於是否要結束治療產生矛盾衝突時，你會鼓勵個案繼續治療嗎？

問題 3：你認為心理治療的療程要多久？要如何訂定療程？你認為五年的心理治療是否符合心理師的執業標準？

案例 14-3 研習課程退費問題

小坪是心輔所的研究生，最近報名參加某諮商取向富有盛名講師的研習課程，依照報名手續先繳了八週課程的研習費用一萬二千元。但是他上完第一週的課程後，發現參加的學員很少，而且上課的地點是在講師的家裡，和原本的期望有落差，因此，決定退掉這門課程，並請講師依照比例退費。可是講師說不想上課是自己要放棄，報名繳費之後就不能退費。小坪想要向公會提申訴，但是又不敢得罪這位講師，不知道該怎麼辦？

問題 1：如果你是案例中的講師，當初招生簡章並沒有提到是否可以退費的問題，你會如何處理小坪的退費問題，退還是不退？如果退，要退多少？

問題 2：心理師開辦研習課程是否需要在招生簡章上做好知後同意？包括研習的時間、地點、退費辦法，以及對課程不滿意的處理方式等。

第十五章

諮商專業倫理本土實踐的困境

和諮商專業密切相關的心理師，其從業人數逐年增加，諮商心理師執業登記人數截至 2022 年 10 月已有 3,563 人，臨床心理師截至 2022 年 10 月已有 1,812 人。截至 2022 年 10 月，全臺灣取得臨床心理師證書的人有 2,513 人，取得諮商心理師證書的人有 5,368 人。臺灣設置臨床心理相關系所有 15 所大學，設置諮商心理相關系所有 30 所大學，每年培養約 600 名心理師，心理師對社會的貢獻和影響正在加大之中（社團法人中華民國諮商心理師公會全國聯合會，2022；社團法人中華民國臨床心理師公會全國聯合會，2022；考選部，2022）。

心理師的增加對維護社會民眾和兒童與青少年身心健康的影響愈來愈大，一方面說明了社會逐漸肯定心理師專業的價值，願意尋求心理師的協助，以促進個人身心健康；另一方面，由於心理師的人數增加，他們在臨床能力與專業倫理的實踐上，難免參差不一。心理師如同醫師，醫德更重於醫術。專業倫理的實踐有助於心理專業服務品質的保證，並維護個案的權益和福祉。

然而，諮商專業倫理的本土實踐存在很多的問題和困境，這是本章所要討論的主題。本章的討論希望有助於提升心理師的倫理意識，了解倫理實踐所存在的困境，以及學習在兩難的倫理困境中提供最佳的諮商專業服務。

本章探討的倫理困境，包括：倫理守則法制化的困境、組織中心理師實踐專業倫理的困境、實務上執行知後同意的困境，以及諮商機構常見不符專業倫理的現象等。

從專業倫理的定義談起

專業倫理是指，專門執業人員透過自律，節制其專業特權與技術，以維護專業服務品質和保障個案當事人的權益與福祉。因此，專業倫理是屬於一種同儕監督和同業自律的性質，對於什麼樣的執業行為是符合或不符合倫理守則的判斷，應該由專業團體自行判斷和規範。

專業倫理是一種來自西方的概念，和東方人所談論的倫理道德是不一樣的概念；專業倫理比較接近一般所說的職業道德，每個專門職業的從業人員都各有其要遵循的自律公約和倫理守則。為什麼執業行為是否符合倫理守則的判斷要由該專業團體來判斷呢？這是因為專門知識和技術的判斷，並不是一般民眾或公務員容易了解和判斷的事情。

專業倫理和法律的概念也不一樣，專業倫理是一種專業自律與自我期許，法律則是由立法委員代表民意所訂定的條文，用來約束人民的最低標準。當人民違反法律會受到國家的制裁，而人民是否違反法律的判斷則由主管機關或法院來進行審理。一般人民需要遵守法律，但是並不需要遵守倫理守則。專業人員則不同，不僅要遵守法律，而且也要遵守倫理守則，這是因為專業人員擁有一般人民所沒有的專門知識和技術。我們可以說，法律是規範人民行為的最低標準，專業倫理守則則是規範專業人員的高標準，一般人民可以做的事情，專業人員卻不能做，例如：和顧客談戀愛。

倫理守則法制化的困境

我對於政府機關將專業倫理守則法制化的現象感到十分憂心，最近幾年政府官員在遇到專業人員的執業問題時，動不動就透過立法來因應，而讓人感到錯愕的是，許多專業人員和專業團體卻紛紛附和。最近幾年政府透過立法，將倫理守則法制化的例子很多，例如：將研究倫理入法，如《人體研究法》；將專業保密入法，如《心理師法》第 17 條、《醫療法》第 72 條；將病人調閱病歷入法，如

《醫療法》第 71 條；將尊重多元文化入法，如《心理師法》第 19 條；將繼續教育入法，如《心理師法》第 8 條；以及衛生福利部以行政命令限制心理師向個案預收費用、不得向無故取消晤談者收費等。

倫理守則法制化的結果會限縮心理師專業判斷的空間，許多因地（人）制宜的專業判斷和處置彈性被剝奪了，例如《心理師法》第 17 條規定：「心理師或其執業機構之人員，對於因業務而知悉或持有個案當事人之秘密，不得無故洩漏。」台灣輔導與諮商學會的「輔導與諮商專業倫理守則」規定：「保密責任：基於當事人的隱私權，當事人有權要求輔諮人員為其保密，輔諮人員也有責任為其保守秘密」（2.3.1）、「預警責任：當事人的行為若對其本人或潛在第三者有嚴重危險或可能性時，輔諮人員有向其相關人士或第三者預警的責任」（2.3.2）。這兩個規定的差別在於，《心理師法》的規定讓心理師只有保密和不保密的選擇，而倫理守則的原則性規範讓心理師有較多的專業判斷空間，心理師可以視個案的成熟程度、諮商關係的信任程度，以及個案資料如何保密或如何揭露，進行更為細緻而個別化的處理。

混淆專業倫理守則和法律的界線，將原本屬於專業自律的守則，變為他律的法律，這將讓專業臣服於行政機關（衛生局和法院）。專門執業團體和專業組織動不動就同意政府機關把專業倫理守則入法，只會把判斷會員執業行為是否合乎倫理守則的權力，拱手讓給衛生主管機關和法院。這對於心理專業的發展必然有害，將會導致外行領導內行，政治干擾專業，法律超越倫理的弊病。

法律的出發點是基於防弊心態，以黑白分明的方式限制心理師的專業行為，使得心理師和當事人之間的治療性協議，變得難以執行。由於心理師在執行業務的過程中，經常要處理許多灰色地帶的問題，很難以是非對錯的方式來看待心理師和個案的行為，例如：衛生福利部以行政命令限制心理師向個案預收費用，而且規定不得向無故取消晤談者收費等。

是否採用預收費用方式是屬於心理師與個案的協議約定，當心理師對個案充分說明並得到個案同意之後，心理師向個案預收費用便是合乎專業倫理的作為。可是衛生主管機關卻認為，個案沒有能力自行和心理師協議有關諮商費用的支付方式，認為個案需要政府來保護，而使用行政命令規定心理師不得向個案預收費用。為了兼顧專業倫理和消費者保護，我認為衛生主管機關應該刪除這個限制心理師向個案預收費用的行政命令。

又如：心理師是否可以向無故取消晤談者收費這個問題，我認為個案無故取消晤談有其心理上的涵義，心理師可協助個案處理類似的行為問題。再如：個案在生活上有困難履行和他人的約定，包括向心理師承諾會定期參加晤談，經過充分說明之後，雙方約定個案無故取消晤談時，同意照樣支付談話費用的全額或半額，向無故取消晤談者收費可以說是臨床上常用的助人策略。但是，當衛生主管機關以行政命令規定無論如何心理師都不得向無故取消晤談者收費時，將會限制心理師的臨床助人策略，以及不尊重個案的自主自決之權利。

組織中心理師實踐專業倫理的困境

臺灣心理師從事個人或團體開業的情形並不多，根據統計調查（林家興，2014），諮商心理師當中約有七成受雇於各類組織，僅有少數屬於獨立執業或任職於諮商機構。任職於各級學校、公民營企業，以及各級政府機關的心理師，即是從事組織內師生或員工心理健康的服務。在組織中執業的心理師，在專業倫理的實踐上存在許多的困境和妥協，討論如下：

1. **雙重關係愈複雜，諮商效果愈差**：在學校機構內，心理師和教職員工存在者同事的關係，和學生可能存在著師生的關係；在企業或政府組織內，心理師和員工存在著同事的關係。這種雙重關係的存在，基本上就已經不符合專業倫理了，即使勉強實施心理諮商，其服務的效果也是有限的。如果心理師和組織中員工生的關係愈複雜，那麼諮商效果就愈差。
2. **諮商紀錄愈詳細，專業保密愈難，諮商效果愈差**：在組織中工作的心理師，經常被主管或機構要求撰寫詳細的諮商紀錄，以滿足組織行政的需要。但是，詳細的諮商紀錄卻和維護個案的隱私相衝突，諮商紀錄寫的愈詳細，個案隱私的保護愈困難。當個案知道諮商紀錄被寫得愈詳細的話，個案對心理師的信任就愈少，自我揭露也會愈少，最後諮商效果也就愈不好。
3. **心理師對機構和個案雙重忠誠的困境**：受雇於學校的心理師，一方面受聘於校長，領取學校發給的薪水，另一方面要服務學生，提供學生心理諮商服務。在這種情形之下，如果學校和學生沒有發生利益衝突的時候，心理師不會產生忠誠問題，一旦學校和學生發生利益衝突的問題時，心理師究竟要站在哪一邊？這就會產生雙重忠誠的問題，而這個問題必然會影響心理師對學生的諮商服務品質。

4. **非心理師行政主管介入專業工作的問題**：一般機關學校的主管通常不是心理師，例如：學校校長、機關首長、公司董事長等，這些非心理師背景的行政主管可能會有意無意的介入諮商專業工作，例如：要求心理師撰寫詳細的諮商紀錄，或者要求調閱諮商紀錄等，這些就會干擾心理師對於個案的服務品質，也會影響個案對於心理師的信任。

實務上執行知後同意的困境

心理師在服務組織中的個案、保護性個案，以及法院個案時，一定要誠實的告訴他們，他們在心理諮商中將享有較少的專業保密，而這是知後同意的重要內容。為什麼這些個案享有較少的專業保密呢？主要是因為這些個案不是自費的個案，他們的心理諮商服務是由第三者付費；任何由第三者付費的服務，第三者會有權利想要知道他們的經費用到哪些人身上，以及成效如何。在實務上，最可能的第三者，包括：政府機關、學校、家長、健康保險機構、雇主，以及法院等。這些付費第三者的存在，使得個案享有較少的專業保密。

根據專業倫理守則，心理師不可以在知後同意中，向個案承諾自己做不到的事情，例如：絕對保密、保證諮商有效等。那些在學校工作的心理師一定有豐富的經驗知道，要向學生承諾專業保密是十分困難的事情，這是因為學生的重要他人，包括家長和導師，經常會想知道學生個案在諮商中說了什麼，以及學生個案出了什麼問題等。當心理師只能做到九分的保密時，就不要承諾十分，只能做到三分的保密時，就不要承諾四分。

不論心理師自己多高明，年資多深，也不可以向個案保證諮商一定有效，這是因為諮商效果是無法保證的，一方面牽涉到諮商目標是什麼，有的很具體、有的很抽象，有的需要外在條件的配合，另一方面牽涉到個案改變的動機和能力，如果個案不努力參與諮商晤談，或者只參加諮商晤談，平常沒有做什麼改變的練習，則諮商自然難以有效。心理師向個案保證諮商有效的行為，便是違反了專業倫理守則。

知後同意要告知個案多少以及如何告知，則要多費心斟酌。心理師在實踐知後同意時，可能需要視個案的成熟程度和理解程度，因人而異。講太多太詳細，會讓個案覺得更困惑，覺得自己好像在簽署一份賣身契；講的太少太簡略，又沒有辦法讓個案清楚了解心理諮商的相關訊息。倫理守則並沒有說一定要使用口頭或書面的方式，心理師可以視實際需要選擇使用，例如：對於一般個案可以使用口頭說明的方式進行知後同意，並且在諮商紀錄裡加以記載，即符合專業倫理守則的規範。對於那些涉及法律訴訟或受理高風險的個案，可以採用口頭加書面的方式進行知後同意，且雙方可以在知後同意書上面簽名，表示雙方經過充分討論和說明之後，個案同意進行心理諮商。

心理師在處理涉及法律強制通報的個案時，需要告知個案，但是不一定需要當事人同意。告知當事人是對當事人的尊重，並且可以跟當事人說，心理師必須依法通報，因為自己是法律義務通報人，沒有通報的話會受到法律的處罰，因此也是不得已的，希望當事人可以體諒。知會當事人之後，如果當事人不同意，心理師還是必須依法通報。

諮商機構常見不符專業倫理的現象

各類諮商機構，包括各級學校的輔導處（室），仍然存在著一些不符合專業倫理的現象，需要進一步檢討和改進，分別說明如下：

1. **實習機構未提供合格督導給實習心理師**：有些醫院、諮商機構和學校輔導中心（處）（室）會招收實習心理師，提供實習訓練的機會，但是卻沒有提供合格的督導給實習心理師。實習心理師在沒有督導之下接案，在遭遇各種臨床問題時，卻沒有人可以討論。實習心理師由於能力不足，可能會在不自覺的情況下損害個案的權益卻沒有督導加以監督。基本上，實習心理師在沒有督導的情況下接案，就是違反專業倫理守則。

2. **機構內督導向實習心理師收取督導費**：醫院或諮商機構招收實習心理師，應該提供免費的督導給他們，不應該要求實習心理師付費給機構內或機構外的督導。實習機構內督導的本職之一，就是要督導機構內的資淺和實習心理師，且不得再向他們收費。有的實習機構沒有提供督導給實習心理師，卻要求他們自費到機構外接受督導，這種作法也是不符合專業倫理的。所謂專業倫理的真義，在於節制有權有勢的機構和督導，以保障無權無勢的實習心理師之權益和福祉。實習機構如果不能提供機構內督導，基本上就不應該招收實習心理師。
3. **諮商紀錄超過十年未銷毀**：有些諮商機構或輔導中心（處）（室）仍然保存超過十年以上的諮商紀錄，為了維護個案的隱私，諮商機構最好將超過十年的諮商紀錄予以銷毀。諮商機構主管可以依權責，請機構員工使用碎紙機將超過十年的諮商紀錄予以銷毀，一方面可以維護個案的隱私，杜絕個案資料外洩、被調閱或被誤用的疑慮，另一方面可以減少資料維護的成本和空間。
4. **諮商紀錄電腦化，增加諮商保密的難度**：隨著機構資料資訊化的發展，許多諮商機構和輔導中心（處）（室）可能會主動或被動的將諮商紀錄資訊化。諮商紀錄電腦化的結果，無疑的會增加個案資料保密的難度，這是因為以數位化方式儲存的諮商紀錄，很容易被複製和傳遞。有些心理師使用電腦撰寫諮商紀錄，也會比手寫的紙本諮商紀錄更難保密。心理師應該思考哪些資料適合以電腦化來處理和儲存，哪些資料應該使用手寫紙本的方式處理和儲存。我認為屬於行政報表用的個案資料可以使用電腦化處理和儲存，至於涉及隱私的諮商紀錄最好還是使用傳統手寫的紙本方式處理和儲存。
5. **未經案主同意，將病歷或諮商紀錄影印，寄給來公文索取的機關學校**：有些心理師會因為別的單位使用公文索取個案資料，便未經個案的同意，將病歷或諮商紀錄影印寄出，這是有違專業倫理的作法。出具公文並不表示就有權利索取個案資料，即使公文提到已經徵求個案同意，心理師也要親自和個案再三確認是否屬實，並且告知提供個案資料可能的後果，請個案再三思考是否同意提供給出具公文的單位。如果個案是未成年人，心理師更要徵求家長或監護人的同意，再提供資料給來文的單位。

6. **心理師未經家長或監護人同意，即提供密集的或定期的心理諮商給未成年人學生，存在著專業倫理上的問題**：由於提供心理諮商給未成年學生，如同醫師替未成年學生治病一樣，一定要取得家長或監護人的同意。家長或監護人對於未成年學生的身心健康負有保護的責任，因此學校心理師如果認為學生有需要心理諮商，應該事先徵求家長或監護人的同意，否則不應該任意提供心理諮商給未成年人。
7. **將案主交給未經過諮商專業訓練或經驗不足的人進行諮商與心理治療**：將個案交給沒有督導的實習生，或交給沒有受過專業訓練的志工，進行諮商或心理治療，會有倫理上的問題。這是因為把個案交給這些人的結果，並無法提供有品質的諮商服務，甚至有可能會因為訓練不足、經驗不夠而傷害到個案的權利和福祉。因此，負責派案的心理師有責任安排合格的專業人員來服務個案。

結語

我們都知道，實踐專業倫理可以維護個案的權益、提升社會對心理師的信任度，以及保障心理諮商的服務品質。但是諮商專業倫理的本土實踐，仍然存在著一些問題和困難，有待心理師同仁的共同努力去克服。

除了持續參加諮商專業倫理的講習，提升自己的倫理意識和實踐力，心理師還需要結合相關單位和友會，共同努力避免將倫理守則入法，讓心理師有專業判斷的空間和彈性，來處理各種需要因人而異的個案問題，和因情況而異的灰色臨床狀況。

此外，對於心理師的培訓和督導所存在的倫理問題，心理師相關學會和公會可以向衛生主管機關爭取補助，以扶植和獎勵心理師開設心理諮商所和心理治療所，並擴大諮商機構的規模。扶植數量足夠的教學級心理諮商機構，將可以提供充分的實習訓練和臨床督導，有助於培養具有倫理意識和實踐力的心理師。

參考文獻

中文部分

中國行為科學社（2022）：**申購人基本資歷表**。2022 年 12 月 1 日，取自 http://www.my-test.com.tw/download.aspx

方可（2004）：**再見，憂鬱！系列報導　少了心理師　日子會更好？！**2014 年 3 月 14 日，取自 http://www.hantang.com/chinese/ch_Articles/bushit.htm

文美華、王智弘、陳慶福（2009）：網路諮商機構實施電子郵件諮商之實務經驗與倫理行為探討。**教育心理學報，40**（3），419-438。

牛格正（1991）：**諮商專業倫理**。五南。

牛格正、王智弘（2008）：**助人專業倫理**。心靈工坊。

王智弘、林清文、劉淑慧、楊淳斐、蕭宜綾（2008）：臺灣地區網路諮商服務發展之調查研究。**教育心理學報，39**（3），395-412。

台灣心理學會（2013）：**心理學專業人員倫理準則**。作者。

台灣輔導與諮商學會（2022）：**輔導與諮商專業倫理守則**。作者。

考選部（2022）：**精進心理師國家考試，提升專業能力守護國人心理健康**。2022 年 12 月 1 日，取自 https://wwwc.moex.gov.tw

李如玉、丁原郁（2009）：諮商工作者完美主義傾向與專業耗竭。**諮商與輔導，285**，33-36。

社團法人中華民國諮商心理師公會全國聯合會（2012）：**諮商心理師專業倫理守則**。作者。

社團法人中華民國諮商心理師公會全國聯合會（2022）：**會員人數**。2022 年 12 月 1 日，取自 https://www.tcpu.org.tw

社團法人中華民國臨床心理師公會全國聯合會（2017）：**臨床心理師倫理規範**。作者。

社團法人中華民國臨床心理師公會全國聯合會（2022）：**會員人數**。2022 年 12 月 1 日，取自 https://www.atcp.org.tw

林家興（2014）：臺灣諮商心理師執業現況與執業意見之調查研究。**教育心理學報，45**（3），279-302。

林家興、王麗文（2003）：**諮商與心理治療進階**。心理。

林家興、黃佩娟（2013）：臺灣諮商心理師能力指標建構之共識研究。**教育心理學報，44**（3），735-750。

林家興、樊雪春（主編）（2009）：**國立臺灣師範大學學生事務處學生輔導中心諮商實習手冊**。（未出版）

邱珍琬（2010）：碩二實習生對諮商實習課程與實務觀點之初探研究。**全球心理衛生 E 學刊，1**（1），23-45。

洪莉竹（2008）：中學輔導人員專業倫理困境與因應策略研究。**教育心理學報，39**（3），451-472。

張春興（1989）：**張氏心理學辭典**。東華。

張馥媛、林美芳、王智弘（2012）：臨床心理師心理治療知後同意之倫理行為與態度研究。**中華心理衛生學刊，25**（1），105-134。

許秋田、黃創華、鄭志強（2009）：台灣臨床心理師執業與工作現況調查。**應用心理研究，41**，43-55。

陳金燕（1996）：諮商實務工作者對「自我覺察」的主觀詮釋之研究。**彰化師大輔導學報，19**，193-246。

陳若璋、王智弘、劉志如、陳梅菁（1997）：**臺灣地區助人專業實務人員倫理信念、行為及兩難困境評量之研究**。行政院國家科學委員會專題研究計畫。（計畫編號：NSC 86-2413-H-007-001）

陳寶美、陳詩婷、黃雅欣（2012）：網路諮商倫理守則與相關議題之探討。**輔導季刊，48**（3），19-30。

葉建君（2010）：**資深諮商心理師自我照顧經驗之探討：從全人健康觀點**（未出版之碩士論文）。國立暨南國際大學。

簡單心理（2022）：**2019 年心理諮詢行業數據報告**。2022 年 12 月 16 日，取自 https://reurl.cc/mZNmMW

臺北市政府法務局（2012）：**醫療機構不得向民眾收取預約治療項目之費用**。2013 年 12 月 16 日，取自 https://reurl.cc/LXWERL

臺北市學生輔導諮商中心（2012）：**專任專業輔導人員實務工作手冊**。（未出版）

臺灣諮商心理學會（2020）：**心理諮商督導認證辦法**。作者。

臺灣諮商心理學會（2021）：**諮商心理專業倫理守則**。作者。

鄭惠君（2011）：網路諮商倫理議題與預期解決方案。**諮商與輔導，311**，20-23。

羅梅英（2007）：**心靈花園轟動中國心理諮商師紅不讓**。2014 年 2 月 22 日，取自 https://n.yam.com/Article/20060801482593

Fisher, C. B.（2006）：**解密倫理法：心理學家實務指導手冊**（郎亞琴、張明松譯）。五南。（原著出版年：2003）

英文部分

American Academy of Clinical Neuropsychology. (2001). Policy statement on the presence of third party observers in neuropsychological assessments. *The Clinical Neuropsychologist, 15*(4), 433-439.

American Counseling Association. [ACA] (2005). *ACA code of ethics*. Author.

American Psychological Association. [APA] (2003a). Guidelines on multicultural education, training research, practice, and organizational change for psychologists. *American Psychologist, 58*(5), 377-402.

American Psychological Association. [APA] (2003b). Report of the ethics committee, 2002. *American Psychologist, 58*(8), 650-657.

American Psychological Association. [APA] (2007). *Record keeping guidelines*. Retrieved February 10, 2014, from http://www.apa.org/practice/guidelines/record-keeping.pdf

American Psychological Association. [APA] (2010). *Ethical principles of psychologists and code of conduct*. Retrived February 13, 2014, from http://apa.org/ethics/code/index.aspx

APA Committee on Professional Practice and Standards. (2003). Legal issues in the professional practice of psychology. *Professional Psychology: Research and Practice, 34*(6), 595-600.

APA Committee on Psychological Tests and Assessment. (2007). *Statement on third party observers in psychological testing and assessment: A framework for decision making*. American Psychological Association.

Association for Specialists in Group Work. (2000). Professional standards for the training of group workers. *The Journal for Specialists in Group Work, 25*(4), 327-342.

Barlow, S. H. (2008). Group psychotherapy specialty practice. *Professional Psychology: Theory, Research and Practice, 39*, 240-244.

Barnett, J. E. (2008). Online 'sharing' demands caution. *The National Psychologist, 17*, 10-11.

Barnett, J. E., & Johnson, W. B. (2008). *Ethics desk reference for counselors*. American Counseling Association.

Beck, J. (1990). The potentially violent patients: Clinical, ethical and legal considerations. In E. A. Margenau & N. Ribner (Eds.). *The encyclopedic handbook of private practice* (pp. 697-709). Gardner Press.

Bennett, B. E., Bricklin, P. M., Harris, E., Knapp, S., VandeCreek, L., & Younggren, J. N. (2006). *Assessing and managing risk in psychological practice: An individualized approach*. The Trust.

BetterHelp. (2022). *How much does therapy cost? BetterHelp therapy*. Retrieved December 16, 2022, from https://reurl.cc/QWOvG9

Bond, T. (2010). *Standards and ethics for counselling in action* (3rd ed.). Sage.

Bouhoutsos, J., Holroyd, J., Lerman, H., Forer, B. R., & Greenberg, M. (1983). Sexual intimacy between psychotherapists and patients. *Professional Psychology: Research and Practice, 14*(2), 185-196.

Brems, C. (2000). *Dealing with challenges in psychotherapy and counseling*. Wadsworth.

Camara, W. J. (1997). Use and consequences of assessments in the USA: Professional, ethical, and legal issues. *European Journal of Psychological Assessment, 13*(2), 140-152.

Camara, W., Nathan, J., & Puente A. (2000). Psychological test usage: Implications in professional psychology. *Professional Psychology: Research and Practice, 31*(2), 141-154.

Campbell, C. D., & Gordon, M. C. (2003). Acknowledging the inevitable: Understanding multiple relationships in rural practice. *Professional Psychology: Research and Practice, 34* (4), 430-434.

Canter, M. B., Bennett, B. E., Jones, S. E., & Nagy, T. F. (1994). Forensic activities. In *Ethics for psychologists: A commentary on the APA Ethics Code* (pp. 145-156). American Psychological Association.

Christensen, T. M., & Kline, W. B. (2000). A qualitative investigation of the process of group supervision with group counselors. *Journal for Specialists in Group Work, 25*(4), 376-393.

Cliniton, B. K., Silverman, B. C., & Brendel, D. H. (2010). Patient-targeted Googling: The ethics of searching online for patient information. *Harvard Review of Psychiatry, 18*, 103-112.

Corey, G., Corey, M., & Callanan, P. (2011). *Issues and ethics in the helping professions* (8th ed.). Brooks/Cole.

Corey, M. S., & Corey, G. (2006). *Groups: Process and practice* (7th ed.). Thompson Higher Education.

Coster, J. S., & Schwebel, M. (1997). Well-functioning in professional psychologists. *Professional Psychology: Research and Practice, 28*(1), 5-13.

Cottone, R. R., & Tarvydas, V. M. (2007). *Counseling ethics and decision making* (3rd ed.). Merrill/Prentice-Hall.

Crespi, T. D., & Politikos, N. N. (2005). Short forms in psychological assessment: Ethical and forensic concerns for school psychology: Comment on Thompson, LoBello, Atkinson, Chisholm, and Ryan (2004). *Professional Psychology: Research and Practice, 36*(5), 517-518.

Deutsch, C. J. (1984). Self-reported sources of stress among psychotherapists. *Professional Psychology: Research and Practice, 15*(6), 833-845.

DiCarlo, M. A., Gfeller, J. D., & Oliveri, M. V. (2000). Effects of coaching on detecting feigned cognitive impairment with the Category Test. *Archives Clinical Neuropsychology, 15*(5), 399-413.

DiLillo, D., & Gale, E. B. (2011). To Google or not to Google: Graduate students'use of the internet to access personal information about clients. *Training and Education in Professional Psychology, 5*(3), 160-166.

Drummond, R. J., & Jones, K. D. (2010). *Assessment procedures for counselors and helping professionals* (7th ed.). Pearson/Merrill.

Duffy, M. (2007). Confidentiality. In L. Sperry, *The ethical and professional practice of counseling and psychotherapy*. Pearson.

Eisman, E. J., Dies, R. R., Finn, S. E., Eyde, L. D., Kay, G. G., Kubiszyn, T. W., Meyer, G. J., & Moreland, K. (2000). Problems and limitations in the use of psychological assessment in the contemporary health care delivery system. *Professional Psychology: Research and Practice, 31*, 131-140.

Evans, A., & Bor, R. (2005). Working in a healthcare setting: Professional ethical challenges. In R. Tribe & J. Morrisey (Eds.), *Handbook of professional practice for psychologists, counsellors, and psychotherapists* (pp. 171-181). Brunner.

Fagan, T. K., & Wise, P. S. (2002). *School psychology: Past, present, and future*. Longman.

Farber, B. A. (1983). Psychotherapists'perceptions of stressful patient behavior. *Professional Psychology: Research and Practice, 14*(5), 697-705.

Fisher, C. B. (2012). *Decoding the ethics code: A practical guide for psychologists*. Sage.

Ford, M. P., & Hendrick, S. S. (2003). Therapists'sexual values for self and clients: Implications for practice and training. *Professional Psychology: Research and Practice, 34*(1), 80-87.

Fox, S. (2005). *Health topics*. Retrieved December 1, 2022, from https://reurl.cc/28KRqn

Gabbard, G. O. (1994). Reconsidering the American Psychological Association's policy on sex with former patients: Is it justifiable? *Professional Psychology: Research and Practice, 25* (4), 329-335.

Gersch, I. S., & Dhomhnail, G. N. (2005). Professional and ethical considerations when working with children and adolescents: An educational psychology perspective. In R. Tribe & J. Morrisey (Eds.), *Handbook of professional practice for psychologists, counsellors, and psychotherapists* (pp. 185-196). Brunner.

Goldfinger, K., & Pomerantz, A. M. (2010). *Psychological assessment and report writing*. Sage.

Grohol, J. M. (Ed.) (1999). *The insider's guide to mental health resources online*. Guilford Press.

Gutheil, T. G., & Gabbard, G. O. (1993). The concept of boundaries in clinical practice: Theoretical and risk-management dimensions. *American Journal of Psychiatry, 150*(2), 188-196.

Hacker, L. L. (2001). Informed consent in psychotherapy: Using disclosure statements in clinical practice. *Journal of Clinical Activities, Assignments & Handouts in Psychotherapy Practice, 1*(1), 85-91.

Hall, J. E., & Hare-Mustin, R. T. (1983). Sanctions and the diversity of complaints against psychologists. *American Psychologist, 38*, 714-729.

Herlihy, B., & Corey, G. (2006). *Boundary issues in counseling: Multiple roles and responsibilities* (2nd ed.). American Counseling Association.

Hite, R. E., & Clawson, D. L. (1989). Consumer attitudes toward advertising by mental health professionals. *Journal of Marketing for Mental Health, 2*, 33-57.

Hogan, M. (2007). *The four skills of cultural diversity competence: A process for understanding and practice* (3rd ed.). Brooks/Cole, Cengage Learning.

Holzman, L. A., Searight, H. R., & Hughes, H. M. (1996). Clinical psychology graduate students and personal psychotherapy: Results of an exploratory survey. *Professional Psychology: Research and Practice, 27*(1), 98-101.

Housman, L. M., & Stake, J. E. (1999). The current state of sexual ethics training in clinical psychology: Issues of quantity, quality, and effectiveness. *Professional Psychology: Research and Practice, 30*(3), 302-311.

IMDb. (2014). *Web therapy*. Retrieved December 2, 2022, from https://reurl.cc/kqnKRL

Internet World Stats. (2022). *Usage and population statistics*. Retrieved December 2, 2022, from https://reurl.cc/EXV530

Isaacs, M. L., & Stone, C. (2001). Confidentiality with minors: How mental health counselors manage dangerous behaviors. *Journal of Mental Health Counseling, 23*, 342-356.

Jackson, H., & Nuttall, R. L. (2001). A relationship between childhood sexual abuse and professional sexual misconduct. *Professional Psychology: Research and Practice, 32*(2), 200-204.

Kaslow, N. J. (2004). Competencies in professional psychology. *American Psychologist, 59*(8), 774-781.

Kelly, A. E. (1998). Clients'secret keeping in outpatient therapy. *Journal of Counseling Psychology, 45*(1), 50-57.

Kemp, S. (2022). *Digital 2022: Taiwan*. Retrieved December 2, 2022, from https://reurl.cc/AyMvo3

Kirkland, K., Kirkland, K. L., & Reaves, R. P. (2004). On the professional use of disciplinary data. *Professional Psychology: Research and Practice, 35*(2), 179-184.

Knapp, S., Gottlieb, M., Berman, J., & Handelsman, M. M. (2007). When laws and ethics collide: What should psychologists do? *Professional Psychology: Research and Practice, 38* (1), 54-59.

Koocher, G. P. (1994). APA and the FTC: New adventures in consumer protection. *American Psychologist, 49*(4), 322-328.

Koocher, G. P., & Keith-Spiegel, P. (2008). *Ethics in psychology and the mental health professions: Standards and cases* (3rd ed.). Oxford University Press.

Kottler, J. A. (1994). *Advanced group leadership*. Brooks/Cole.

Lakin, M. (1994). Morality in group and family therapies: Multiperson therapies and the 1992 ethics code. *Professional Psychology: Research and Practice, 25*(4), 344-348.

Lannin, D. G., & Scott, N. A. (2013). Social networking ethics: Developing best practices for the new small world. *Professional Psychology: Research and Practice, 44*(3), 135-141.

Lehavot, K., Barnett, J. E., & Powers, D. (2010). Psychotherapy, professional relationships, and ethical considerations in the myspace generation. *Professional Psychology: Research and Practice, 41*(2), 160-166.

Leverett-Main, S. (2004). Program directors' perceptions of admission screening measures and indicators of student success. *Counselor Education & Supervision, 43*(3), 207-219.

Lloyd, M., & Bor, R. (2009). *Communication skills for medicine* (3rd ed.). Churchhill Livingstone.

Luke, M., & Hackney, H. (2007). Group coleadership: A critical review. *Counselor Education and Supervision, 46*(4), 280-293.

Lynch, J. K., & McCaffrey, R. J. (2004). Neuropsychological assessments in the presence of third parties: Ethical issues and literature review. *NYS Psychologist, 16*(3), 25-29.

Mappes, D. C., Robb, G. P., & Engles, D. W. (1985). Conflicts between ethics and law in counseling and psychotherapy. *Journal of Counseling & Development, 64*, 246-252.

McSweeny, A. J., Becker, B. C., Naugle, R. I. et al. (1998). Ethical issues related to the presence of third party observers in clinical neuropsychological evaluations. *Clinical Neurop-*

sychologist, 12(4), 552-559.

Meara, N. M., Schmidt, L. D., & Day, J. D. (1996). Principles and virtues: A foundation for ethical decisions, policies, and character. *The Counseling Psychologist, 24*(1), 4-77.

Meyer, G. J., Finn, S. E., Eyde, L. D. et al. (1998). *Benefits and costs of psychological assessment in healthcare delivery: Report of the Board of Professional Affairs Psychological Assessment Work Group, Part I.* American Psychological Assessment.

Meyer, G. J., Finn, S. E., Eyde, L. D. et al. (2001). Psychological testing and psychological assessment: A review of evidence and issues. *American Psychologist, 56*(2), 128-165.

Miller, C., & Evans, B. B. (2004). Ethical issues in assessment. In M. Hersen (Ed.), *Psychological assessment in clinical practice: A pragmatic guide* (pp. 21-32). Brunner-Routledge.

Millner, V. S., & Hanks, R. B. (2002). Induced abortion: An ethical conumdrum for counselors. *Journal of Counseling and Development, 80*(1), 57-63.

Nagy, T. F. (2005). *Ethics in plain English: An illustrative casebook for psychologists* (2nd ed.). American Psychological Association.

National Board of Certified Counselors. [NBCC] (2022). *Policy regarding the provision of distance professional services*. Retrieved December 2, 2022, from https://reurl.cc/58K90z

Newhouse-Session, A. N. (2004). *Effects of personal counseling on the professional counselor in the delivery of clinical services*. Unpublished doctoral dissertation, Capella University.

Olarte, S. W. (1997). Sexual boundry violations. In Hatherleigh Editorial Board (Ed.), *The Hatherleigh guide to ethics in therapy* (pp. 195-209). Hatherleigh Press.

Page, B. J., Pietrazk, D. R., & Sutton, J. M. (2001). National survey of school counselor supervision. *Counselor Education and Supervision, 41*(2), 142-150.

Parry, S. R. (1996). The quest for competencies. *Training*, 48-56.

Paul, R. E. (1977). Tarasoff and the duty to warn: Toward a standard of conduct that balances the rights of clients against the rights of third parties. *Professional Psychology, 8*(2), 125-128. https://doi.org/10.1037/h0078397

Pedersen, P. (2008). Ethics, competence, and professional issues in cross-cultural counseling. In P. B. Pedersen, J. G. Draguns, W. J. Lonner, & J. E. Trimble (Eds.), *Counseling across cultures* (6th ed.) (pp. 5-20). Sage.

Peterson, R. L., Peterson, D. R., Abrams, J. C., & Stricker, G. (1997). The National Council of Schools and Programs of professional psychology educational model. *Professional Psychology: Research and Practice, 28*, 373-386.

Piotrowski, C., Belter, R. W., & Keller, J. W. (1998). The impact of "managed care" on the practice of psychological testing: Preliminary findings. *Journal of Personality Assessment, 70*, 441-447.

Pomerantz, A. M. (2005). Increasing informed consent: Discussing distinct aspects of psychotherapy at different points in time. *Ethisc and Behavior, 15*(4), 351-360.

Pope, K. S., Keith-Speigel, P., & Tabachnick, B. G. (1986). Sexual attraction to clients: The human therapist and the (sometime) inhuman training system. *American Psychologist, 41*(2), 147-158.

Pope, K. S., & Vasquez, M. J. T. (2011). *Ethics in psychotherapy and counseling: A practical guide for psychologists* (4th ed.). Jossey-Bass.

Ragusea, A. S., & VandeCreek, L. (2003). Suggestions for the ethical practice of online psychotherapy. *Psychotherapy: Theory, Research, Practice, Training, 40*(1-2), 94-102.

Remely, T. P., & Herlihy, B. (2010). *Ethical, legal, and professional issues in counseling* (3rd ed.). Merrill/Prentice Hall.

Rodolfa, E., Bent, R., Eisman, E., Nelson, P., Rehm, L., & Ritchie, P. (2005). A cube model for competency development: Implications for psychology educators and regulators. *Professional Psychology: Research and Practice, 36*, 347-354.

Schwebel, M., & Coster, J. (1998). Well-functioning in professional psychologists: As program heads see it. *Professional Psychology: Research and Practice, 29*, 284-292.

Shapiro, D. L. (1991). *Forensic psychological assessment: An integrative approach*. Allyn & Bacon.

Shead, N., & Dobson, K. S. (2004). Psychology for sale: The ethics of advertising professional services. *Canadian Psychology/Psychologie Canadienne, 45*(2), 125-136.

Smokowski, P. R., Rose, S. D., & Bacallao, M. L. (2001). Damaging experiences in therapeutic groups: How vulnerable consumers become group casualties. *Small Group Research, 32* (2), 223-251.

Sperry, L. (2007). *The ethical and professional practice of counseling and psychotherapy*. Allyn & Bacon.

Sue, D. W. (2010). *Microaggressions in everyday life: Race, gender, and sexual orientation*. John Wiley & Sons.

Sue, D. W., Capodilupo, C. M., Torino, G. C., Bucceri, J. M., Holder, A. M. B., Nadal, K. L., & Esquilin, M. (2007). Racial microaggressions in everyday life: Implications for clinical practice. *American Psychologist, 62*(4), 271-286.

Suhr, J. A., & Gunstad, J. (2000). The effects of coaching on the sensitivity and specificity of malingering measures. *Archives of Clinical Neuropsychology, 15*, 415-424.

Taylor, L., McMinn, M. R., Bufford, R. K., & Chang, K. B. T. (2010). Psychologists' attitudes and ethical concerns regarding the use of social networking web sites. *Professional Psychology: Research and Practice, 41*(2), 153-159.

Thomas, J. T. (2007). Informed concent through contracting for supervision: Minimizing risks, enhancing benefits. *Professional Psychology: Research and Practice, 38*(3), 221-231.

Thompson, A. P., LoBello, S. G., Atkinson, L., Chisholm, V., & Ryan, J. J. (2004). Brief intelligence testing in Australia, Canada, the United Kingdom, and the United States. *Professional Psychology: Research and Practice, 35*(3), 286-290.

Tunick, R. A., Mednick, L., & Conroy, C. (2011). A snapshot of child psychologists'social media activity: Professional and ethical practice implications and recommendations. *Professional Psychology: Research and Practice, 42*(6), 440-447.

Turchik, J. A., Karpenko, V., Hammers, D., & McNamara, J. R. (2007). Practical and ethical assessment issues in rural, impoverished, and managed care settings. *Professional Psychology: Research and Practice, 38*(2), 158-168.

Van Allen, J., & Roberts, M. C. (2011). Critical incidents in the marriage of psychology and technology: A discussion of potential ethical issues in practice, education, and policy. *Professional Psychology: Research and Practice, 42*(6), 433-439.

Van Hoose, W. H., & Kottler, J. A. (1977). *Ethical and legal issues in counseling and psychotherapy*. Jossey-Bass.

Victor, T. L., & Abeles, N. (2004). Coaching clients to take psychological and neuropsychological tests: A clash of ethical obligations. *Professional Psychology: Research and Practice, 35*(4), 373-379.

Watkins, C. E. (1985). Countertranferance: Its impact on the counseling situation. *Journal of Counseling and Development, 63*(6), 356-359.

We are Social. (2022). *Digital 2022: Global overview report*. Retrieved December 16, 2022, from https://wearesocial.com/us/blog/2022/01/digital-2022/

Welfel, E. R. (2005). Accepting fallibility: A model for personal responsibility for nonegregious ethics infractions. *Counseing and Values, 49*(2), 120-131.

Welfel, E. R. (2012). *Ethics in counseling and psychotherapy: Standards, research and emerging issues* (5th ed.). Brooks/Cole, Cengage Learning.

Werth, J. L. Jr., Welfel, E. R., & Benjamin, G. A. H. (Eds.) (2009). *The duty to protect: Ethical, legal, and professional considerations for mental health professionals*. American Psychological Association.

Wetter, M. W., & Corrigan, S. K. (1995). Providing information to clients about psychological tests: A survey of attorneys' and law students' attitudes. *Professional Psychology: Research and Practice, 26*(5), 474-477.

Wikipedia. (2014). *Professional ethics*. Retrieved February 25, 2014, from http://en.wikipedia.org/wiki/Professional_ethics

Wilson, K. G., Sandoz, E. K., Kitchens, J., & Roberts, M. (2010). The valued living questionnaire: Defining and measuring valued action within a behavioral framework. *The Psychological Record, 60*, 249-272.

Woody, R. H. (1998). Bartering for psychological services. *Professional Psychology: Research and Practice, 29*(2), 174-178.

Yalom, I. D. (2005). *The theory and practice of group psychotherapy* (5th ed.). Basic Books,

Younggren, J. N., & Gottlieb, M. C. (2004). Managing risk when contemplating multiple relationships. *Professional Psychology: Research and Practice, 35*(3), 255-260.

Zur, O. (2009). *Self-disclosure and transparency in psychotherapy and counseling*. Retrieved February 15, 2014, from http://www.zurinstitute.com/selfdisclosure1.html

附錄一

心理學專業人員倫理準則

100 年 10 月 16 日台灣心理學會第 50 屆會員大會通過
101 年 1 月 4 日第 49 屆第四次理監事會議修改
102 年 9 月 16 日第 50 屆第三次理監事會議修改

壹、基本倫理準則

一、文化與使命

國內心理學者應本於其自身所處的文化氛圍與社會環境，不墨守既有成規，不拘泥於西方思維，審度自身發展之進程與世界學術之趨勢，竭盡所能在內涵與實踐上創新突破，謀求心理學學術與服務在本土社會中最完善之發展，建立具有文化特色之心理學，以期能與其他傳統之心理學並駕齊驅。心理學者同時肩負傳播正確的心理學知識與導正社會迷思之責任，並應主動積極營造良善的社會文化。

二、人道尊嚴與社會福祉

心理學者應基於本土社會文化之氛圍，尊重人性之尊嚴與價值，在從事專業工作時，隨時考慮其作為對他人與社會福祉的可能影響。

三、誠信與負責

心理學者應重視誠實、真確、清晰、公平及責任，避免利益衝突或以其專業對所服務之對象或社會造成不當影響。心理學專業人員應以提升心理學專業之誠信為己任，並對自身行動的後果負責。

四、專業與堅持

心理學者在教學、研究或提供各項服務時，應秉持個人對於知識之堅持，盡力維持最高專業水準，並應體認自身學養及能力之限制，隨時留心並吸收與其專業有關之新知，同時只在其專業能力所及的範圍內提供服務，且不得因當事人之個人特徵而有所偏見或歧視。

五、隱私與保密

心理學者在研究或工作過程中獲得的資料，必須嚴守尊重隱私與保密原則，未經當事人同意，不得公開。即使獲得當事人同意，引用其資料時（如著作、演講或研討會），必須以適當方法隱藏當事人之識別資料。

六、道德與法律

心理學專業人員應注意法律、政府政策、社群規定及道德規範，並體認到認同或違背此等標準對社會可能造成的影響；當履行心理學專業與上述標準發生衝突時，應在維護人權的基本原則和遵守本倫理準則下，採取合宜方法解決這些衝突。

貳、以 18 歲（含）以上之參與者為對象的心理學研究

一、研究者研究一個議題之前，應該思考研究這個議題的各種方法，然後選擇最合適的研究設計。研究的設計與執行必須符合「本國法律」與「研究者所屬專業團體的道德準則」。

二、心理學研究應尊重參與者的尊嚴與福祉。規畫研究時，研究者應先評估該計畫是否合乎「道德」，是否會危害參與者的生理和心理狀態。當一項科學研究有上述顧慮時，研究者應先向有關人士請教，以保障參與者的權益。

三、和研究有關的所有道德事項應由研究者負全責。其他參與研究人員（如研究合作者和研究助理）對參與者的行為亦應由研究者負責；當然，行為者亦應為自己的行為負責。

四、除了法律規定或其他倫理規範有明確指出不需參與者的知情同意（informed consent）之外，凡研究者透過各種形式所進行的個別研究，且參與者為 18 歲以上時，都必須告知參與者研究的過程，並獲得其同意方可進行。研究者應適當地保存其所獲得的書面或口頭同意之紀錄。

五、當參與者無行為能力簽署知情同意，且法律同意由他人代理簽署時，應取得其法定監護人（或代理人）之知情同意方可進行研究。此外，研究者仍宜提供參與者適當的說明及徵求參與者的意願。

六、在合理假設該研究不會造成參與者痛苦或傷害的下列幾種情況，可免除知情同意：（1）在教育情境中進行的教育訓練、課程或班級經營方法的研究；（2）進行匿名問卷調查、自然觀察，或即使公開個體的反應結果也不會使其陷入犯罪風險、民事責任，或造成財物、就業、名聲損失的情況；（3）在組織情境中進行與工作或組織利益相關，但並不會造成個體職業上的風險且具有保密性之研究。然在上述條件下，研究者亦應在研究前告知參與者有關該研究之目的、歷程及其相關權利與義務。

七、知情同意無論以書面或口頭為之，均應述明：（1）研究目的、研究持續時間與過程；（2）當研究開始時，個體仍有減少參與或退出研究的權利；（3）減少參與或退出研究後可能帶來的結果；（4）影響參與研究意願的可能因素，如潛在風險、不適或不利的效果；（5）任何潛在的研究利益；（6）保密限制；（7）參與的誘因；（8）與研究相關的問題、研究參與者的權利；（9）研究者之姓名及聯絡方式。

八、有關心理治療的研究或實驗，研究者應在研究最初時即告知參與者：（1）實驗處理的性質；（2）如果適當的話，應告知參與者控制組會或不會進行該實驗處理；（3）將參與者分派至實驗組與控制組的方法；（4）若參與者不願意參與研究或在研究開始後欲退出研究時的替代方案。

九、當需要機構或特定族群同意方得進行研究時，研究者需提供與研究計畫相關的正確訊息，並在進行研究前獲得該機構或該族群之同意。

十、在進行錄音或錄影前，研究者需獲得參與者的同意，但下列情況除外：（1）當該研究是在公共場合進行觀察且不致於造成參與者的傷害或暴露身份；（2）該研究設計必需隱匿研究的目的。

十一、參與者有「拒絕參與研究」和「隨時退出研究」的權利。當參與者中途退出研究時，仍應獲得應有的尊重。倘若研究者之身份足以影響參與者之福祉（如個案治療者、老師或長官），則研究者更應小心保障參與者「拒絕參與研究」和「隨時退出研究」的權利。

十二、當參與研究為課程需求或能獲得額外分數的機會時，研究者應提供參與者另一個公平的替代性選擇。但研究者應避免提供過度或不適當的金錢等其他誘因，誘使個體參與研究。

十三、當提供專業服務作為個體參與研究的誘因時，研究者應釐清該服務的性質、風險、責任與限制等。

十四、當研究者需進行隱匿的研究時，應獲得參與者知情同意，且盡量減少傷害的風險，並在能夠告知真相時，盡快將研究的真實目的告知參與者，且允許參與者撤回他們的資料。

十五、資料收集完畢後，研究者應將研究目的告知參與者，並應澄清參與者對研究的疑問或誤解。若研究者知道參與者可能會產生某些錯誤知識或信念與短期或長期的不良影響時，應採取必要的程序加以澄清並將傷害降至最低。如果因為其他原因，而無法立即向參與者說明時，一到可以說明的時機，研究者有義務向參與者說明之。

十六、研究者不可隱匿參與研究可能產生的身體疼痛或負面情緒。若研究可能危害參與者的身心狀態，研究者除了在「知情同意」中說明外，在參與者（或其監護人）簽署同意前，還應該特別提醒參與者（或其監護人）此一狀況。

參、以兒童及青少年為對象的心理學研究

一、以未滿 18 歲之兒童及青少年為參與者時，研究者必須取得父母（或其監護人）之知情同意後，才能以兒童及青少年作為參與者。

二、當進行最低風險（minimal risk）的研究，且已經有其他方式可以確保受試兒童及青少年的權益，在下列情況中，可免除父母或監護人知情同意：（1）進行匿名的問卷調查，或在公共場所進行的自然觀察；（2）在教育情境中的課程評估或班級經營研究。

三、以 12 歲以上未滿 18 歲之個別青少年為參與者，研究者應以其可以理解的語言告知其重要性或步驟，且研究者亦需要取得其同意之後，才能進行研究。

四、在學校進行團體研究時，研究者必須取得兒童及青少年的所屬學校同意，方能在學校進行研究。

五、當研究者提供任何形式的獎勵時，需要公平對待同一研究計畫的參與者，而且獎勵不能過度逾越兒童日常所經驗的範圍。

六、當研究者徵詢兒童參與研究的書面同意之時，若為達到研究目的，需要以隱匿研究目標的方式收集資料，以致無法全盤告知受試兒童及父母（或監護人）研究的訊息，研究者需在完成資料收集之後，以兒童可理解的方式，向其解釋隱匿的理由；且所採用的隱匿方式，需對兒童或其家庭沒有已知的負面效果。

七、以兒童及青少年做為對象的研究，其研究主題、變項操弄及資料蒐集方式等研究步驟或程序，不得有任何妨礙兒童或其家庭正常發展的不良後果。

八、在研究進行中，當研究者發現與研究無關，但可能危害參與者福利的訊息（例如「兒童及少年福利與權益保障法」明訂之「禁止」行為），研究者宜與父母（監護人）討論這些訊息，並與相關領域的專業人士討論，以安排適切輔助兒童及青少年的方式。

九、研究結果宜告知參與兒童（青少年）、其父母（或監護人）與其所屬學校，並以參與者可以理解的方式，澄清參與者對研究可能產生的誤解；若父母（或監護人）與該學校希望對研究結果做進一步的了解，研究者有繼續提供諮詢之義務。

十、在提供參與者、家長或學校的研究結果報告中，若有任何評價或建議的語詞，則需特別注意適當性或限制性。

肆、認知神經科學實驗與動物實驗

一、對於採用行為或生理測量儀器實施於人體上的研究，應以最低風險為前提，並於獲得知情同意下實施。人體生物檢體之相關規定，宜參考醫療相關的倫理委員會之要求。

二、研究者承認並尊重動物受試者對心理學研究之貢獻，唯有在有助於促進心理學知識或教育，並且在現有條件下無法以其他方式取代時，才進行動物實驗。

三、實驗動物應得到合理而善意的對待，其在實驗過程中之不適，宜減至最低。若有任何疾病或感染，應得到積極的治療或處理。

四、實驗動物的獲得、運送、飼養、進行研究與終結處理等程序，宜參考國家實驗動物中心所訂定之守則，並且不得違背國家頒佈之保護動物相關法規。

五、照顧動物與進行動物實驗之人員，必須具備與該實驗相關的知識，並受適當的訓練。實驗主持人有權利與義務阻止不具備上述資格的任何人員接觸實驗動物，或進入動物實驗室與飼養場所，以免動物受到傷害。

六、實驗主持人必須監控動物日常生活之照顧與實驗進行之狀況，必要時，應徵詢相關專家之意見，並尋求其協助，以處理發生之問題。

七、動物手術需在適當麻醉的情況下進行。手術後，實驗者必須採取必要措施，以增進動物甦醒與復元之機會，並減低其不適與感染之可能。

八、基於研究需要，研究者必須剝奪動物之基本需求、施以身心壓力、或令其疼痛時，應審慎監控研究之進行，並中斷任何可能危及動物生命之措施。

九、當實驗主持人必須結束實驗動物之生命時，應以人道、快速而無痛苦之方式為之，並持續監控，至其生命結束為止。

伍、測驗、衡鑑與診斷

一、心理學專業人員應尊重測驗及衡鑑工具編製者的智慧財產權，未經其授權，不得予以佔有、翻印、改編或修改。

二、在編製或修訂心理測驗和其他衡鑑工具時，心理學專業人員應遵循既定的科學程序，並考量社會文化脈絡，遵照台灣心理學會的標準，使測驗能達到標準化。

三、在使用測驗及衡鑑技術時，心理學專業人員應具備適當的專業知識和經驗，並以科學的態度解釋測驗，以提昇當事人的福祉。

四、在選擇測驗時，心理學專業人員應注意當事人的個別差異，慎重審查測驗的效度、信度及常模，選用自己熟悉而且對瞭解當事人當時心理狀態具有實用價值之衡鑑或診斷工具。測驗或工具的選擇，應是基於充份的心理學證據。

五、在實施心理測驗或衡鑑時，應注意維持測驗的標準化程序，以保障測驗結果的可靠性和真實性。

六、研究中有關心理測驗的使用與解釋需經過專業訓練。

七、為避免產生誤導與不良效果，心理學專業人員在其報告中，應註明該次衡鑑或判斷結果之可靠度。

八、測驗之原始資料、衡鑑或判斷報告及建議內容為專業機密，研究者應善盡保密之責任，未徵得當事人之同意不得公開。若無法避免一定要公開的情況，所公開的訊息應以當事人最大利益為考量。若為諮商、研究與教育訓練目的，而作適當使用時，不得透露當事人的身份。

九、測驗應在合法的範圍內使用，且使用者應盡力保持測驗及其他衡鑑工具內容或技術的機密性，不得在大眾媒體展示或交由不具法定測驗使用資格者。在非專業性演講、撰文或討論時，只可使用模擬項目為例，以免因為一般大眾熟悉其特殊內容及相關之應試技巧，而損害測驗之原有功能。

陸、論文的撰寫與發表

一、研究者應該忠實報導研究的發現，不得假造、修改或隱瞞資料。

二、研究者應對其研究資料的真實性負完全的責任；研究論文發表後，如果發現論文資料有錯，應盡快的和期刊主編或出版者聯絡，以便更正錯誤，公諸讀者。

三、研究者不應將他人之研究成果據為己有，如在文中偶爾使用他人的資料或著作時，應註明其來源。

四、在一篇論文中，研究者可以在「作者」與「作者註」中公佈各方對研究的貢獻。對研究有重要且直接貢獻的人，得列名為論文作者；這些人包括：（1）形成研究概念或假設者，（2）設計研究者，（3）分析資料者，（4）研判資料之意義者，（5）撰寫論文者。論文作者應按照每個人對研究的整體貢獻，依序排名。

五、每篇論文均應在「作者註」指明「通訊作者」。通訊作者在研究中扮演重要角色，應對研究有重大貢獻，且熟知研究內容。

六、以學位論文改寫之著作發表，主要作者應視貢獻而定。指導教授與學生應就作者序，在研究與發表過程中，依據上述第四點中所列的五大事項之貢獻程度，溝通決定作者序。

七、當研究或論文發生問題時（譬如，有人質疑論文有剽竊之嫌），所有作者亦應共同分擔責任。故在論文完稿後，所有作者都應該閱讀論文手稿。主要研究者應準備文件，當所有作者都對論文內容認可後，大家共同簽名，以示負責。

八、重複他人研究、使用他人觀點、引用他人文字，須在論文中說明來源，並加引用，否則即有「剽竊」之嫌。

九、研究者不可「一稿兩投」，即同一篇文章不可以同時投遞兩個（或兩個以上）學術期刊，也不可利用同樣的一批資料，撰寫兩篇觀點類似的文章，分兩次投稿。下列情況和「一稿兩投」類似，唯在投稿過程及論文中若詳細說明狀況，仍為學術界容許：（1）將曾經發表在期刊上的文章重新收錄在「論文集」或其他專書中。（2）以新方法重新分析曾經發表之舊資料，並產生新觀點，或者以新的理論角度重新研判舊資料，並產生新結論之論文。（3）以「節錄」或「通訊」的方式將論文的部分內容先行公佈。（4）以另一種語言將論文全文翻譯或節錄轉譯。

十、研究者應在其研究成果發表後五年內，保留原始資料以備查驗。若其他研究者有需要作其它分析時，研究者亦可分享其資料。分享之資料仍應遵守保密原則且應保障研究參與者的法律權益。

十一、心理學專業人員於審查會議發表、期刊著作、獎助經費或研究計畫時，應謹守保密原則並尊重作者的所有權。

柒、臨床心理衡鑑、治療與諮商

一、心理師（含臨床心理師與諮商心理師）所提供的專業服務與教學研究，必須在自己能力所及的範圍內。此能力範圍需根據心理師所受的教育、訓練、諮詢、及專業實務經驗來界定。

二、心理師在實施心理衡鑑工作前，當事人（或其法定代理人或其監護人）得要求以其理解的語言，獲知衡鑑的性質、目的及其結果的參考價值與限制。心理師唯有在釐清當事人對心理衡鑑所提之全部疑問，並獲得其同意之後，始得進行衡鑑工作。

三、心理師在解釋心理衡鑑結果時，應力求客觀正確，並審慎配合其他資料及其他有效證據，以嚴謹的推論撰寫成衡鑑報告，提出有助於當事人的建議。

四、臨床心理師在正式進行心理治療前，應清楚告知當事人（或其監護人）實施心理治療之理由、目標、方法、費用，及保密原則，並澄清當事人（或其監護人）對於心理治療的所有疑問。心理師在當事人（或其監護人）同意接受治療後，始得對當事人施行心理治療。

五、臨床實習心理師需在督導下始得進行心理治療，且需告知當事人（或其監護人）自身之角色，並與其督導一起提供心理治療之服務。

六、心理師在建立治療／諮商關係後，應竭盡全力，以當事人的福祉為最高考量點，直到治療關係結束為止。心理師不得無故終止與當事人的治療／諮商關係；若因各項必要因素，需終止該治療／諮商關係時，亦應以當事人福祉為最高考量。心理師於終止治療關係進行轉介時，應審慎維持資料移轉之完整性與機密性。

七、心理師與當事人應始終保持專業關係：不得涉入當事人在治療／諮商關係外之財務問題；不得和有親密關係的人建立治療或諮商關係；在治療／諮商中及治療／諮商關係結束後兩年內，不得與當事人建立專業以外之關係；即使在治療關係結束兩年之後，心理師仍不得與之前個案當事人有任何利用或剝削之不當接觸。

八、心理師對當事人的心理治療／諮商資料應嚴加保密，以免當事人受到傷害。唯在下列情形下，心理師未徵得當事人（或其監護人）同意，亦得依法令揭露當事人資料：（1）為提供當事人所需的專業協助或諮詢；（2）為避免當事人遭受各種傷害（包括他傷及自傷）；（3）為澄清未付之治療費；但上述三項資料揭露，均僅限於與該事件有關之必要最小範圍。

九、心理師若在其研究、教學、專業訓練、著書、演講、與大眾媒體活動中，涉及揭露可辨識當事人之個人資料，須事先取得當事人的書面同意。

十、心理師應尊重兒童之基本人權，不得代替或強制兒童作決定。心理師若發現有任何違背少年及兒童福利法之規定（如體罰、虐待或性侵害）時，必須主動通報有關單位。

捌、諮詢與社會服務

一、心理學專業人員實施諮詢服務時，應知悉個人對當事人、委託機構及對社會的責任，謹言慎行，以免貽害當事人、委託機構及社會。

二、心理學專業人員在洽商、諮詢個案時，有責任向當事人或委託機構說明自己的專業資格、諮詢過程、目標及技術之運用，以利當事人或委託機構決定是否接受諮詢。

三、心理諮詢為一特殊之專業關係，在開始諮詢之前，心理學專業人員應向當事人或委託機構說明可能影響關係的各種因素，如互相信任、共同探討、角色衝突及抗拒變革等，以協助當事人或委託機構決定是否建立或繼續維持諮詢關係。

四、開始諮詢時，應向當事人或委託機構說明雙方對諮詢機密的權利與責任，以及保密的行為、性質、目的、範圍及限制。

五、心理學專業人員如因行政、督導、及評鑑等，而與諮詢角色發生衝突時，宜避免與當事人或委託機構建立諮詢關係，而應予以轉介。

六、諮詢費用的收取，應有書面協議，以免發生不必要之糾紛。

七、提供諮詢服務之前，心理學專業人員應與當事人或委託機構就事情真相、主要問題及預期目標，先達成一致的了解，然後再提供解決問題的方法和策略，並預測可能產生的結果。

八、實施諮詢工作時，應認清自己的諮詢角色與功能，並認清自己的專業能力、經驗、限制及價值觀，避免提供超越自己專業知能的諮詢服務，且不強制受諮詢者接受諮詢者的價值觀。

九、諮詢者應根據當事人或委託機構的實際能力與現有資源，提供解決問題的具體方法、技術或策略，以確實解決問題，滿足當事人或委託機構的需要。

十、心理學專業人員在提供諮詢服務時，宜避免介入當事人或委託機構內部的權力或利益紛爭。

十一、諮詢關係屬於專業關係，凡在諮詢關係中所獲得之資料均屬機密，應妥善保管，嚴禁外洩。因故必須提供相關人員參考時，應先徵得當事人或委託機構之同意。若為專業教育、訓練、研究之目的，需要利用諮詢及相關機密資料時，須先徵得當事人或委託機構之同意，並避免洩漏當事人或委託機構之真實名稱，使用資料者亦應有保密責任。

玖、倫理準則之執行

一、台灣心理學會應成立「倫理委員會」，負責推動並督導本倫理準則之執行。

二、台灣心理學會各分組或相關學術領域可依其實際需要，在本倫理準則的基礎上，自行制定專業分組之施行細則。

三、國內心理學教學及研究機構宜自行成立「倫理委員會」，推動倫理教育、審查研究秩序，並處理有關事件。

四、本會會員若有違反本倫理準則之情事，倫理委員會應視情節之輕重，予以警告、糾正、或開除會籍之處分；非本會會員若有違反本倫理準則之情事，本會倫理委員會宜出面公開譴責。

附錄二

輔導與諮商專業倫理守則

中華民國 90 年 11 月 16 日會員大會通過
中華民國 111 年 10 月 23 日會員大會修正通過

守則修訂說明

為規範本會會員輔導與諮商服務的專業行為，並保障輔導與諮商服務的專業品質，本會於 1989 年初次公佈會員倫理守則，於 1990 年將原倫理守則予以修訂，其間於 2001 年亦曾修訂過。有鑑於 21 年來社會變遷巨大，輔導與諮商專業發展無論從法令、政策、學術或實務均已一日千里，原有的條文早已不敷實務所需，特參考歐美專業學會之專業倫理守則和專業指引，以及國內輔導與諮商實務現象，大幅度修訂倫理守則。此次修訂之方向包含：

一、本會會員服務機構涵蓋各級學校、社區、醫療與司法等場域，因此將「學校」場域擴展到「機構」。
二、以「輔諮人員」統稱心理師、專兼輔教師及其他以輔導與諮商之專業技術從事助人工作之專業人員。
三、以「輔導與諮商」涵蓋助人專業工作。
四、由於電腦使用已趨於普遍，刪除原 2.5 之「運用電腦資料」。
五、刪除原本守則之（參見 X.XX）之條文對照。
六、為強化輔諮人員教育訓練之重要性，將原「教學與督導」改為「教學、訓練與督導」。
七、新增「9.解決倫理議題」以化解倫理衝突。

期待此次之修訂，有助於輔諮人員於提供專業服務時之最佳指引，拓展民眾對輔導與諮商之了解，以及增進輔導與諮商之專業發展。

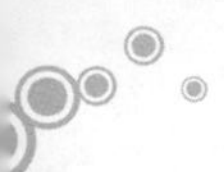

前言

台灣輔導與諮商學會（以下簡稱本會）係一教育性、科學性與專業性的組織，旨在聚合有志從事輔導、諮商與心理治療之專業人員（以下簡稱「輔諮人員」），促進輔導與諮商學術研究，推展輔導與諮商之專業工作、幫助社會大眾發展其潛能、創造健康幸福的生活、並促進國家社會及人類的福祉。為規範本會會員輔導與諮商服務的專業行為，並保障輔導與諮商服務的專業品質，特訂定「台灣輔導與諮商學會輔導與諮商專業倫理守則」（以下簡稱本守則）。

本守則旨在闡明專業倫理係輔導與諮商工作之核心價值及實務工作相關倫理責任之內涵，並藉此告知所有會員、其所服務之當事人及社會大眾。本守則所揭示之倫理原則，本會會員均須一體遵守並落實於專業工作中。本守則亦為本會處理有關倫理申訴案件之基礎。

1.總則

1.1. 目的：輔導與諮商的主要目的在維護當事人的基本權益，並促進當事人及社會的福祉。

1.2. 認識倫理守則：輔諮人員應確認其專業操守會影響本專業的聲譽及社會大眾的信任，自應謹言慎行，知悉並謹遵本守則。

1.3. 專業責任：輔諮人員應認清自己的專業、倫理、法律及社會責任，以維護專業服務的品質。

1.4. 與服務機構合作：服務於機構的輔諮人員應遵守該機構的政策和規章，在不違反本守則的前提下，表現高度的合作精神。

1.5. 責任衝突：輔諮人員若與其服務機構之政策發生倫理責任衝突時，應表明自己須遵守本守則，並設法尋求合理的解決。

1.6. 自我照護：輔諮人員應敏察並維持自己的良好身心狀態，體認自己的限制，能自我照護並維持生活與工作之平衡，必要時得尋求專業支持與協助。

1.7. 專業同儕：輔諮人員若發現專業同儕有違反本守則的行為，應予以規勸，若規勸無效，應利用適當之管道予以矯正，以維護專業之聲譽及當事人之權益。

1.8. 諮詢請益：輔諮人員若對自己的倫理判斷存疑時，應就教同仁或精熟倫理之專家學者，共商解決之道。

1.9. 專業倫理委員會：本會設有專業倫理委員會（以下簡稱倫委會），以落實執行倫

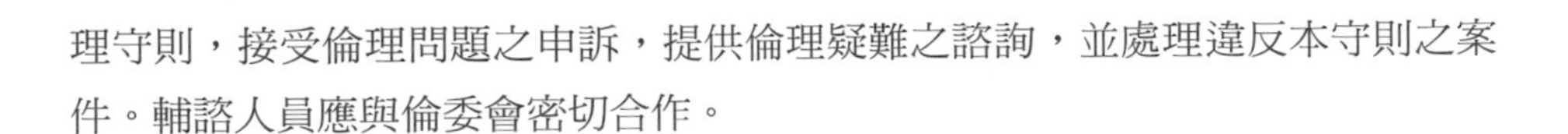

理守則，接受倫理問題之申訴，提供倫理疑難之諮詢，並處理違反本守則之案件。輔諮人員應與倫委會密切合作。

2.諮商關係

2.1. 當事人的福祉

2.1.1. 專業關係的性質：輔諮人員應確認其與當事人的關係是專業、倫理及契約關係，輔諮人員應善盡其因專業關係而產生的專業、倫理、法律及社會責任。

2.1.2. 輔諮人員的責任：輔諮人員的首要責任是尊重當事人的人格尊嚴與潛能，並保障其權益，促進其福祉。

2.1.3. 成長與發展：輔諮人員應鼓勵當事人自我成長與發展，避免其養成依賴助人關係的習性。

2.1.4. 專業助人計畫：輔諮人員應根據當事人的需要、能力及身心狀況，與其共同研擬專業助人計畫，討論並評估計畫的可行性及預期的效果，尊重當事人的自由決定權，並為其最佳利益著想。

2.1.5. 利用環境資源：當事人的問題多與其所處環境有關，輔諮人員應善用其環境資源協助其解決問題，並滿足其需要。

2.1.6. 價值影響：輔諮人員應覺察自己的價值觀，並尊重當事人的價值觀，不強為當事人做任何的決定，或強制其接受輔諮人員的價值觀。

2.2. 當事人的權利

2.2.1. 自主權：輔諮人員應尊重當事人的自由決定權。

A. 同意權

當事人有接受或拒絕專業服務的權利，輔諮人員在服務前應針對當事人之文化與身心發展階段，以其可理解之口語及／或書面方式告知輔諮人員之專業背景、助人關係的性質、目的、過程、理論與技術的運用、限制、潛在的風險、收費以及若不接受此服務之可能後果等，以幫助當事人做決定。知後同意權在整個助人歷程均持續進行，若有調整，輔諮人員須詳實記錄。

B. 自由選擇權

在個別或團體專業助人關係中，當事人有選擇參與或拒絕參與輔諮人員所安排的技術演練或活動、退出或結束專業服務的權利，輔諮人員不得予以強制。

C. 未成年當事人

為未成年人諮商時，輔諮人員應以未成年當事人的最佳利益著想，並尊重法定代理人的合法監護權，必要時，應徵求其同意。

D. 無能力做決定者

若當事人因身心障礙而無能力做決定時，輔諮人員應以當事人最佳利益著想，並應尊重其法定代理人的意見。

E. 非自願當事人

輔諮人員與非自願當事人工作前應告知當事人將呈現資料之內容與對象，以及保密的例外。當事人若拒絕接受專業服務，輔諮人員應盡最大能力與其討論其所需承擔的後果。

2.2.2. 公平待遇權：當事人有要求公平待遇的權利，輔諮人員實施專業服務時，應尊重當事人的文化背景與個別差異，不得因年齡、性別、種族、國籍、出生地、宗教信仰、政治立場、性傾向、婚姻／伴侶狀態、語言、文化、身心障礙或社經地位等因素而予以歧視。

2.2.3. 受益權：輔諮人員應積極為當事人的最佳利益著想，提供當事人專業服務，維護其人格之尊嚴，並促進其健全人格之成長與發展。

2.2.4. 免受傷害權：輔諮人員應謹言慎行，避免對當事人造成傷害。

A. 覺知能力限制

輔諮人員應知道自己的能力限制，不得接受超越個人專業能力的當事人。

B. 覺察個人的需要

輔諮人員應覺知自己的內在需要，不得利用當事人滿足個人的需要。

C. 覺知個人的價值觀

輔諮人員應覺知自己的價值觀、信念、態度和行為，不得強制當事人接受輔諮人員的價值觀。

2.2.5. 要求忠誠權：當事人有要求輔諮人員信守承諾的權利，輔諮人員應對當事人忠誠，信守承諾。

2.2.6. 隱私權：當事人有受法律及助人專業保障的隱私權，輔諮人員應予尊重。

2.3. 輔導與諮商機密

2.3.1. 保密責任：基於當事人的隱私權，當事人有權要求輔諮人員為其保密，輔諮人員也有責任為其保守秘密。

2.3.2. 預警責任：當事人的行為若對其本人或潛在第三者有嚴重危險或可能性時，輔諮人員有向其相關人士或第三者預警的責任。

2.3.3. 保密的特殊情況：保密是輔諮人員工作的基本原則，以下的情況視為保密的例外。若須揭露當事人之資訊，亦須遵守最小程度揭露之原則：

A. 隱私權為當事人所有，當事人有權親自決定或透過法律代表表達放棄。

B. 保密的例外：在涉及有緊急且可預見的危險性，危及當事人或其他第三者時。

C. 輔諮人員負有預警責任時。

D. 當事人有致命危險的法定傳染疾病。

E. 評估當事人有自殺或自傷危險時。

F. 當事人涉及民、刑法。

G. 符合相關法律規定的通報責任。

H. 輔諮人員被法庭傳喚需呈現當事人資料或出庭作證。

I. 輔諮人員接受督導或當事人須接受跨專業服務。

2.3.4. 當事人的最佳利益：基於上述的保密限制，輔諮人員必須透露輔導與諮商資料時，應先考慮當事人的最佳利益，再提供相關的資料。

2.3.5. 非專業人員：輔諮人員應告誡與輔諮人員共事的非專業人員，包括助理、雇員、實習學生及義工等，若有機會接觸輔導與諮商資料時，為當事人保密的責任，並簽署保密同意書。

2.3.6. 個案研究：若為輔諮人員教育、訓練、研究或諮詢之需要，必須運用輔導與諮商資料時，輔諮人員應預先告知當事人，並徵得其同意。

2.3.7. 團體諮商：領導諮商團體時，輔諮人員應告知成員保密的重要性及限制，隨時提醒成員保密的責任，並為自己設定公開隱私的界線。

2.3.8. 家庭諮商：實施家庭諮商時，輔諮人員有為家庭成員個人保密的責任，除 2.3.3 特殊情況之例外。沒有該成員的許可，不可把其輔導與諮商資料告知其他家庭成員。

2.3.9. 未成年人諮商：進行未成年人諮商時，輔諮人員亦應尊重其隱私權，並為其最佳利益著想，採取適當的保密措施。

2.4. 輔導與諮商資料保存

2.4.1. 資料保管：輔諮人員應妥善保管輔導與諮商資料，包括輔導與諮商紀錄、其它相關的書面資料、電腦檔案、個別或團體輔導與諮商錄音或錄影檔及測驗資料等，僅有被授權者方能取得。

2.4.2. 輔導與諮商紀錄：未經當事人的同意，除特殊例外，任何形式的輔導與諮商紀錄均不得外洩。

2.4.3. 同意錄音（影）：輔諮人員要針對當事人錄影或錄音，均須獲得當事人或法定代理人之書面同意。

2.4.4. 同意觀看：輔諮人員實習機構之授課教師、督導、同儕或其他人要觀察當事人之輔導與諮商過程、錄音（影）檔或逐字稿，均須事先徵求當事人或法定代理人之書面同意。

2.4.5. 本人查閱或複印：當事人有權查閱（或複印）其輔導與諮商紀錄及測驗資料（影本），輔諮人員不得拒絕，除非足以證明會對其產生誤導或不利的影響。輔諮人員詳實記錄同意或拒絕當事人取得資料之情形。

2.4.6. 解釋輔導與諮商資料：當事人要求查閱輔導與諮商資料時，輔諮人員得協助解釋並提供諮詢。

2.4.7. 當事人不只一人：當事人不只一人時，輔諮人員僅能提供與查閱者有關之部分資訊，與其他人有關之訊息仍須保密。

2.4.8. 法定代理人或第三方查閱或複印：法定代理人或第三方要求查閱當事人的資料時，輔諮人員應先瞭解其動機，評估當事人的最佳利益，必要時徵得當事人的同意。

2.4.9. 輔導與諮商資料轉移：除非涉及保密之例外，未徵得當事人或法定代理人書面同意，輔諮人員不得揭露或轉移輔導與諮商資料給他人；輔諮人員應採取適當的安全措施進行輔導與諮商資料之轉移。

2.4.10. 研究需要：若為研究之需要須參考當事人的輔導與諮商資料時，輔諮人員應預先徵得其書面同意，並隱匿足以辨識出當事人身份之所有資訊。

2.4.11. 演講或出版：輔諮人員若發表演講、著作或研究報告需利用當事人的輔導與諮商資料時，應先徵求其書面同意，隱匿足以辨識出當事人身份之所有資訊，並應讓當事人預閱且同意稿件的內容，才可發表。

2.4.12. 討論與諮詢：若為專業的目的，須討論輔導與諮商的內容時，輔諮人員只能就與當事人有關的關係人討論。若為諮詢的目的，須做口頭或書面報告，輔諮人員應設法為當事人的身份保密，並避免涉及當事人的隱私。

2.4.13. 資料保存與銷毀：當事人結束助人關係後，輔諮人員依照相關法令年限妥善保存資料，並妥善銷毀敏感性資料。

輔諮人員謹慎斟酌可能會被法院要求調閱資料之儲存或銷毀，如涉及兒童虐待、自殺、性騷擾、性侵害或暴力行為等。

2.4.14. 輔諮人員有變動時：輔諮人員宜務實考量當輔諮人員停業、歇業、離職、病重、失能或死亡時，當事人資料及隱私之保護，必要時得指定當事人紀錄的保管人。

2.5. 諮商收費

2.5.1. 免費諮商：服務於機構的輔諮人員為機構內人員諮商，不得額外收費。

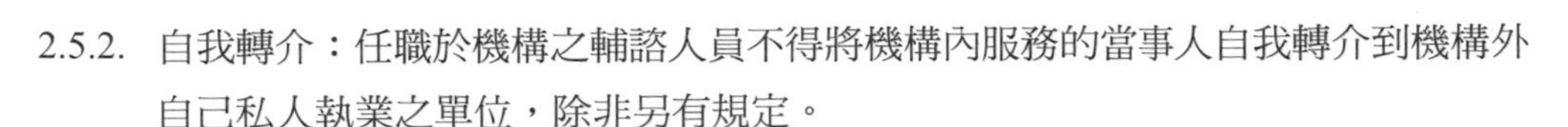

2.5.2. 自我轉介：任職於機構之輔諮人員不得將機構內服務的當事人自我轉介到機構外自己私人執業之單位，除非另有規定。

2.5.3. 禁止商業行為：輔諮人員轉介當事人接受其他專業服務時，不得參與拆帳、收取回扣或佣金。

2.5.4. 當事人欠費：若輔諮人員決定透過法律行動或其他方式催討當事人事先同意但欠繳之費用，須事先將此行動記載於知後同意書，且須於適當的時候通知當事人將採取哪些方式催繳，以便當事人有機會繳還。

2.5.5. 以物易物：輔諮人員僅有在下列情況下得同意當事人以物易物支付諮商費：此行為不是在剝削當事人，不會對當事人造成傷害，是當事人主動提起，且此行為在專業領域是可接受的實務做法。

輔諮人員審慎考量當事人的文化背景，與當事人審慎討論及簽訂書面協議，並將此過程載明於諮商紀錄中。

2.5.6. 訂定收費標準：輔諮人員訂定專業服務之收費標準時應考量當事人之經濟狀況與所屬地區物價及生活水準，容有彈性的付費措施或適宜的轉介安排。

2.5.7. 預先聲明：實施專業服務前，輔諮人員應向當事人說明專業服務的收費規定。

2.5.8. 收受饋贈：輔諮人員應了解接受當事人餽贈所面臨的挑戰。輔諮人員避免收受當事人饋贈的貴重禮物，以免混淆助人專業關係或引發誤會及嫌疑。輔諮人員在決定是否收受當事人餽贈時，宜考量治療關係、禮物的市價、當事人之文化背景與送禮之動機，以及輔諮人員接受或婉拒當事人禮物之動機。

2.6. 轉介與結束諮商

2.6.1. 轉介時機：輔諮人員因故不能繼續提供當事人專業服務時，應予轉介。

A. 當事人主動要求結束諮商：若當事人主動要求結束專業服務，而輔諮人員研判其需要繼續接受專業服務時，應協調其他輔助資源，予以轉介。

B. 專業知能限制：若當事人的問題超越輔諮人員的專業能力，不能提供專業服務時，應予轉介。

C. 多重關係的介入：若因多重關係的介入而有影響輔諮人員的客觀判斷或對當事人有傷害之虞時，應予轉介。

D. 轉介資源：輔諮人員應了解與當事人臨床議題及文化背景相關的轉介資源，並提供適當的替代方案供當事人選擇；若當事人拒絕接受這些轉介的資源，輔諮人員得終止助人關係。

E. 提供適當的轉介服務：輔諮人員轉介當事人給其他專業同行時，確保實務與行政程序均已完備。

2.6.2. 禁止遺棄與忽視：輔諮人員不得假借任何藉口忽視或遺棄當事人而終止助人工作；若因故無法持續依約提供服務，則應安排其他管道，使其能繼續尋求協助。

2.6.3. 轉介資源：為便利轉介服務，輔諮人員應熟悉適當的轉介資源，協助當事人獲得其需要的幫助。

2.6.4. 結束專業服務的時機：在以下的情形下，輔諮人員得結束專業服務：

A. 當事人不再受益。

B. 當事人若持續接受專業協助，將會受到傷害。

C. 當事人不需要繼續專業協助。

D. 專業協助不符合當事人的需要和最佳利益。

E. 當事人主動要求轉介。

F. 當事人不按規定付費或因服務機構的限制不准提供專業服務。

G. 當輔諮人員正在或可能會受到當事人或與其有關的人傷害。

H. 有傷害性多重關係介入而不利專業協助時，應停止專業服務，並予以轉介。

2.6.5. 轉介與結束專業服務之價值觀：輔諮人員不得僅因個人之價值觀、態度、信念或行為而轉介現任或即將服務的當事人。

輔諮人員尊重當事人的多元性，若有強加自己的價值觀或信念在當事人身上之可能性，尤其輔諮人員之價值觀與當事人之諮商目標不一致或是有歧視意味時，宜接受訓練或督導。

3.輔諮人員的責任

3.1. 輔諮人員的專業責任

3.1.1. 專業知能：為有效提供專業服務，輔諮人員應接受適當的專業教育及訓練。

3.1.2. 充實新知：輔諮人員應不斷進修，充實專業知能，以促進其專業成長，提昇專業服務品質。

3.1.3. 能力限制：輔諮人員應覺知自己的專業知能限制，不得接受或處理超越個人專業知能的當事人。

3.1.4. 接受符合專業資格之工作：輔諮人員僅能接受符合其受訓背景、受督導之經歷、國家專業證照與合宜的專業經驗之工作。

3.1.5. 專業領域：從事不同專業領域的輔諮人員，應具備該專業所需要的專業知能、訓練、經驗和資格。

3.1.6. 檢視專業效能：輔諮人員應持續檢視自己的專業效能，必要時透過督導或其他方式增進專業效能。

3.1.7. 自我覺察：輔諮人員應對個人的身心狀況隨時保持警覺，若發現自己身心狀況欠佳，則不宜提供專業服務，以免對當事人造成傷害，必要時，應暫停專業服務。

3.2. 輔諮人員的倫理責任

3.2.1. 熟悉專業倫理守則及法律：輔諮人員應熟悉其本職的專業倫理守則、法律及行為規範。

3.2.2. 提昇倫理意識與警覺：輔諮人員應培養自己的倫理意識，提昇倫理警覺，並重視個人的專業操守，盡好自己的倫理責任。

3.2.3. 維護當事人的權益：輔諮人員的首要倫理責任，即在維護當事人的基本權益，並促進其福祉。

3.3. 輔諮人員的社會責任

3.3.1. 公開陳述：輔諮人員在公開陳述其專業資格與服務時應符合本守則之要求。所謂公開陳述包括但不限於下述方式：付費或免費之廣告、產品代言、申請補助、申請證照、手冊、印刷品、個人履歷表或資歷表、平面或電子媒體之訪談或評論、在法律訴訟中的陳述、演講或公開演說、出版資料及網頁內容等。

3.3.2. 宣傳廣告：輔諮人員以任何形式做諮商服務宣傳或廣告時，其內容應客觀正確，不得以不實的內容誤導社會大眾。

3.3.3. 促銷專業：輔諮人員在委託他人為其專業工作、作品或活動促銷時，應擔負他人所作公開陳述之專業責任。輔諮人員若得知他人對自身工作做不正確之陳述時，應力求矯正該陳述。

3.3.4. 公開陳述內容：輔諮人員應公開誠實陳述，包括但不限於下述內容：（1）所受之訓練、經驗或能力；（2）學歷；（3）證照；（4）所屬之機構或組織；（5）所提供之專業服務；（6）所提供專業服務之學理基礎或實施成效；（7）收費標準；（8）研究發表。

3.3.5. 代言見證人：輔諮人員不得邀請可能會承受不當影響之目前、之前的當事人，或是任何人為其代言產品。輔諮人員若要邀請當事人為其見證，須與當事人討論各種利弊得失並且獲得其同意。

3.3.6. 推銷產品：輔諮人員不得利用諮商、教學、工作坊、訓練或督導關係，以欺瞞或運用不當影響力推銷產品或其他訓練活動。

3.3.7. 產品和訓練、工作坊行銷：輔諮人員要行銷自己的專業或是帶領訓練、工作坊

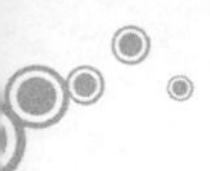

時，須確保內容正確且揭露訊息足以讓消費者判斷並選擇。

3.3.8. 媒體言論：輔諮人員透過公開演講、示範、廣播或電視節目、錄音（影）檔、電子產品、印刷品、郵件、網路或其他媒介提供建議或發表評論時，須確保所陳述之內容係依據正確的文獻或實務而來，符合專業倫理守則，且接收訊息者不會誤以為如此即已進入專業的助人關係中。

3.3.9. 假公濟私：自行開業的輔諮人員不得藉由其在所屬機構服務之便，為自己招攬當事人。

3.4. 避免歧視：輔諮人員不得假借任何藉口，針對年齡、性別、種族、國籍、出生地、宗教信仰、政治立場、性傾向、婚姻／伴侶狀態、語言、文化、身心障礙或社經地位等歧視目前或潛在當事人、學生、員工、研究對象或受督者。

3.5. 性騷擾、性霸凌或性侵害：輔諮人員不可對當事人做語言或行為的性騷擾、性霸凌或性侵害。

3.6. 圖利自己：輔諮人員不得利用其專業地位，圖謀私利。

3.7. 互相尊重：輔諮人員應尊重專業同行的不同理念和立場，公開發言時需聲明是自己的觀點，不能代表所有的輔諮人員或整個專業。

3.8. 合作精神：輔諮人員應與其他輔諮人員及專業人員建立良好的合作關係，並表現高度的合作精神，尊重各人應遵循的專業倫理守則。

3.9. 向第三方報告：輔諮人員向第三方，如法院、矯正機構或保險公司提出其專業判斷與專業活動之評估報告時，務求正確、誠實與客觀。

3.10. 提高警覺：服務於機構的輔諮人員，對雇主可能不利於輔諮人員倫理責任的言行、態度，或阻礙專業服務效果的措施，應提高警覺。

3.11. 輔諮人員變動：輔諮人員應備妥轉介當事人、保存與當事人紀錄之計畫，以防輔諮人員停業、歇業、離職、病重、失能或死亡。

3.12. 社會公益：輔諮人員在合理範圍內以無償或極少報酬提供專業服務（例如公益演講、在個人社群平台提供專業資訊，或提供低價服務）。

4.諮詢

4.1. 瞭解問題：輔諮人員提供諮詢時，應設法對問題的界定、改變的目標及處理問題的預期結果與當事人達成清楚的瞭解。

4.2. 諮詢能力：輔諮人員應確定自己有提供諮詢的能力，並知悉適當的轉介資源。

4.3. 選擇諮詢對象：為幫助當事人解決問題需要請教其他專業人員時，輔諮人員應審慎選擇提供諮詢的專業人員，並避免陷對方於利益衝突的情境或困境。

4.4. 保密：在諮詢過程中所獲得的資料應予保密。

4.5. 收費：輔諮人員為所服務機構的人員提供諮詢時，不得另外收費或接受報酬。

5.測驗與評量

5.1. 專業知能：輔諮人員實施或運用測驗於輔導與諮商時，應對該測驗及評量方法有適當的專業知能和訓練。輔諮人員對測驗工具、評估技術、訪談等之選擇、實施、計分、解釋或運用，均須以研究支持或實務的立論為基礎。

5.2. 評估的立基：輔諮人員在撰寫推薦信、評估報告、診斷報告、評量表或司法之專家證言時所提供的意見，需基於充分的資訊與技術以支持其立論基礎。

5.3. 知後同意權：實施測驗、評量或診斷之前，輔諮人員應告知當事人測驗與評量的性質、目的、費用、涉及之第三方、保密的限制及結果的運用，且讓當事人有充分機會詢問問題與得到回應，以尊重其自主決定權。例外的情形包括：（1）測驗或評量是依法強制進行；（2）測驗與評量已經隱含在教育、機構或組織之例行活動中（例如求職者應徵工作）；（3）測驗或評量的目的之一是在評量做決定的能力。

5.3.1. 限制行為能力或被強制施測者之權益：輔諮人員對限制行為能力同意或受法律規範須強制施測者，仍須充分以其能理解之語言告知測驗與評量之性質與目的。

5.3.2. 司法鑑定：輔諮人員根據評量工具所獲得的資訊及專業知識與經驗提供評量結果。
當事人接受司法鑑定時，輔諮人員須以書面的方式告知當事人此種評量關係不屬於輔導與諮商關係，並確定哪些人將會獲得評估結果。
若當事人是未成年或限制行為能力者，須有法定代理人之書面同意。
輔諮人員不得為現任或前任當事人，或當事人之伴侶或家人進行司法鑑定。
輔諮人員不得為自己正在鑑定之當事人提供輔導與諮商服務。

5.3.3. 當事人有翻譯者協助：當事人若需要翻譯者協助施測過程，輔諮人員須徵求當事人同意該翻譯者存在，確保施測過程和測驗結果的隱私性，且須在推薦信、評估報告、診斷報告或司法專家鑑定報告中載明翻譯者之存在並說明測驗結果之可能限制。

5.4. 當事人的福祉：測驗與評量的主要目的在促進當事人的福祉，輔諮人員不得濫用測驗及評量的結果和解釋，並應尊重當事人知悉測驗與評量結果及解釋的權利。

5.5. 測驗選擇及應用：輔諮人員應審慎選用測驗與評量的工具，評估其信度、效度、常模及實用性，並妥善解釋及應用測驗與評量的分數及結果；若是所使用的工具沒有建立信度與效度，輔諮人員須說明測驗結果的可參考性與限制性，以避免誤導。若有可能，運用多元評估、多重資料與多種評估工具形成對當事人的結論、診斷或建議。

5.6. 解釋結果：解釋測驗及評量結果，包含電腦化的結果解釋時，輔諮人員應考慮評估的目的、當事人的需要、理解能力及作答的能力，並考量可能影響輔諮人員正確判斷當事人的其他狀況，如施測的情境、個人、語言及文化差異等因素，並載明可能影響其解釋的各種限制。

無論施測或解釋是由輔諮人員、助理、電腦或其他人完成，輔諮人員盡力確保對當事人或指定的代理人清楚說明測驗結果；除非彼此的關係已事先排除測驗結果的解釋（例如一些組織的諮詢顧問，求職者在被正式聘任前或司法鑑定等），且已事先向當事人說明。

解釋測驗資料應力求客觀、正確及完整，並避免偏見和成見、誤解及不實的報導。

5.7. 智慧財產權：輔諮人員選用測驗及評量工具時，應尊重編製者的智慧財產權，並徵得其同意，以免違反著作權法。

5.8. 施測環境：輔諮人員應注意施測環境，使符合標準化測驗的要求。若施測環境不佳、或受測者行為表現異常、或有違規事件發生，應在解釋測驗結果時註明，得視實際情況，對測驗結果之有效性做適當的評估。

5.9. 實施測驗：測驗與評量除非是基於訓練的目的且在適當的督導下，否則應由受過專業訓練者為之。測驗與評量工具若無自行施測或自行計分的設計，均應在施測者監督下實施。

5.10. 電腦施測：輔諮人員若利用電腦或電子科技施測，應確定其施測的功能及評量結果的正確性。

5.11. 報告結果：測驗或評量報告可包含當事人的原始分數與量尺分數、當事人對測驗題目，或是刺激情境的反應、輔諮人員的個人紀錄，或是在測驗與評量中的錄影、錄音或行為反應等。撰寫測驗或評量結果報告時，輔諮人員須考慮當事人的個別差異、施測環境及參照常模等因素，並指出該測驗或評量工具的信度及效度的限制。

依據當事人簽定的同意書，輔諮人員提供測驗資訊給當事人或契約內涵蓋的人。為了保障當事人與其他人免於受到傷害或結果被誤用，輔諮人員得保留部分測驗

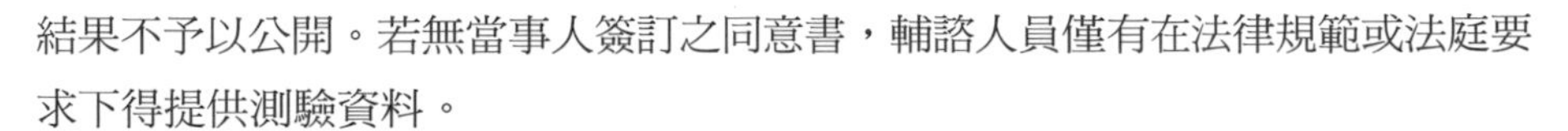
結果不予以公開。若無當事人簽訂之同意書，輔諮人員僅有在法律規範或法庭要求下得提供測驗資料。

5.12.　測驗時效：輔諮人員應避免選用已失時效之測驗及測驗資料，或是以這些測驗結果做為評估或做處遇決定的依據，亦應防止他人使用。

5.13.　測驗編製：輔諮人員在運用心理測驗及其他評量技術發展和進行研究時，應運用科學之程序與先進之專業知識進行測驗之設計、標準化、信效度考驗，減少或消除歧視，並提供完善的使用說明。

5.14.　與其他專業人員合作：輔諮人員提供測驗與評量結果給其他專業人員時，須正確說明施測的目的、測驗之信效度、解釋之常模、施測之程序以及運用測驗結果時所需之專業訓練背景。

5.15.　測驗安全性：輔諮人員須確保測驗的一切如題本、題目或測驗工具均完整且安全。

6.研究與出版

6.1.　以人為研究對象：輔諮人員（以下稱研究者）以人為研究對象，應尊重人的基本權益，遵守倫理、法律、服務機構之規定及人類科學的標準，並注意研究對象的個別及文化差異。

6.2.　機構審查：當研究者之研究須要經過機構倫理審查委員會核可時，須提供研究計畫的相關資訊且須在研究開始前獲得許可，才能依據核可的計畫進行研究。

6.3.　研究主持：研究主持人應負起該研究所涉及的倫理責任，其他參與研究者除分擔研究的倫理責任外，對其個人行為應負全責。

6.4.　獨立研究者：當研究者進行獨立研究，無法接受機構審查委員會之審查時，其研究計畫、研究設計、執行與研究報告仍須受相關倫理與法令之規範。

6.5.　偏離倫理準則：當研究者認為研究必須偏離倫理準則時，應尋求專業諮詢且尋求最嚴謹的保障措施，以保障研究對象的權益。

6.6.　安全措施：研究者應對研究對象在整個研究過程中的身心安全負責，在實驗研究過程中應先做好安全措施，且盡力避免研究結果造成研究對象的情緒、生理或社交上的傷害。

6.7.　徵求同意

6.7.1.　自由決定：研究者應尊重研究對象的自由決定權，遵守學術研究倫理審查的守則，事先應以研究對象能理解的語言，正確且清楚地向其說明研究的性質、目的、過程與方式、預期進行的時間、會運用的方法與技術、哪些程序是未經驗證過的或仍屬實驗性質的、必要時對控制組將會或是將不會提供哪些服務、研究對象可能會面臨的身心不適、風險或潛在的權力差距以及有無金錢或其他方式之補償、保密原則及限制、研究者及研究對象雙方的義務、說明研究結果將以何種形式呈現以及將向誰呈現等，解答研究對象的所有疑問、參與過程有任何疑問可以向誰提出，並告知其可以在研究任何階段退出參與而不會受罰。

6.7.2. 錄影與錄音之同意：研究者在研究進行前須取得研究對象的錄影、錄音同意書。例外情形如：（1）研究是在公開場所的自然情境中，且無法預期此種錄影與錄音方式會洩漏個人資訊或造成個人傷害；（2）研究設計即包含欺瞞，但是會在資料蒐集後向研究對象說明並取得其同意書。

6.7.3. 由當事人、學生、受督者與部屬擔任研究對象：研究者須向當事人、學生、受督者與部屬清楚說明如果不同意擔任研究對象，其諮商或學習成績、督導關係或升遷等不會受到懲罰或不利影響。

當研究對象是基於課程的要求或是參與後可以加分或有額外好處，研究者須提供潛在的研究對象可選擇參與其他等同或類似取代活動的機會。

6.7.4. 得以不用知後同意書之情形：研究者進行研究應簽署知後同意書，例外情形如：（1）在正常的教育場所、課程或班級經營等場合，依據常理判斷該研究不會造成研究對象之身心不適；（2）進行匿名的問卷調查、自然情境的觀察或是檔案研究，研究對象揭露之資訊不會使其陷入民事或刑事訴訟，或損及其社經地位、就業權益、名聲且已善盡保密之責；（3）在組織或機構進行組織效能之研究，所探討的變項或因素不會損及研究對象之就業權，且已善盡保密之責；（4）其他依法得以不須知後同意之情形。

6.7.5. 主動參與：參與研究以主動參與為原則，除非此研究必須有其參與才能完成，而此研究也確實對其有利而無害。

6.7.6. 缺乏判斷能力者：研究對象缺乏判斷能力不能給予同意時，研究者應盡力解釋使其瞭解，並徵求其法定代理人的同意。

6.7.7. 退出參與：研究對象有拒絕或退出參與研究的權利，研究者不得以任何方式予以強制。

6.7.8. 對研究對象之獎賞：研究者不得以過度昂貴之金錢或誘因誘導研究對象參與研究。當研究是以提供專業服務為誘因時，研究者清楚說明所提供服務之性質、風險、義務和限制。

6.7.9. 隱瞞或欺騙：研究者不可用隱瞞或欺騙的方法對待研究對象，除非這種方法對預期的研究結果有必要，深具教育、科學或應用的價值，合理地相信研究過程不會造成研究對象的身心痛苦，無其他方法可以代替，且須採取必要的方式以降低受到傷害的風險；但資料蒐集結束後應立即向研究對象說明此類研究設計之必要性，且須同意研究對象撤回其資料。

6.7.10. 說明研究過程：研究者在最短時間內向研究對象說明研究的性質、結果與結論，並盡力澄清研究對象對研究之誤解之處。若研究者得知研究結果對研究對象造成傷害，須盡力減少傷害。

6.7.11. 感謝研究對象：研究者以適當的方式向研究對象的參與致敬。

6.8. 解釋研究結果

6.8.1. 解釋蒐集的資料：完成資料蒐集後，研究者應向研究對象澄清研究的性質及資料的運用，不得延遲或隱瞞，以免引發誤解。

6.8.2. 告知研究贊助單位：研究者將研究過程與結果向研究贊助單位、機構與出版單位提出報告。研究者確保適當的單位獲得適當的資訊與致謝。

6.8.3. 嚴謹進行研究與解釋研究結果：研究者須正確地計劃、執行與報導研究結果。研究者不得進行誤導或欺詐性的研究，不得扭曲、誤導研究資料，或是刻意偏頗研究結果。研究者須說明哪些研究結果適用於不同的族群。

研究完成後，研究者應向研究對象詳細解釋研究的結果，並應抱持客觀、正確及公正的態度，避免誤導。

6.8.4. 有義務報告不利的結果：研究者須呈現符合專業價值之結果。若研究結果對機構、方案、服務、輿論或既得利益者不利，亦不得隱匿。

6.8.5. 糾正錯誤：發現研究結果有誤或對當事人不利時，研究者應立即查察、糾正或消除不利現象及其可能造成的影響，並應將實情告知研究對象。

6.9. 研究關係

6.9.1. 經營與維持界線：研究者須考量目前的研究關係若加以延伸會產生的利弊得失，若有與研究無關的互動關係可能對研究對象有利，研究者須盡可能在研究前即以書面說明此互動之理由、可能的好處以及預期帶給研究對象的結果。此種互動應於知後同意書載明。一旦對研究對象造成非預期的傷害，研究者須證明如何修復此傷害。

6.9.2. 研究者與研究對象之戀愛或性關係：研究者不得與目前的研究對象，不論是透過面對面或網路，發展戀愛或性關係。研究者不得對研究對象性騷擾。

6.10. 研究對象的身分：研究者提供研究資料、協助其他人進行研究、報告研究結果或呈現原始資料時，須確保隱匿每位研究對象之身分，除非獲得研究對象同意方得以揭露其個人身分。若研究對象同意揭露自己的真實身分，研究者須主動確保其他所有研究對象之身分都經過轉換或改變，以保障所有研究對象之隱私和福祉，且確保研究的討論不會對所有研究對象造成傷害。

6.11. 複製研究：研究者有義務提供想要複製或延伸研究之專業人員充足完整之原始資料。

6.12. 控制組的處理：實驗研究若需要控制組，實驗研究結束後，應對控制組的成員給予適當的處理。

6.13. 撰寫研究報告

6.13.1. 客觀正確：撰寫研究報告時，研究者應將研究設計、研究過程、研究結果及研究限制等做詳實、客觀及正確的說明和討論，不得有虛假不實的錯誤資料、偏見或成見。

6.13.2. 保密：研究者撰寫報告時，應為研究對象的身份保密，若引用他人研究的資料時，亦應對其研究對象的身份保密。

6.14. 為求檢證而分享研究資料：研究結果出版後，若有其他專業人士要求要重新檢視與分析研究資料，若確定只是為此目的，且能保證資料之隱私性，或是受到法律約束或保障，研究者不得扣留與研究相關之資料。

研究者要求其他研究者分享其研究資料以進行重新分析時，僅能將這些資料用在此目的。

6.15.發表或出版

6.15.1. 運用案例：研究者在公開演講、教學或出版著作時，僅有在以下情形，方得以當事人、研究對象、學生或受督者之資訊作為案例：（1）上述這些人已檢視過且同意要被列在演講、教學或出版的內容；（2）要舉例的內容足以完全掩飾真實身分。

6.15.2. 尊重智慧財產權：研究者發表或出版研究著作時，應注意智慧財產權相關法律規定，亦不得以任何方式剽竊他人之作品。

6.15.3. 剽竊：研究者不得將其他人的作品或資料視為自己的內容，即使偶而會引註這些內容。

6.15.4. 註明原著者：研究者發表之著作引用其他研究者或作者自身之過去言論或資料時，應註明原著者及資料的來源。

6.15.5. 有貢獻者：研究者有責任僅納入對論文真的有貢獻者為共同作者或是在其他地方致謝。

研究者對於研究有貢獻者得以共同作者、致謝詞或是註腳處，或以其他適合的方式表達其對於研究的發想或完成的貢獻。

主要著作者或其他對研究有貢獻者，是能正確反映其對科學或專業的貢獻程度，而非以其相對地位而言（不論其地位為何）。

研究主要的貢獻者應排名第一位，對於技術或專業貢獻較少者，僅須載明於註腳或引言處。

6.15.6. 二人以上合著：發表或出版之研究報告或著作為二人以上合著，研究者應以適當的方式註明其他作者，不得以自己個人的名義發表或出版。

研究者與同僚或學生／督導／受督導者合作完成研究，須於研究前即針對研究分工、著作排名與致謝方式先達成協議。

6.15.7. 對著作有特殊貢獻者：對所發表或出版之著作有特殊貢獻者，研究者應以適當的方式給予鄭重而明確的聲明。

6.15.8. 利用學生的報告或論文：除非極少數之例外情形，研究者所發表著作之主要內容若係根據學生之課堂作業、研究報告或論文，須徵求學生的同意且應以該學生為主要作者。

6.15.9. 重複發表：研究者不得以先前曾經發表過的資料重複發表；此亦包含已經適當說明過的重複出版資料。

6.15.10.一稿僅能一投：研究者一次僅能將稿件投到一個期刊；稿件若已完整投到一個期刊，不得再以其中一部份投稿到另一個期刊，除非獲得原投稿期刊之同意。

6.15.11.資料勘誤：當研究者發現已出版之著作有嚴重疏漏時，應盡力提出勘誤表或以其他更正出版品之方式為之。

6.16. 專業審查：研究者擔任出版著作、經費申請或其他學術用途之審查委員時，應尊重投稿者之隱私權與智慧財產權。審查者應即時審查投稿刊物，並基於研究法和研究程序嚴謹且經得起檢證的標準決定刊登與否。研究者受邀擔任審查委員僅能審查在其專業能力範圍內之稿件，且避免個人偏見。

6.17. 研究資料之保管：研究者面臨失能、退休或死亡之可能性時，必要時將研究資料轉交給一位同儕保管。

7.教學、訓練與督導

7.1. 專業倫理知能：從事諮商師教育、訓練或督導之輔諮人員，應熟悉與本職相關的專業倫理，並提醒學生及受督者應負的專業倫理責任。

7.2. 教育課程

7.2.1. 諮商教育者責任：負責設計、規劃、執行與督導輔諮人員訓練的諮商教育者必須是有經驗的教學者與實務工作者，熟悉此專業的倫理、法律與政策，能學以致用，且讓其受訓者清楚其專業責任。不論是以傳統、混合及／或線上的形式，諮商教育者以合乎倫理且具角色楷模的專業行為執行諮商師教育計畫。

負責規劃與設計諮商教育訓練之諮商教育者，確保訓練課程可提供適當的知識和經驗，能滿足認證、取得執照或機構宣稱之目標。

7.2.2. 學生、受訓者、受督者之福祉：諮商教育者須體認到訓練機構的定向輔導是從學生初次接觸機構到整個完成課程、訓練與實習一直持續的過程。諮商教育者提供給潛在的學生、在學學生，以及有興趣的人以下資訊：（1）此專業的價值與倫理原則；（2）要完成整個訓練須具備的技巧和知識程度；（3）機構的訓練目標、宗旨以及涵蓋的課程；（4）評量標準；（5）訓練內容涵蓋鼓勵自我成長或自我揭露；（6）所要求的實習機構須具備的督導與實習要求；（7）學生與督導的評量以及退學的規定；（8）畢業生出路；（9）對機構的介紹（包含必修課程、軟硬體，以及與機構有關的諮商、心理治療、體驗性團體或社區服務、訓練目標、獎助學金與完成機構的要求等）。

7.2.3. 專業能力：諮商教育者或督導者所提供的教學或督導須在其能力範圍內，所教授之知識須為此專業最先進之範圍。若需用科技教學，須具備科技方面之知能。

諮商教育者確保教學大綱與授課學科吻合、清楚說明評量標準及課程體驗的性質；若課程內容有需要調整，須確保學生均知悉且能滿足課程要求。

7.2.4. 人格陶冶：諮商教育者及督導者除負責教學與提昇學生的專業知能外，更應注意學生的專業人格陶冶，並培養其敬業樂業的服務精神。

7.2.5. 課程設計：諮商教育者應確保課程設計得當，得以提供適當理論，並符合執照、證書或該課程所宣稱目標之要求。

7.2.6. 正確描述：諮商教育者應提供新近且正確之課程描述，包括課程內容、進度、訓練宗旨與目標，以及相關之要求與評量標準，此等資料應為所有有興趣者可取得，以為修習課程之參考。

7.2.7. 理論與實務相結合：諮商教育者應提供學生多元化的諮商理念與技術，培養其邏輯思考、批判思考、比較及統整的能力，使其在諮商實務中知所選擇及應用。

7.2.8. 專業倫理訓練：諮商教育者或督導者應給學生適當的倫理教育與訓練，提昇其倫理意識、警覺和責任感，並增強其倫理判斷的能力，確保受訓者知悉倫理責任與

專業準則。

7.2.9. 多元文化：諮商教育者或督導者將多元文化知能融入教學與督導中，以培養具備多元文化能力之輔諮人員。

7.2.10. 運用案例：諮商教育者在教學時，僅有在要舉例的內容已足以完全掩飾真實身分之情形下，方得以當事人、研究對象、學生或受督者之資訊作為案例。

7.2.11. 學生對學生：當學生在教學或督導情境中扮演教師或督導者角色時，須了解其倫理義務和責任等同於教師、訓練者或督導。諮商教育者確保當學生在進行體驗性的諮商活動（如帶小團體、技巧演練或進行督導）時，其同儕的權益並未受到損害。

7.2.12. 創新的理論與技術：諮商教育者鼓勵學生或受督者運用基於理論或符合實證基礎之技巧／程序／模式，當諮商教育者介紹發展中或創新的技巧／程序／模式時，須說明潛在的利弊、風險與倫理考量。

7.2.13. 自我成長體驗：諮商教育者要求學生投入自我成長體驗時應謹記倫理原則。諮商教育者和督導者要知會學生其有權在班上或團體中決定要分享或保留哪些資訊。諮商教育者不應要求學生於課堂或與機構有關的活動以口頭或書面方式揭露個人隱私，內容包括性史、受虐史、接受的心理治療以及與父母、同儕、伴侶或重要他人的關係等，除非：（1）機構或教師在學生入學前或教學前已經清楚載明會有此要求，或（2）考量這些個人議題有可能妨礙其有效學習，或有可能傷及學生或他人，因此這些資訊必須納入評量或讓學生接受協助。

7.2.14. 強制接受個別或團體治療：當接受個別諮商或團體諮商是課程或機構必須的要求時，學生得選擇由與機構無關的輔諮人員來帶領；有可能會評量學生學業表現的諮商教育者不得帶領。

7.2.15. 評估回饋：在教學與督導關係中，諮商教育者應根據學生及受督者在課程要求上之實際表現進行評估，並建立適當之程序，以提供學生和受督者回饋或改進學習之建議。

7.2.16. 注意個別差異：諮商教育者及督導者應審慎評估學生的個別差異、發展潛能及能力限制，予以適當的注意和關心，必要時應設法給予發展或補救的機會。對不適任諮商專業工作之學習者，應協助其重新考慮其學習及生涯方向。

7.3. 諮商實習

7.3.1. 實習安排：諮商教育者應在訓練計畫中制定清楚的實習或其他臨床實務的辦法，並提供適當的協助。諮商教育者須清楚界定學生／受督者、實習機構督導者與課程督導者之角色，確定督導者之督導資格，並告知實習機構督導者其專業與倫理責任。

7.4. 諮商督導

7.4.1. 督導實習：督導者督導學生實習時，應具備督導的資格，善盡督導的責任，使受督者獲得充分的實務準備訓練和經驗。

7.4.2. 督導知能：督導者應接受督導訓練，具備面對面與通訊督導知能與技巧並持續接受在職進修。

督導者應了解並具備諮商與督導過程中多元文化扮演的角色。

7.4.3. 督導責任：督導者須與受督者建立知後同意，須讓受督者清楚督導者所遵守的政策與程序，以及受督者得以申訴的正當程序。若有需要以通訊方式進行督導，所涉及的特殊議題亦應載明。

7.4.4. 連帶責任：諮商教育者與督導者應確實瞭解並評估學生的專業能力，是否能勝任諮商專業工作。若因教學或督導之疏失而發生有受督導者不稱職或傷害當事人福祉之情事，諮商教育者與督導者應負連帶的倫理與／或法律責任。

7.4.5. 緊急情況與督導者不在時：督導者應事先向受督者說明若有危急情況或聯絡不上督導者時，其他可協助的督導者名單或因應方式。

7.4.6. 督導關係結束：督導雙方都有權利在適當告知對方的情況下結束督導關係，討論想結束的理由並謀求化解歧見。若確定要終止督導關係，必要時督導者可提供轉介其他督導者名單供受督者參考。

7.4.7. 評量：督導者記錄下來且提供受督者有關其專業表現的持續回饋，並在整個督導歷程中安排固定時間的正式評量，評量內容、方式與時程須於督導初期即告知。督導者基於受訓者之真實表現與既定的課程或機構要求來評量。

7.4.8. 把關者與補救：透過初期和持續的評量，督導者得以了解足以妨礙受督者專業表現的限制為何。督導者協助受督者獲得所需的協助。當督導者評估受督者之專業能力不足以服務各種不同族群的當事人時，可建議受督者退學或申請其他的諮商機構。督導者須決定要退學或轉介受督者接受協助時，可尋求諮詢，並將作決定的結果記錄下來。督導者確保受督者在做決定時瞭解所有的可能選擇，並知悉申訴的正當程序。

7.4.9. 受督者接受諮商：督導者得向受督者說明其人際能力或個人議題可能會對當事人、督導關係及專業功能造成的影響。若受督者要求要接受諮商，督導者得協助受督者尋找適合的協助。督導者不得對受督者進行諮商。督導者得向受督者說明其人際能力或個人議題可能會對當事人、督導關係及專業功能造成的影響。

7.4.10.背書：督導者唯有在確定其受督者符合背書的要求情況下，才能幫受督者背書有關認證、執照、就業或完成訓練機構等之要求。

7.5. 諮商教育與督導關係

7.5.1. 多重關係：諮商教育者應清楚地界定其與學生、受訓者及受督者的專業及倫理關係，不得與學生、受訓者或受督者介入諮商關係，親密或性關係。

7.5.2. 諮商師教育及督導關係的延伸：督導者清楚界定並維持與受督者合乎倫理的專業、個人或社交關係，以及師生或督導雙方的位階與權力差異，若有需要以任何形式延伸非常態的關係，督導者應衡量利弊得失，並以專業角度確保所做的判斷與決定沒有失衡且未造成傷害。

7.5.3. 性關係：諮商教育者或督導者禁止與現任在同一系所、機構或訓練中心等有評量位階差異之學生、受督者發展任何戀愛關係或有性關係。

7.5.4. 性騷擾：諮商教育者或督導者禁止對受督者有任何形式的性騷擾。

7.5.5. 與前任學生：諮商教育者或督導者知悉師生／督導間的位階與權力差異，若考慮要與前任學生、受訓者或受督者發展社交、性或其他親密關係，須與前任學生、受訓者或受督者討論可能的風險。

7.5.6. 非學業的關係：若評估會影響學生的訓練體驗或學期成績，諮商教育者避免與學生進入非學業的關係。諮商教育者不得接受實習機構或課程學生之任何形式專業服務、費用、佣金、補償金或報酬。

7.5.7. 朋友或家人：督導者禁止與令其難以保持客觀態度者建立督導關係。

7.6. 失能：學生、受訓者或受督者從自身的生理、心理或情緒狀態檢視自己有無失能的跡象，若此種失能情形可能會傷及當事人，應避免提供任何專業服務、告知其教師及／或督導者，並針對會損及專業表現之議題尋求協助；諮商教育者及督導者必要時得限縮、延長或終止學生、受訓者或受督者之專業責任，直到確定其能恢復工作效能。

7.7. 專業聲明：學生、受訓者或受督者在提供諮商服務前，須聲明自己的受訓角色，並說明此種角色對當事人的保密性會有何影響。

督導者應確保當事人知悉所接受的服務是由學生、受訓者或受督者提供。學生、受訓者或受督者在訓練過程中運用任何當事人的資料時均須確保已經獲得當事人同意。

8.通訊輔導諮商與社群媒體

8.1. 資格能力：實施通訊諮商之輔諮人員，應具備諮商之專業能力以及實施通訊諮商、科技與社群媒體之特殊技巧與能力（如接受繼續教育課程）及知悉其對當事人、受訓者、受督者或其他專業人士可能造成的影響。除應熟悉電腦網路操作程序、網路媒體的特性、網路上特定的人際關係與文化、具備多元文化諮商的能力外，實施通訊諮商之輔諮人員確保諮商過程及當事人資料的保密性，且遵守相關之倫理守則與法規規範。

8.2. 當事人權益：輔諮人員提供通訊諮商服務或是建置／維護專業網站，須提供申訴管道，以保障消費者及當事人權益。

8.3. 知後同意：輔諮人員提供通訊諮商時應進行適當之知後同意程序，提供當事人相關資訊。當事人有權利選擇是否運用網路、科技與社群媒體進行諮商。除了一般面對面的知後同意，尚須簽署通訊諮商的知後同意。

若當事人為未成年人，輔諮人員應獲得其法定代理人的同意。

8.3.1. 一般資訊：輔諮人員應提供當事人有關通訊諮商專業資格、進行諮商之地點與聯絡方式、運用通訊諮商之利弊、收費方式、網路中斷、緊急事件，或無法聯繫上輔諮人員之處理方式、時差、會影響提供服務品質之文化與語言差異、保險給付、社群媒體之相關規範等資訊。

8.3.2. 網路諮商特性：輔諮人員應提供有關通訊諮商的特性與型態、資料保密的規定、限制與程序，以及服務功能的限制、何種問題不適於使用通訊諮商等資訊。輔諮人員須遵守輔諮人員及當事人所在地之法律規範。輔諮人員確保當事人知悉跨越縣市或國界之法律權益或限制。

8.4. 溝通落差：輔諮人員了解網路與面對面諮商之差異以及這些差異對諮商歷程的影響。輔諮人員告知當事人如何避免這些誤解，以及由於缺乏視覺與聽覺線索而產生這些誤解時可以如何處理。

8.5. 心理測驗評估與診斷：輔諮人員透過通訊諮商進行原本用來做面對面的評估時，須考量其特色與限制。

8.6. 紀錄與網站維護：輔諮人員依據相關法律規範儲存電子檔紀錄。輔諮人員告知當事人有關電子檔案存檔與保管之資訊，例如但不限於加密與存檔之資訊安全形式，以及檔案保存與傳輸的期限。

8.7. 電腦網路的限制與顧慮：輔諮人員應對當事人說明有關網路安全與技術的限制、網路資料保密的限制。

輔諮人員應定期檢視確保網站聯結正常且符合專業規範。

8.8. 科技輔助服務：當提供科技輔助服務時，輔諮人員確保當事人智能上、情緒上、生理上、語言上、經濟上以及功能上能運用這些設備，且這些設備能滿足當事人的需求。輔諮人員確認當事人了解這些科技運用的目的與操作，澄清當事人的任何誤解並學習正確操作。

輔諮人員建置或維護網站，須提供殘障人士或跨文化當事人接受無障礙服務之管道，例如對不同母語者提供翻譯服務，且確知此種翻譯和管道的有限性。

8.9.　服務的效能：當諮商任一方認為通訊諮商無效，輔諮人員評估調整後得調整為面對面諮商。若諮商任一方無法調整為面對面諮商（例如住在遙遠的兩地），輔諮人員應協助當事人尋求適當的服務。

8.10.　網路安全：實施通訊諮商時，應採必要的措施，運用最新且合法的加密標準，以利資料傳輸之安全性與避免他人之冒名頂替。如：文件的加密，使用確認彼此身分之特殊約定等。輔諮人員應在電腦網路之相關軟硬體設計與安全管理上力求對網路通訊與資料保存上之安全性。

8.11.　確認當事人：輔諮人員運用通訊諮商與當事人互動，一開始與整個過程均須確定當事人的真實身分。確認的方式包括但不限於運用密碼、圖像或其他識別方式。

8.12.　社群媒體：輔諮人員若想要在社群媒體同時建立虛擬與個人專業形象，須分別建立專業與個人的網頁和簡介，以清楚區隔二者之不同。輔諮人員清楚向當事人說明使用社群媒體的利弊與界限。輔諮人員不得在公開的社群媒體揭露任何應保密的資訊。

8.13.　當事人虛擬呈現：輔諮人員尊重當事人在社群媒體之呈現方式，除非在知後同意書同意揭露當事人資訊。

8.14.　避免傷害：輔諮人員敏察網路服務型態的限制，避免因網路傳輸資訊量之不足與失真，而導致在診斷、評量、技術使用與處理策略上之失誤，造成當事人之傷害。輔諮人員應善盡保密之責任，但面臨當事人可能自我傷害、傷害他人或涉及兒童虐待時，輔諮人員應收集資訊，評估狀況，必要時應採取預警與舉發的行動。

8.15.　法律與倫理管轄權：輔諮人員在實施通訊諮商與督導時，應熟悉輔諮人員、當事人及督導者居住所在地之相關法律規定與倫理守則以避免違犯。

8.16.　轉介服務：若評估有需要，輔諮人員應盡可能提供當事人居住地附近之相關諮商專業機構、輔諮人員之資訊與危機處理電話，以利當事人就近求助。輔諮人員應與當事人討論，當輔諮人員不在線上時的因應方式，並考慮轉介鄰近輔諮人員之可能性。

8.17.　普及服務：輔諮人員應力求所有當事人均能得到所需之諮商服務，除提供通訊諮商服務時能在設計上盡量考慮不同當事人使用的方便性之外，亦應盡可能提供其他型態與管道的諮商服務，以供當事人選擇使用。

9.解決倫理議題

9.1. 倫理責任：輔諮人員不得以不知道或誤解倫理責任作為不合乎倫理行為之藉口。

9.2. 倫理做決定：輔諮人員面臨倫理困境時，運用倫理做決定模式，包含但不限於尋求諮詢、督導、考量相關的倫理守則與法律規定、整理出可行的行動、考量各行動之利弊得失，以及針對所處的情境與所有相關人等的福祉做出最客觀的決定，並記載決定的過程。

9.3. 倫理與法律相衝突：如果倫理責任與相關的法律、規範或規定相衝突，輔諮人員須遵守倫理守則，但是設法解決衝突。若無法解決，輔諮人員基於當事人的最佳福祉，得遵守相關的法律、規範或規定。

9.4. 懷疑有違反：輔諮人員有理由相信其他輔諮人員正在違反或已經違反倫理守則，但是尚未造成巨大的傷害時，先以非正式的方式與該輔諮人員溝通，在不違反保密的原則下解決此議題。

9.5. 舉報違反倫理：如果輔諮人員知悉另一位輔諮人員明顯的違反倫理行為已經造成傷害，或是尚未，但是極有可能對個人或機構造成傷害，且不適合非正式化解或化解無效，知悉之輔諮人員視情況決定下一步驟，包括轉知中央或地方主管機關、該輔諮人員所屬專業組織或適當的機構。在採取這些行動時均須顧及當事人的隱私。此原則不適用於當輔諮人員已經被邀請來檢視另一位已經被質疑的輔諮人員的專業行為時（如諮詢或是擔任專家證人）。

9.6. 諮詢：當輔諮人員不確定某些特定行為或情境是否違反倫理守則，可諮詢對倫理守則更有經驗的輔諮人員、同事或其他專業人員，如學會之倫理委員會。

9.7. 組織間的衝突：如果輔諮人員所屬的組織規範與本守則相衝突，輔諮人員向其督導者或其他直屬的長官清楚說明衝突之處，以及其必須遵守倫理之原因，並盡可能處理這些衝突的情境。

9.8. 無謂的申訴：輔諮人員不得提起、參與或鼓勵任何報復性或無中生有的違反倫理指控。

9.9. 對倫理申訴不公平的歧視：輔諮人員不得單獨因為某人被提出倫理申訴，就拒絕此人的就學、就業、升遷或升等，此不包含該程序或考量其他適宜的資訊所做的決定。

9.10. 與倫理委員會合作：助人者協助倫理委員會或其他調查機構調查倫理案件。

附錄三

諮商心理師專業倫理守則

中華民國101年1月7日第一屆第三次會員代表大會通過

第一條　社團法人中華民國諮商心理師公會全國聯合會（以下簡稱本會）為建立本會諮商心理師專業倫理規範、確立助人工作核心價值、提昇諮商專業品質、保障當事人權益與增進社會大眾的福祉，訂定本會「諮商心理師專業倫理守則」（以下簡稱本守則）。

第二條　諮商心理師應確知個人操守會影響本專業的聲譽及社會大眾的信任，應謹言慎行，知悉並恪遵專業倫理守則，以維護當事人的權益與福址。

第三條　諮商心理師應體認自身學養及能力之限制，宜於專業知能所及的範圍內提供服務，並主動增進與專業有關之新知。

第四條　諮商心理師若發現同業有違反專業倫理之情事，應予以規勸；若規勸無效，應利用適當之管道予以糾舉，以維護專業聲譽及當事人之權益。

第五條　本會應設置專業倫理委員會，本會所屬公會應設置諮商倫理委員會，落實執行本守則，接受倫理事件之申訴，提供專業倫理疑難問題之諮詢，處理違反本守則之案件。

第六條　諮商心理師應確認與當事人的關係符合專業、倫理及契約之關係，諮商心理師應善盡因諮商關係而產生的專業、倫理及法律責任。

第七條　諮商心理師實施諮商服務時，應尊重當事人的文化背景與個別差異，不得因年齡、性別、種族、國籍、出生地、宗教信仰、政治立場、性取向、身心障礙、語言、社經地位等因素而予以歧視。

第八條　當事人的行為若可能對其本人或第三者的生命安全造成嚴重危險時，諮商心理師應向其合法監護人、第三者或有適當權責之機構或人員預警。

第九條　諮商心理師負有維護當事人隱私的責任，以下為保密的主要例外情況：

一、當事人或其監護人放棄時。

二、專業人員接受系統性專業督導與諮詢時。

三、執行本守則第八條規定時。

四、涉及法律強制通報的要求時。

五、當事人控告諮商心理師時。

第 十 條　諮商心理師應善盡妥善處置諮商資料之責任，包括諮商記錄、其它相關的書面資料、電子化資料、個別或團體錄音或錄影資料、及測驗資料等。未經當事人或其監護人的同意，任何形式的諮商記錄不得外洩。

第十一條　諮商心理師應先向當事人說明諮商專業服務的收費規定。

第十二條　諮商心理師應避免收受當事人餽贈的貴重禮物或諮商費用外的金錢以避免混淆諮商關係或引發誤會及嫌疑。

第十三條　諮商心理師實施心理評估或衡鑑工具時，應具備充份的專業知能和訓練背景。實施心理評估與衡鑑之前，諮商心理師應告知當事人評估與衡鑑的性質、目的及結果的運用，尊重其自主決定權。諮商心理師運用心理評估與心理衡鑑資料時，應力求客觀、正確及完整，並避免偏見、成見、誤解及不實的報告。

第十四條　諮商心理師因當事人主動要求、專業知能無法提供所需服務、雙重關係的介入或法律規範等原因中止諮商服務時，應予轉介。

第十五條　諮商心理師透過演說、示範、印刷品、郵件、網路或傳播媒體提供訊息，從事心理諮商教育推廣工作時，應符合本守則規範，注意理論與實務的根據，慎防閱聽人可能產生的誤解。

第十六條　諮商心理師應與其他助人者及專業人員建立良好合作關係，展現高度合作精神，尊重不同專業所規範之倫理守則。

第十七條　諮商心理師撰寫心理評估與心理衡鑑報告時，須考慮當事人的個別差異、施測環境及工具特性、參照基準等因素，並指出該評估與衡鑑工具信度及效度的限制。

第十八條　諮商心理師若以人為研究對象，應尊重個人的基本權益，遵守研究倫理、法律、服務機構之規定、及人類科學的標準，並注意研究對象的個別及文化差異。

第十九條　諮商心理師從事教育、訓練或督導時，應遵守督導專業倫理，並提醒受督導者應負的專業倫理責任。從事督導時，應確實瞭解並評估受督導者的專業知能，是否能勝任諮商專業工作。

附錄四

臨床心理師倫理規範

中華民國 100 年 7 月 16 日 第三屆第一次會員代表大會審議通過
中華民國 103 年 7 月 05 日 第四屆第一次會員代表大會修正通過
中華民國 106 年 6 月 17 日 第五屆第一次會員代表大會修正通過
106.6.11 修訂稿 106.6.17 會員代表大會修正通過

前言

臨床心理師的工作乃運用人類行為的科學與專業知識，增進人們對自己與他人的瞭解，並應用已建構的科學與知識，改善個人、組織和社會的狀況。本規範目的在於引導臨床心理師提昇專業價值、維護臨床心理專業的社會信任、促進社會大眾獲得最好的臨床心理專業服務。本規範適用於臨床心理師所提供的各種專業服務，呈動態發展之型式，需要每一位元臨床心理師的個人承諾及終生努力，以實踐符合專業倫理之行為；且需要鼓勵和期勉學生、後進、受督導者、同事，表現出符合專業倫理的行為。爰此，本規範亦為本會處理倫理申訴案件之基礎。

第一節　能力

第 一 條　〔能力範圍〕

臨床心理師所提供的專業服務、教學和所進行的研究，必須在自己能力範圍所及的領域與群體之內。

第 二 條　〔緊急狀況〕

在緊急情況中，當個體尚無法得到其他的心理健康服務或當臨床心理師並未具有所需的能力時，為確保當事人獲得及時的專業關照，臨床心理師可提供服務。當緊急狀況結束或合適的服務已可獲得時，該項緊急狀況中的專業服務應予中止。

第三條　〔委任工作〕

臨床心理師委任工作給部屬、被督導者、研究助理或他人時，應採取適當程式。

第二節　心理衡鑑

第四條　〔工具使用〕

在使用心理衡鑑工具時，臨床心理師應具備適當的專業知識，以科學的態度保障心理衡鑑結果的可靠性和真實性。

第五條　〔報告撰寫〕

在解釋心理衡鑑結果時，臨床心理師應力求客觀正確，並審慎配合其他資料，撰寫心理衡鑑報告。

第三節　心理治療與心理諮商

第六條　〔專業關係〕

臨床心理師應始終保持對於當事人的專業關係：

一、不得涉入當事人在心理治療或心理諮商關係之外的財務問題；

二、不得和有親密關係的人建立心理治療或心理諮商關係；

三、在心理治療或心理諮商中、及心理治療或心理諮商關係結束後兩年內，不得與當事人發生專業關係以外之情感或性關係。

四、應避免與兒童產生心理治療或心理諮商以外之關係，如領養、乾親、交易、或親密行為，以免出現角色衝突、影響專業判斷和專業行為。

第七條　〔轉介措施〕

若當事人原有心理問題未見緩解、或臨床心理師因故無法持續心理治療或心理諮商關係時，應主動與當事人或其法定代理人討論轉介事宜，徵得其同意後再採取轉介措施。

第八條　〔中止治療〕

臨床心理師考慮中止心理治療或心理諮商關係時，應瞭解當事人的看法與需求、並作適當處置。

第九條　〔結束治療〕

若事實顯示當事人不再需要接受心理治療或心理諮商時，臨床心理師應主動與當事人或其法定代理人討論，徵得當事人同意後，停止心理治療或心理諮商關係。

第十條　〔公開資料〕

除非獲得當事人或其法定代理人的書面同意、或法律之授權，臨床心理師不得在其文稿、著書、演講、大眾媒體活動中，揭露可辨識當事人之個人資料。

第四節　委託服務

第十一條　〔建立諮詢關係〕

臨床心理師受委託與當事人開始進行心理諮詢時，應說明和委託機構之間所確認的倫理規範，以協助當事人決定是否建立諮詢關係。

第十二條　〔公開意願〕

諮詢關係屬於專業關係，原則上，若諮詢對象未顯示有公開諮詢內容的意願時，其在諮詢關係中所獲得之資料均屬機密，應妥善保管，嚴禁外洩。因故必須提供相關人員參考時，應先徵得當事人或委託機構之同意。

第五節　保密原則

第十三條　〔衡鑑資料〕

臨床心理師對當事人之心理衡鑑原始資料、心理衡鑑報告，應視為專業機密，善盡保密之責任；未徵得當事人之同意，不得公開。若為研究或教育訓練目的使用時，不得透露當事人可供辨識之相關資訊。

第十四條　〔工具的機密性〕

臨床心理師應在合法的範圍內，盡力保持心理衡鑑工具的機密性，並宜遵循專責出版單位的申購規範。

第十五條　〔治療資料〕

臨床心理師對於當事人的心理治療或心理諮商資料應嚴加保密。唯下列情形，可依法令規定揭露當事人資料：

一、若當事人有傷害他人或自殺的可能性時，必須儘快通知其法定代理人或有關單位。

二、避免當事人受到傷害，包括他傷及自傷。

三、澄清未付之費用，但僅可揭露有關範圍內之資料。

四、除非法律有特別規定，在當事人或其法定代理人的同意下，臨床心理師得揭露當事人同意範圍內的資料。

第十六條 〔資料編碼〕

為科學研究、教學及專業訓練所需，必須採用當事人資料，但無法得到當事人同意時，臨床心理師與教學人員應以編碼、代號或其他方式指稱當事人，遮蔽可供辨識身分的資料，並確保上述資料之使用不會對當事人造成任何傷害。

第十七條 〔保密責任〕

若為教學、訓練、研究報告、出版著作、及演講之目的，需要利用諮詢和相關機密資料時，須先徵得當事人或委託機構之同意，並避免洩漏當事人或委託機構之真實名稱，使用資料者亦應有保密責任。

第十八條 〔保密之例外〕

在諮詢過程中，獲得諮詢對象願意提供真實姓名及身分資料的情況時，若出現下列情況，則為保密之例外：

一、諮詢對象、臨床心理師及其他人之一，有被傷害的危險之虞。

二、法律所規範的責任通報。

三、法院出具的合理命令。

四、為獲得更適切的專業指導，儘量去除諮詢對象可以被辨識的身分線索，其訊息的透露應以最少量為原則。

第六節 研究

第十九條 〔研究的知後同意〕

臨床心理師進行研究前，應在知後同意書載明需告知的事項，確保參與者是理性且自願參加研究，並允許他們能夠自由決定退出研究。

第二十條 〔免用知後同意〕

研究資料的使用經合理推測不會造成困擾或傷害，如包括實施常態的教育工作、課程、匿名問卷、自然觀察、或檔案研究，不會將參加者置於法律或訴訟風險中、或損害他們財務名望、且不違反保密原則或法規所允許者，則臨床心理師可免用知後同意，但須有研究文件說明做為核備。

第二十一條 〔錄影錄音的知後同意〕

臨床心理師所進行的研究中，若包含錄影或錄音的程式、或假性研究設計，則須事先取得參與研究者之書面同意。除非此研究於公開場所從事自然觀察、且確保不違反保密原則、也不造成傷害。

第二十二條　〔參與研究〕

臨床心理師須確保參與研究者所接受的服務，不會因拒絕參加而有任何潛在或實質損失的負面後果。若參與研究是課程需求或加分的機會，參與者拒絕邀請時，則研究者需提供其他可供選擇的同等替代活動。

第六節　公開聲明、廣告

第二十三條　〔公開評論〕

當臨床心理師提出公開的聲明或評論時，應當謹慎處理。

第二十四條　〔付費廣告〕

刊登臨床心理師活動的付費廣告，必須讓人可區辨或清楚知道這就是廣告。

第二十五條　〔招攬業務〕

臨床心理師不以不正當之方法招攬業務。

第二十六條　〔非醫療廣告〕

醫學新知或研究報告之發表、病人衛生教育、學術性刊物，未涉及招徠醫療業務者，不視為醫療廣告。

第二十七條　〔醫療廣告〕

醫療廣告係指利用傳播媒體或其他方法宣傳醫療業務，以達招徠當事人醫療為目的之行為；廣告內容暗示或影射醫療業務者，即視為醫療廣告。非醫療機構，不得為醫療廣告。

臨床心理師宣傳業務的廣告內容，以下列事項為限：

一、心理治療機構名稱、開業執照字號、地址、電話、交通路線。

二、臨床心理師之姓名、性別、學歷、經歷、專業證照字號。

三、全民健康保險及其他非商業性保險之特約心理治療所字樣。

四、服務項目及服務時間。

五、開業、歇業、停業、復業、遷移及其年、月、日。

六、其他經中央主管機關公告容許登載或播放事項。

利用廣播、電視之醫療廣告，在前項內容範圍內，得以又語化方式為之，但應先經所在地直轄市或縣(市)主管機關核准。

第二十八條　〔廣告方式〕

醫療廣告不得以下列方式為之：
一、假借他人名義為宣傳。
二、利用出售或贈與醫療刊物為宣傳。
三、以公開祖傳秘方或公開答問為宣傳。
四、摘錄學術性刊物內容為宣傳。
五、藉採訪或報導為宣傳。
六、與違反前條規定內容之廣告，聯合或並排為宣傳。
七、以其他不正當方式為宣傳。

第七節　附則

第二十九條　〔熟悉規範〕
臨床心理師有義務熟悉本「倫理規範」和其他適用的倫理法規。對於倫理規範的無知或誤解，不能作為被申訴違反專業倫理行為時的辯解。

第 三十 條　〔採取合作〕
臨床心理師公會全國聯合會或其他心理專業團體在調查倫理案件時，臨床心理師須採取合作的態度。在參與過程中，須努力解決爭議並嚴加保密。未能合作本身，就是違反倫理。

第三十一條　〔不正當訴訟〕
臨床心理師不得提出或鼓勵他人提出不重要或意圖對人不利而非保護大眾的倫理申訴。

第三十二條　〔衛福部備查〕
本規範循心理師法制訂，期勉臨床心理師自律與自許，經中華民國臨床心理師公會全國聯合會會員代表大會通過後施行，並呈報行政院衛生福利部備查，修改時亦同。

附錄五

諮商心理專業倫理守則

中華民國 102 年 6 月 15 日第三屆第三次理監事會議通過
中華民國 103 年 4 月 12 日第三屆第七次理監事會議修改通過
中華民國 103 年 9 月 13 日第三屆第九次理監事會議修改通過
中華民國 103 年 11 月 8 日第四屆第一次會員大會修改通過
中華民國 110 年 4 月 10 日第七屆第二次理監事會議修改通過
中華民國 110 年 11 月 13 日第七屆第二次會員大會修改通過

臺灣諮商心理學會（以下簡稱本會）係以促進諮商心理學專業發展，增進國人心理健康為宗旨所成立之專業社群。為能實踐諮商心理專業之社會倫理責任，依諮商心理專業核心價值，制訂「諮商心理專業倫理守則」（以下簡稱本守則），做為會員執行專業服務之倫理規範與依循，達成確保與提升專業服務品質、保障當事人權益與增進社會大眾福祉之目標。

第壹章　總則

第一條　諮商心理專業倫理係以維護基本人權，確保當事人最佳權益與福祉為依歸，本會會員應確知個人之作為與操守對於心理諮商專業之聲譽及社會大眾之信任有其重大影響力，自應謹言慎行，知悉並恪遵專業倫理，全力維護當事人之權益與福祉。

第二條　諮商心理專業價值及倫理行為之基本原則，包括：

1. 自主（autonomy）：確保並促進當事人自主決定之權益與意識。
2. 無傷害（nonmaleficence）：專業服務之實施應以避免造成當事人傷害為先決考量。
3. 獲益（beneficence）：促進心理健康，提升當事人及社會之福祉應為專業服務之目標。

4. 公正（justice）：公正地對待每位當事人，促進正義、公正與公平。

5. 忠誠（fidelity）：信守並履行專業承諾，建立信任之專業關係。

6. 實誠（veracity）：能實事求是，真實、真誠、誠實地與當事人互動。

第三條　諮商心理專業服務包括：心理治療、心理諮商、心理輔導、心理測驗、心理評估、心理衡鑑、專業督導以及專業諮詢。

第四條　當事人係指：接受心理治療、心理諮商、心理輔導及心理測驗、衡鑑或評估之當事人。

第貳章　當事人權益

第五條　由倫理基本原則具體引申之當事人權益，包含下列七項：

一、自主權：會員應尊重並維護當事人自主之權利，提升當事人自主意識。當事人有權利在不被脅迫的情況下，自由自主地作決定。

二、免受傷害權：諮商心理專業服務之實施，應衡量對當事人帶來的利益與傷害，並應謹言慎行，避免對當事人造成傷害；若傷害無可避免時，應以最小傷害為考量。

三、獲益權：會員應為當事人之最佳利益著想，全力維護並促進當事人心理健康、成長與發展。

四、公正對待權：會員應公正對待當事人，不得以任何理由歧視對待當事人。

五、要求忠誠權：當事人有要求會員忠誠、信守承諾之權利。

六、隱私權：會員應尊重並維護當事人之隱私。

七、知後同意權：當事人有權要求會員對於專業服務有關之事務加以說明，會員在考量當事人自主權、免受傷害權與獲益權後方可實施。

第參章　專業責任

第六條　專業責任：會員應瞭解諮商心理專業之屬性、限制、倫理及法律規範，維護基本人權與諮商心理專業服務品質，尊重當事人人格尊嚴與潛能，促進心理健康，保障其權益與福祉。

第七條　責任衝突：會員與其服務之機構政策或其他人員間發生倫理責任衝突時，應表明自己須遵守專業倫理之責任，並尋求合理之解決。

第八條　同業規勸：會員發現其他會員有違反專業倫理之情事，為維護當事人權益及諮商心理專業聲譽，應主動予以規勸，若規勸無效，應透過適當之方式予以導正。

第九條　倫理思辨與進益：會員對自己之倫理判斷存疑時，應尋求諮詢，就教其他會員、同業或專家學者，共商解決之道。

第十條　預警責任：當事人之行為經專業評估後若對其本人或第三者之生命財產安全造成嚴重危險時，會員得向當事人之法定監護人、第三者或有適當權責之機構或人員預警。

第肆章　專業知能、限制與實施

第十一條　專業知能：會員應以建立在諮商心理專業學理基礎所發展之知能服務當事人，並主動增進專業新知，提升專業能力。

第十二條　知能限制：會員應覺知自身專業知能有其限制，不宜接受或服務專業知能限制外之當事人，或採用非諮商心理專業知能之方法服務當事人。

第十三條　服務特殊性：會員應瞭解當事人與其遭遇之困擾或求助議題有其特殊性，於不同領域提供服務時，需接受足夠之專業教育及訓練，具備該領域所需之專業知能和資格，始能提供專業服務。

第十四條　限制之因應：對於不熟悉之對象、領域及議題，基於當事人之福祉需提供服務時，應善盡告知之義務，並僅能於獲得當事人同意，接受督導之情況下提供服務。

第十五條　覺察自身狀況：會員應對自身之身心狀況保持覺察，若因身心狀況欠佳，難以確保專業服務品質時，應暫停服務並進行適當之轉介或處理，避免對當事人造成負面影響或傷害。

第十六條　覺察自我需求：會員應覺知自身之需求，不得利用當事人來滿足個人需求，或收取非服務約定之報酬或貴重之饋贈。

第十七條　多元文化覺察：會員應主動探索與覺察自身之所秉持之價值觀、信念、成長過程、生活經驗、宗教信仰與文化等，對自身之態度、言行及專業服務所造成之影響，避免損及當事人權益。

第十八條　技術安全性：會員於運用專業技術或實施專業活動時，應考量該技術或活動可能造成之身心影響，事先向當事人適度說明，做好安全措施，以保護當事人免受傷害。

第伍章　諮商心理專業關係

第十九條　專業關係之性質：會員應與當事人確認彼此之關係符合專業、倫理及契約之規範，維護專業關係品質，善盡因專業關係而產生之專業、倫理及法律責任。

第二十條　尊重個別差異：會員實施諮商心理專業服務時，應尊重當事人之文化背景與個別差異，不得因其年齡、性別、性取向、種族、國籍、職業、居住地、出生地、宗教信仰、政治立場、疾病、身心障礙、語言、社經地位、犯罪，以及會員自身與當事人之價值觀等因素而予以歧視或不當之對待。

第二十一條　專業關係與界限之處理與維持：會員應注意與考量專業關係對於專業服務提供之重要性與影響，應妥適處理與維持合宜之專業關係，避免與當事人發展出可能影響專業服務，損及當事人權益之其他角色關係。應特別注意之關係狀況包含下述但不僅於下述：

一、即使在雙方合意情況下，會員不可與仍在專業關係或結束專業關係五年內之當事人或當事人關係密切之其他人發生性行為或性關係，更應禁止發生性騷擾、性侵害之情事。

二、會員應謹慎處理專業關係中之權力，不得發生利用當事人、剝削或侵害當事人權益之情事。

三、在結束專業關係後若可能發展新關係，應優先考量當事人權益，確保先前專業服務之結案非基於上述「第一項」之年限要求、當事人之各項服務需求與情況都已獲得妥適之處理、確認當事人若仍有需要可接受其他同業之服務，並接受督導，諮詢其他關注諮商專業倫理之會員、同業或專家學者。

第二十二條　收費與收受餽贈：會員於提供服務前應向當事人充分說明收費及相關之規定，審慎評估收受當事人餽贈對專業關係造成之影響。

第二十三條　專業關係中止與轉介：會員因當事人主動要求、專業知能限制、專業關係與界限之處理與維持或法律規範等原因須中止專業服務時，應設法尋求督導或專業諮詢，並與當事人充分討論後進行結案或予以轉介。轉介時應妥善處理與提供當事人所需協助及資源。

第二十四條　禁止遺棄：會員不得假借任何藉口忽略或遺棄當事人而中止服務，應為當事人安排其他管道，使能繼續尋求協助。

第二十五條　結案時機：以下情形，應與當事人討論後，結束諮商心理專業服務：

一、專業服務不符合當事人需求與利益時。

二、當事人主動要求轉介或結案時。

三、當事人未履行已經雙方同意之服務約定或因服務機構限制不再提供服務時。

四、有傷害性之多重關係介入，不利服務之進行且無法改善時，應中止服務，並予轉介。

第陸章　保密責任與作為

第二十六條　妥善處理當事人資料：會員應充分維護當事人之隱私，妥善處置服務資料，包括紀錄、其它相關之書面資料、電子化資料、錄音或錄影資料及測驗資料等。除依相關法律之規定，未經當事人或其監護人之同意，任何形式之服務資訊不得外洩。

第二十七條　保密例外與預警責任：保密例外情況應於服務進行之初充分告知當事人，善盡知後同意之責任。保密例外情況如下：

一、當事人之行為經專業評估後，可能對其本人或第三者之生命財產安全造成嚴重危險時，會員得向其法定監護人、第三者或有適當權責之機構或人員預警。

二、接受專業督導與諮詢時。

三、當事人或其監護人同意放棄保密權益時。

四、涉及法律規範之要求時。

五、當事人對會員提出申訴或法律訴訟會員時。

第二十八條　最少限度之揭露：會員必須透露服務資訊時，應先考慮當事人最佳利益，善盡說明與告知之責任，方能提供最少限度之資料。

第二十九條　其他相關人士之保密義務：參與諮商心理專業服務之其他人員接觸當事人資訊時，會員應提醒並告知為當事人保密之責任。

第 三十 條　運用當事人資料：為專業教育、訓練、研究、督導或諮詢之需要，必須使用當事人資料時，為保障當事人之隱匿性，須徵得當事人同意之後方可為之。

第三十一條　未成年當事人：對於未成年當事人服務資訊之提供，會員應考量當事人最佳利益以及資訊提供要求之必要性，善盡告知與說明之責任與作為，徵得當事人及其監護人之同意，採取適當之保密措施後，方可提供。

第三十二條 當事人服務資訊移轉：當事人服務資訊移轉，須經當事人或其監護人同意後，採取適當安全措施進行。

第三十三條 會員發表：會員於演說、受訪、著作、文章、報告或研究等情況下，欲使用當事人服務資訊時，應讓當事人預閱稿件內容，並徵得當事人或其監護人之同意後，方可為之。

第三十四條 專業研討、督導或諮詢：會員在進行非公開性之專業研討、督導或諮詢時，應將可辨識當事人身份之資訊進行保密，並避免揭露與研討目的無關之當事人隱私。

第柒章 社會責任與角色規範

第三十五條 專業資訊透明：會員有責任對當事人說明專業資格（證照或重要認證資料）、訓練、所提供之專業服務、諮商心理專業工作取向、收費標準與方式等。會員對上述內容不應作不實或誇大之陳述。

第三十六條 不當招攬：會員不應利用專業角色、身份，為謀私利，招攬當事人。

第三十七條 媒體傳播：會員以演說、示範、接受採訪、廣播、電視、錄音、錄影，或透過著作、出版、印刷品、郵件、網路或其他媒體，從事與心理健康有關之陳述、諮詢、或教育推廣，運用或解說專業概念時，應注意理論與實務根據，並慎防閱聽人可能產生之誤解或專業知識之誤用。

第三十八條 通訊服務：會員提供非面對面，通訊服務時應進行適當之知後同意程序，讓當事人瞭解：專業資格、收費方式、服務方式與時間等資訊；同時說明通訊服務之特性與服務功能之限制，以及資料保密之規定、處理與限制。

第三十九條 教育、訓練與督導：會員從事教育、訓練或督導時，應瞭解其職責係協助受督者或學生專業成長，維護個案之權益，確實評估受督導者或學生之專業知能，能否勝任諮商心理專業工作，及實踐專業倫理責任。從事督導時，應遵守督導專業倫理，及時提出警示，並提供強化訓練或更適合受督者或學生發展的選項。

第 四十 條 研究規範：會員從事研究時，應尊重研究對象之基本權益，遵守研究倫理、法規與服務機構之規定。

第四十一條 避免不當之批評：會員知悉同業或其他心理專業人員與當事人發生服務爭議時，應尊重同業之專業表現及當事人合法權益，不應散播不當之批評，以維護當事人與同業間合宜之權益。

第四十二條　專業合作：會員應秉持專業倫理考量，與其他會員相互尊重，彼此支持，並能與其他助人者及專業人員建立良好合作關係，共同增進當事人福祉。參與專業團隊時應展現高度合作精神，尊重不同專業所規範之倫理守則。

第四十三條　維護專業聲譽：對於諮商心理專業之不實批評，會員應主動澄清與說明，以維護心理諮商專業之聲譽。

第四十四條　積極參與和倡議：會員宜考量諮商心理專業之社會責任，促進諮商心理專業制度之建立，推動及參與心理健康政策、方案、措施與活動之規劃與執行。

第捌章　心理測驗、評估與衡鑑

第四十五條　具備心理衡鑑等之專業知能：會員實施心理測驗、評估或衡鑑前，應完成相關訓練，具備充分之專業知能。

第四十六條　當事人對心理衡鑑等之知後同意權：實施心理測驗、評估或衡鑑前，應告知當事人心理測驗、評估或衡鑑之性質、目的及結果之運用，以維護其權益。

第四十七條　運用心理衡鑑等資料：運用心理測驗、評估或衡鑑資料時，應力求客觀、正確及完整，避免偏見、成見、誤解及不實之報告。

第四十八條　撰寫報告：撰寫心理測驗、評估或衡鑑報告時，須考慮當事人之個別差異、施測環境及工具特性、參照基準等因素，並指出該測驗、評估或衡鑑工具信度及效度之限制。

第玖章　倫理委員會之設置

第四十九條　專業倫理委員會：本會應設置諮商心理專業倫理委員會，落實執行本守則相關之規範，接受倫理案件之申訴受理、調查與判定等，並提供專業倫理疑難問題之諮詢。

第 五十 條　本守則如有未盡事宜依相關法規規定辦理。

第五十一條　本守則經本會理監事聯席會議及會員大會通過後實施。

索引

中文索引

英文索引

NOTE

NOTE

NOTE

國家圖書館出版品預行編目（CIP）資料

諮商專業倫理：臨床應用與案例分析／林家興著.
--二版.--新北市：心理出版社股份有限公司, 2023.02
面；　公分.--（輔導諮商系列；21135）
ISBN 978-626-7178-41-6（平裝）

1. CST：諮商　2.CST：專業倫理　3.CST：個案研究

178.4　　　111022001

輔導諮商系列 21135

諮商專業倫理：臨床應用與案例分析（第二版）

作　　者：林家興
總 編 輯：林敬堯
發 行 人：洪有義
出 版 者：心理出版社股份有限公司
地　　址：231026 新北市新店區光明街 288 號 7 樓
電　　話：(02) 29150566
傳　　真：(02) 29152928
郵撥帳號：19293172 心理出版社股份有限公司
網　　址：https://www.psy.com.tw
電子信箱：psychoco@ms15.hinet.net
排 版 者：辰皓國際出版製作有限公司
印 刷 者：辰皓國際出版製作有限公司
初版一刷：2014 年 7 月
二版一刷：2023 年 2 月
I S B N：978-626-7178-41-6
定　　價：新台幣 400 元